中国城乡融合发展研究

王颂吉 等 著

西北大学学术著作出版基金资助
国家自然科学基金青年项目（71603204）
教育部人文社会科学研究青年基金项目（16YJC790101）
西北大学理论经济学重点学科资助
国家留学基金资助

科 学 出 版 社
北 京

内 容 简 介

本书以城乡融合发展为主题，采用理论与实证相结合的研究方法，深入讨论中国城镇化进程中的农业农村发展问题及其解决之道。首先梳理改革开放以来城镇化由“规模扩张”到“质量提升”的发展进程；其次从劳动力流动、金融“支农”、城乡生产要素配置状态、农业绿色 TFP 和现代农业发展等方面，研究中国城镇化进程中的城乡生产要素配置和农业现代化问题；最后从农村基本公共服务供给、大城市的户籍制度改革和农民工市民化等方面，研究中国城镇化进程中的城乡基本公共服务均等化问题，提出推进乡村全面振兴和城乡融合发展的路径。

本书可供大专院校师生、城乡关系研究人员及相关部门工作人员阅读。

图书在版编目（CIP）数据

中国城乡融合发展研究 / 王颂吉等著. —北京：科学出版社，2021.7
ISBN 978-7-03-069328-0

Ⅰ. ①中… Ⅱ. ①王… Ⅲ. ①城乡建设－经济发展－研究－中国
Ⅳ. F299.21

中国版本图书馆 CIP 数据核字（2021）第 134808 号

责任编辑：杭 玫 / 责任校对：贾娜娜
责任印制：张 伟 / 封面设计：无极书装

科学出版社出版
北京东黄城根北街 16 号
邮政编码：100717
http://www.sciencep.com
北京厚诚则铭印刷科技有限公司印刷
科学出版社发行 各地新华书店经销
*
2021 年 7 月第 一 版 开本：720×1000 B5
2023 年 2 月第三次印刷 印张：11 1/2
字数：250 000

定价：105.00 元

（如有印装质量问题，我社负责调换）

王颂吉，1986 年生，山东寿光人，西北大学经济管理学院副教授、硕士研究生导师，兼任中国区域科学协会理事、中国城郊经济研究会理事。围绕城乡经济发展、国际经济治理等问题，在《中国工业经济》《中国软科学》《经济学家》等期刊发表学术论文 30 余篇，发表的论文被《新华文摘》《中国社会科学文摘》《高等学校文科学术文摘》《中国人民大学复印报刊资料》转载、摘录 15 篇（次），独立或合作出版著作 10 余部。主持完成国家自然科学基金青年项目、教育部人文社会科学研究青年基金项目等课题。科研成果获陕西省哲学社会科学优秀成果一等奖、陕西省科学技术二等奖、陕西省优秀博士学位论文等奖励荣誉。

目　　录

导　论

实施乡村振兴战略是党的十九大做出的重大决策部署，是新时代“三农”工作的总抓手。科学认识乡村振兴战略的提出背景与内在逻辑，必须将其置于城乡融合发展的视角下进行研究。在改革开放以来的快速城镇化进程中，尽管中国乡村发展取得了显著成就，但受城市偏向政策等因素的影响，城乡发展不平衡问题日益突出，乡村发展面临诸多困境，农业农村现代化成为中国建设社会主义现代化强国的短板。在此背景下，实施乡村振兴战略就成为破解乡村发展困境、促进城乡融合发展和农业农村现代化的必由之路。

一、快速城镇化进程中的农业农村发展困境

改革开放以来，城镇化在中国这样一个人口和国土面积双重意义上的大国快速推进，成为影响中国和世界发展进程的一件大事。从统计数据来看，1978~2017年，中国城镇常住人口由1.72亿人增至8.13亿人，常住人口城镇化率由17.92%提高到58.52%[①]，城市数量增加了两倍多，涌现出了若干具有世界影响的核心城市和城市群。城镇化的快速推进，为中国的工业化和农业劳动力转移就业提供了空间载体，显著改变了中国的经济社会结构和空间发展格局（魏后凯，2014a）。快速推进的城镇化不仅为中国经济持续高速增长创造了动力（王颂吉和黎思灏，2018），而且大幅度提高了发展中国家的平均城市化水平，从而深刻影响了世界城市化进程。但受城市偏向政策等因素的影响，在改革开放以来快速推进的城镇化进程中，中国城乡融合发展的体制机制未得到有效构建，乡村发展面临诸多问题，尤其表现为农业农村现代化滞后。

① 数据来源：中国统计年鉴（2018）. 北京：中国统计出版社，2019.

（一）农业现代化滞后，阻碍城乡经济协调发展

从世界各国的农业发展历程来看，伴随着现代农业发展和经济结构变迁，农业部门的增加值比重和劳动力就业比重将不断下降且逐步趋同，这是城乡二元经济结构顺利转化的标志和必要条件。发达国家在农业增加值占比下降的同时，农业劳动力就业占比也同步下降。Lagakos 和 Waugh（2013）研究表明，世界最发达的前10%国家的农业劳动力就业占比平均约为3%，其中2011年美国农业劳动力占比为 1.6%。中国的农业现代化水平虽然在改革开放以来有了很大进步，但农业现代化严重滞后于城镇化、工业化进程。改革开放以来，中国农业增加值比重和农业劳动力就业比重逐步下降（图 0-1），但受户籍制度、农村土地制度等体制机制的影响，下降速度较为缓慢。从中国农业增加值占 GDP 比重的变动情况来看，2009 年中国农业增加值比重首次降至 10%以内，但 2009 年以来该指标年均下降幅度仅为0.15%，按这一速度，中国农业增加值比重可能需要30多年的时间才能降至5%。相比较而言，韩国在不到10年时间内，农业增加值比重就从1988 年的 10.18%下降到 1997 年的 5.02%。再从中国农业劳动力就业比重的变动情况来看，改革开放以来该比值从1978年的70.5%大幅下降至2016年的27.7%，中国的就业结构发生了历史性变迁。但从国际横向对比来看，中国的农业劳动力就业比重远高于世界平均水平。2016 年中国农业劳动力就业比重超过农业增加值比重 19.1 个百分点，农业劳动力就业比重过高的症结在于现代农业发展滞后，尤其是农业规模化经营发展缓慢。小规模家庭经营仍是中国农业经营的主要形式，2016 年全国有 20 743 万个农业经营户①，其中规模农业经营户②所占比重仅为1.9%。由此可见，转移农业劳动力、促进农业适度规模经营、推进农业现代化仍任重道远。

中国的非农部门在改革开放以来实现了快速发展，但受农业现代化进程滞后的影响，城乡二元经济结构难以顺利转化。学术界一般使用二元对比系数和二元反差系数来测度城乡二元经济结构强度。其中，二元对比系数是农业与非农部门比较劳动生产率的比值，比较劳动生产率则是某一部门的增加值比重同其就业比重的比值，二元对比系数的取值范围是 0~1，数值越接近 0，表明二元经济结构强度越高；二元反差系数是农业与非农部门各自的增加值比重同就业比重之差的绝对值的平均值，二元反差系数的取值范围是 0~1，数值越接近 1，表明二元经济结构强度越高（马晓强等，2013）。发展中国家的二元对比系数一般为 0.31~

① 原始数据来源：国家统计局. 第三次全国农业普查主要数据公报（第二号）. http://www.stats.gov.cn/tjsj/tjgb/nypcgb/qgnypcgb/201712/t20171215_1563539.html，2017-12-15.

② 规模农业经营户指具有较大农业经营规模、以商品化经营为主的农业经营户。

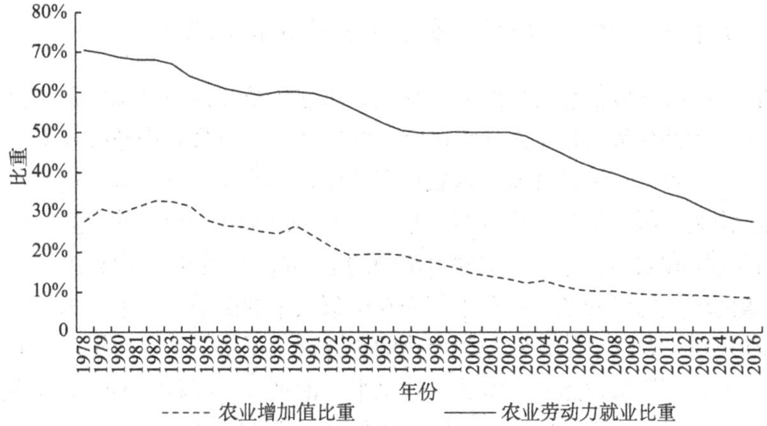

图 0-1　1978~2016 年中国农业增加值比重和农业劳动力就业比重变动情况

资料来源：根据《中国统计年鉴（2017）》整理

0.45，发达国家一般为 0.52~0.86（李颖，2011），而中国 1978~2016 年的城乡二元对比系数的波动范围是 0.145~0.259（图 0-2），这表明中国的城乡二元经济结构存在“刚性”（王颂吉和白永秀，2013a）。党的十六大以来，中央大力推进城乡协调发展，近年来城乡二元对比系数波动上升至 2016 年的 0.246，二元反差系数下降至 0.191，这表明城乡二元经济结构强度有所弱化。总体而言，改革开放以来中国城乡二元经济结构有所弱化，但由于农业现代化发展滞后，城乡经济协调发展仍需要一个较为长期的过程。

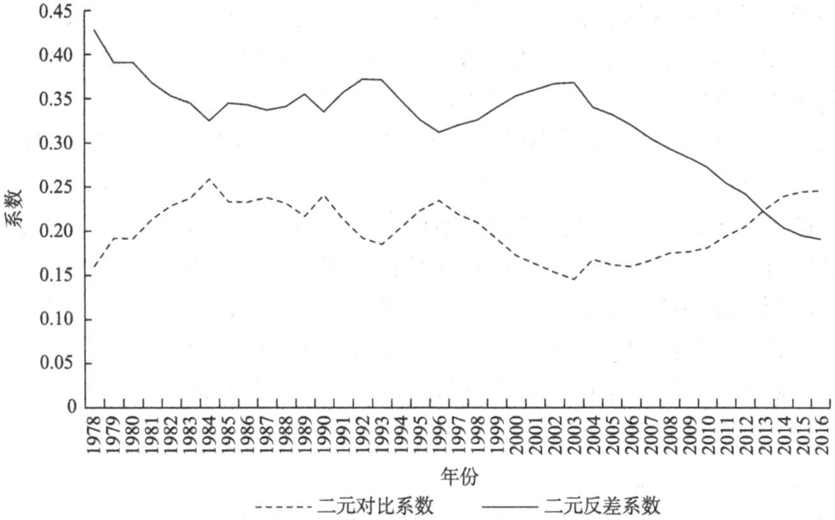

图 0-2　1978~2016 年中国城乡二元经济结构变动趋势

资料来源：根据《中国统计年鉴（2017）》计算

（二）农村现代化滞后，制约城乡社会协调发展

农村的可持续发展依赖良好的生态环境、居住环境和人力资源储备，但严重的农业面源污染等问题导致农村生态环境面临严峻挑战，农村公共服务投入不足导致农村居住环境欠佳，青壮年持续外流导致农村老龄化、空心化日益严重，这些因素都不利于城乡社会协调发展。从农业面源污染来看，长期以来增产导向的农业生产过程中使用了过量的化肥和农药，这不仅引起大范围的土壤板结和酸化，而且进一步引发了农村较为严重的环境污染问题。尽管近年来在国家政策的推动下，中国每公顷耕地的农药和化肥使用量已开始下降，农业废弃物的资源化利用水平也有所提高，但每公顷耕地的化肥、农药使用量仍远高于世界平均水平，治理农业面源污染刻不容缓。从农村人居环境来看，21 世纪以来，公共财政对农村基础设施建设的投入力度不断增大，在一定程度上改善了农村人居环境，但由于农村基础设施欠账过多，改善农村人居环境仍需付出艰辛努力。第三次全国农业普查数据显示，2016 年全国农村仍有 48.2%的家庭使用普通旱厕或无厕所，26.1%的村庄的生活垃圾、82.6%的村庄的生活污水未得到集中处理或部分集中处理，38.1%的村庄内部的主要道路没有路灯，52.3%的农户尚未使用经过净化处理的自来水，44.2%的农户使用柴草作为主要生活能源①，这种状况与城镇形成鲜明对照。

在快速的城镇化进程中，人力资本水平高的农村人口进入城市工作和生活，人口选择性迁移对农村人力资源造成了严重冲击，尤其体现为农村人口老龄化、“空心化”、“三留守”等问题（魏后凯，2016）。从农村人口老龄化来看，转移到城镇就业和生活的农民工以青壮年劳动力为主，2017 年全国农民工平均年龄为 39.7 岁，50 岁以上农民工所占比重为 21.3%，农村呈现“子女进城务工，父母留村务农”的代际分工模式（贺雪峰，2015），导致农村人口老龄化日趋严重。从 2005 年到 2016 年，全国乡村 60 岁及以上人口所占比重从 13.7%快速上升至 19.1%（表 0-1），乡村这一指标不仅始终高于城市、镇和全国平均水平，而且乡村高出全国、城市、镇的数值不断增大，2016 年乡村 60 岁及以上人口比重高出城市 4.2 个百分点。农村人口尤其是青壮年人口大量进城还带来了村庄“空心化”问题，集中体现为农村大量住宅长期闲置、宅基地浪费严重。据刘彦随等（2011）研究，全国“空心村”闲置宅基地的综合整治潜力约为 1.14 亿亩②。此外，受户籍制度等因素的影响，城镇化进程中还形成了农村“三留守”问题，2017 年全国农民工的男性占比为 65.6%，其中外出农民工中男性占比高达

---

① 数据来源：国家统计局. 第三次全国农业普查主要数据公报（第一号）. http://www.stats.gov.cn/tjsj/tjgb/nypcgb/qgnypcgb/201712/t20171214_1562740.html，2017-12-14；第三次全国农业普查主要数据公报（第四号）. http://www.stats.gov.cn/tjsj/tjgb/nypcgb/qgnypcgb/201712/t20171215_1563634.html，2017-12-15.

② 1 亩≈666.67 平方米。

68.7%[①]，大量老人、妇女、儿童留守农村，这对农村老人赡养、妇女身心健康、儿童教育带来巨大挑战，不利于农村社会健康发展。农村发展面临的上述问题，都需要在城乡融合发展的框架下统筹解决。

表 0-1　全国和城乡 60 岁及以上人口比重情况

年份	60 岁及以上人口比重				差距		
	全国	城市	镇	乡村	乡村 - 全国	乡村 - 城市	乡村 - 镇
2005	13.0%	12.5%	11.7%	13.7%	0.7%	1.2%	2.0%
2010	13.3%	11.5%	12.0%	15.0%	1.7%	3.5%	3.0%
2013	14.9%	12.8%	13.3%	17.1%	2.2%	4.3%	3.8%
2014	15.5%	13.8%	14.0%	17.6%	2.1%	3.8%	3.6%
2015	16.1%	14.2%	14.5%	18.5%	2.4%	4.3%	4.0%
2016	16.7%	14.9%	14.9%	19.1%	2.4%	4.2%	4.2%

资料来源：根据相关年份《中国人口和就业统计年鉴》计算

二、城市偏向是造成农业农村发展困境的重要原因

城市偏向是指政府部门为实现特定目标而实施的一系列偏向发展城市部门的经济社会政策（王颂吉和白永秀，2013b）。城市偏向政策在中国的长期延续，是导致“三农”问题和乡村发展困境的重要原因。在计划经济体制时期，为配合重工业优先发展战略的实施，政府制定了包括户籍制度、人民公社制度、农产品统购统销制度等在内的城市偏向政策体系，生产要素配置和公共服务供给均偏向于城市，在经济和社会领域形成了城乡双重二元结构（王颂吉，2016），严重损害了农业、农村和农民的发展利益。改革开放之后，尽管城市偏向的政策体系逐步弱化，但在“以经济建设为中心”的发展战略下，地方政府把“经济增长”作为第一要务，仍在很大程度上实施城市偏向政策，阻碍了城乡二元结构转化和农业农村现代化进程。

（一）生产要素配置的城市偏向阻碍农业现代化

在现代经济结构中，城市非农产业是经济增长的主要源泉，农业对经济增长的拉动作用较小，地方官员在经济增长压力下倾向于优先发展城市非农产业，即以城市非农产业为中心对生产要素进行配置，这就导致了城乡之间生产要素配置的政策性扭曲。从劳动力要素配置的城市偏向来看，户籍制度仍在很大程度上发挥着城乡“藩篱”作用，限制农村劳动力向城市自由迁移，这导致过多劳动力滞

① 数据来源：国家统计局. 2017 年农民工监测调查报告. http://www.stats.gov.cn/tjsj/zxfb/201804/t20180427_1596389.html，2018-04-27.

留于农业部门，抑制了农业劳动生产率及全要素生产率（total factor productivity，TFP）水平的提升。袁志刚和解栋栋（2011）估算了农业部门就业比重过大对 TFP 的影响，发现劳动力错配对 TFP 的负效应在−2%到−18%之间，并且呈现扩大之势。从资本要素配置的城市偏向来看，农村资金通过金融机构等渠道大量流向城市，并且农户金融抑制现象普遍存在，导致农村产业发展缺乏充足的资金支持。据研究，1978~2012 年农村向城市净流出资金约为 26.66 万亿元，尽管 20 世纪 90 年代末期之后的农村资金净外流速度放缓，但整体规模依然非常庞大（周振等，2015）。从土地要素配置的城市偏向来看，改革开放以来土地成为地方政府招商引资和获取预算外收入的重要手段，由于农村土地和城市土地的权益存在很大差别，地方政府能够以低价征购农村集体土地，并以高价卖出或将其作为工业用地，这在加快工业化、城镇化进程的同时，严重损害了农民的合法权益（王颂吉和白永秀，2014a）。总体而言，受城市偏向的生产要素配置政策影响，农村劳动力难以与资本、土地等要素实现优化配置，阻碍了农业现代化和农村经济发展。

（二）公共服务供给的城市偏向阻碍农村现代化

政府以户籍制度为基础，衍生出了城乡有别的教育制度、医疗制度、就业制度、社会保障制度等相关制度安排，财政在城市公共服务供给中发挥着重要作用，税费改革之前农村公共服务则在很大程度上采取“制度外筹资”和“制度外供给”形式，导致农村公共服务供给严重不足。公共服务供给的城市偏向既给农民带来沉重的经济负担，也抑制了农村居民的人力资本积累，从而阻碍了农村发展。21 世纪以来，农村税费改革在很大程度上改变了农村公共服务的筹资方式和供给体制，财政覆盖农村公共服务的范围不断扩大，农村公共服务供给水平得以提升，但由于农村公共服务欠账过多，实现城乡基本公共服务均等化仍需一个较为长期的过程。以城乡医疗卫生服务为例（表 0-2 和图 0-3），2007 年以来城乡每千人口拥有的卫生技术人员数、医疗卫生机构床位数都呈现上升趋势，但城市始终是农村的 2 倍以上；城乡居民人均医疗保健支出都有大幅度提升，且城乡居民在医疗保健支出上的差距趋于收敛，但医疗保健支出占农村居民消费性支出的比重却有较大增加，这表明农村居民的医疗负担有所加重。此外，进城农民工难以享受同市民均等的公共服务，农民工市民化进展缓慢。改革开放以来，大规模涌入城市就业的农民工为城市经济发展做出了重大贡献，但由于难以获得城市户籍，绝大多数农民工及其家属无法享受附着在城市户籍之上的诸多公共服务，这不仅显著降低了城镇化质量，而且严重损害了农民工群体及其家属的发展权益，阻碍了城乡融合发展。

表 0-2　城乡居民享受医疗卫生服务比较

年份	每千人口卫生技术人员数/人		每千人口医疗卫生机构床位数/张		居民人均医疗保健支出/元		居民医疗保健支出占消费性支出比重	
	城市	农村	城市	农村	城市	农村	城市	农村
2007	6.44	2.69	4.47	1.89	699.1	210.2	7.0%	6.5%
2008	6.68	2.80	4.70	2.08	786.2	246.0	7.0%	6.7%
2009	7.15	2.94	5.00	2.28	856.4	287.5	7.0%	7.2%
2010	7.62	3.04	5.33	2.44	871.8	326.0	6.5%	7.4%
2011	7.90	3.19	6.24	2.80	969.0	436.8	6.4%	8.4%
2012	8.54	3.41	6.88	3.11	1 063.7	513.8	6.4%	8.7%
2013	9.18	3.64	7.36	3.35	1 136.1	668.2	6.1%	8.9%
2014	9.70	3.77	7.84	3.54	1 305.6	753.9	6.5%	9.0%
2015	10.21	3.90	8.27	3.71	1 443.4	846.0	6.7%	9.2%
2016	10.42	4.08	8.41	3.91	1 630.8	929.2	7.1%	9.2%

注：城市包括直辖市区和地级市辖区，农村包括县及县级市

资料来源：根据《中国卫生和计划生育统计年鉴（2017）》整理

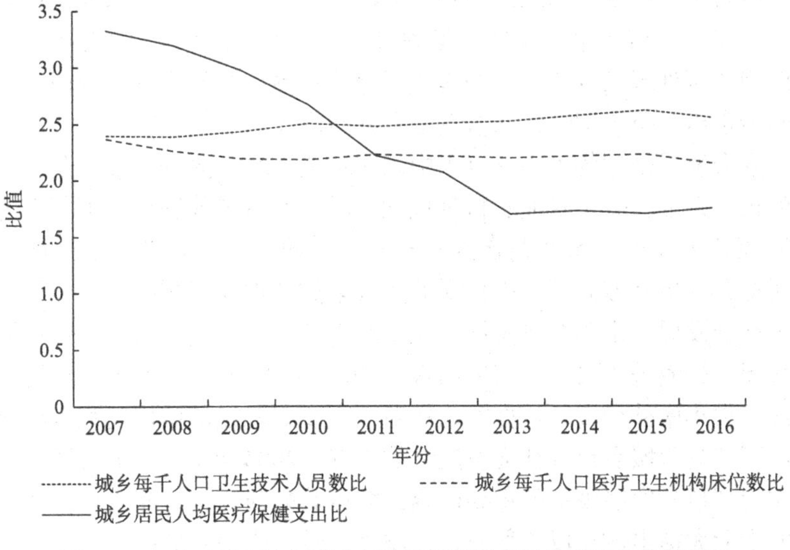

图 0-3　2007~2016 年中国城乡居民享受医疗卫生服务的差异变动

资料来源：根据《中国卫生和计划生育统计年鉴（2017）》整理

三、由偏向到融合是城乡关系发展的必然逻辑

马克思主义城乡关系理论是中国处理城乡关系问题的重要理论依据，由偏向到融合符合马克思主义城乡关系理论的基本原则。马克思主义城乡关系理论认

为，生产力的发展是推动城乡关系演进的内在动力，随着生产力水平的不断提升，城乡关系演进要依次经历城乡依存、城乡分离、城乡融合三个阶段（白永秀和王颂吉，2014）。工业革命之后，工业化推动了城市化的兴起，城乡关系由依存转向分离和对立，进而形成了“农村从属于城市”①的格局；工业化和城市化发展到较高阶段之后，城乡对立会阻碍生产力的进一步发展，这就要求城乡关系由对立向融合转变。基于此，恩格斯在思想史上最早提出了“城乡融合”的概念，斯大林则在社会主义建设中把“城市和乡村有同等的生活条件”②作为实现城乡融合的重要标志。马克思主义“城乡融合”理论，为中国在新时代推进城乡融合发展提供了理论指导。

从发达国家的城乡发展实践来看，推动城乡融合发展是发达国家处理城乡关系的共同选择。例如，英国在 20 世纪中期实现了较高水平的城市化之后，政府不断加大对中小城市的支持力度，大城市周边的中小城市快速发展，农村地区的居住环境不断改善，逐步实现了城乡融合发展。法国在第二次世界大战之后，为改变工业企业和人口过度集中于少数几个大城市的状况，着力实施领土整治计划和工业分散政策，鼓励市镇之间构建“共同体”，并制定了一系列扶持农业产业化的政策，推进了城乡融合发展（王颂吉和白永秀，2014b）。发达国家的城乡发展实践为中国处理城乡关系问题提供了重要借鉴，中国应从自身国情出发，借鉴国际经验走出一条中国特色的城乡融合发展之路。

城乡融合发展是党的十六大以来中国城乡关系政策演进的必然逻辑。城市偏向政策的长期延续阻碍了农业农村现代化，随着改革开放进程的不断推进，城市偏向的政策体系亟须向城乡融合方向转变。党的十六大以来，中央把解决“三农”问题提升到更高的高度，中央对城乡关系的认识随着实践发展经历了“统筹城乡经济社会发展→统筹城乡发展→城乡经济社会一体化→城乡发展一体化→城乡融合发展”的演进（白永秀和王颂吉，2014）。2002 年 11 月，党的十六大在制定全面建设小康社会奋斗目标时，针对“城乡二元经济结构还没有改变”的问题，提出了“统筹城乡经济社会发展”的方针。2003 年 7 月，中央把“统筹城乡发展”作为“科学发展观”的重要内容，并将其列为五个统筹之首。2007 年 10 月，党的十七大提出建立以工促农、以城带乡长效机制，形成城乡经济社会发展一体化新格局。2012 年 11 月，党的十八大指出城乡发展一体化是解决“三农”问题的根本途径。2013 年 11 月，党的十八届三中全会提出形成以工促农、以城带乡、工农互惠、城乡一体的新型工农城乡关系。2017 年 10 月，党的十九大进一步提出“实施乡村振兴战略”，强调“坚持农业农村优先发展”，促进“城乡

① 引自马克思恩格斯选集（第 1 卷）. 北京：人民出版社，1995：277.

② 引自斯大林选集（下卷）. 北京：人民出版社，1979：558.

融合发展”。2018年1月2日，中央发布实施乡村振兴战略的意见，提出坚持城乡融合发展，加快形成工农互促、城乡互补、全面融合、共同繁荣的新型工农城乡关系，这就把城乡融合发展提升到新的战略高度。通过梳理中央关于城乡关系的认识历程可以发现，城乡融合发展是新时代城乡关系政策演进的必然逻辑，符合经济社会发展的内在要求。

四、乡村振兴是城乡融合发展的内在要求

新时代要形成城乡融合发展的新型城乡关系，必须坚持农业农村优先发展、实施乡村振兴战略，逐步破解农村经济社会发展中面临的诸多问题。发达国家在城镇化和国民经济发展到一定阶段之后，大都通过一系列政策措施积极推动乡村振兴，进而实现城乡融合发展。例如，联邦德国政府于1954年提出并实施了乡村更新计划，在几十年的时间里积极推动工业企业向农村地区扩散，使农村拥有了完善的基础设施，农村公共服务供给水平也不断提高。韩国在经济发展到一定阶段之后，于20世纪70年代初着手实施“新村运动”，推进农村城镇化、农业现代化和农村工业化，加强农村精神文明建设，到20世纪末，韩国城乡居民的生活条件已差别不大，实现了城乡融合发展。与上述国家乡村振兴形成鲜明对比的是，一些拉美国家在快速城镇化过程中未能解决好农业、农村和农民发展问题，这成为导致这些国家落入“中等收入陷阱”的重要原因之一（叶兴庆，2018）。基于其他国家的经验教训，中国要实现“两个一百年”奋斗目标和全体人民共同富裕，必须加快推进乡村振兴。

实施乡村振兴战略是新农村建设的全面升华和城乡融合发展的内在要求。为破解快速城镇化进程中的乡村发展困境，2005年10月，党的十六届五中全会提出了“生产发展、生活宽裕、乡风文明、村容整洁、管理民主”的新农村建设总要求。新农村建设开展十多年来，尤其是党的十八大以来，农业农村发展取得了历史性成就，但由于城市偏向政策的长期延续，中国城乡发展不平衡和乡村发展不充分问题依然十分突出，农业农村现代化仍然是制约全面建成小康社会和建设现代化强国的短板。与此同时，城乡居民对农产品的需求由“量”向“质”转变，农业发展的主要矛盾由总量不足转变为结构性矛盾；农村居民除了要提高收入水平，还需要便利的基础设施和健全的公共服务；随着经济社会发展水平的提高，乡村对于城乡居民的文化、休闲、生态等价值日益凸显，因此必须通过加快农业农村发展以满足广大人民日益增长的美好生活需要。在此背景下，中央提出坚持农业农村优先发展的方针，实施乡村振兴战略，有助于全面解决农业农村发展面临的诸多问题。由此可见，实施乡村振兴战略不仅是新农村建设的全面升

华，而且是推进城乡融合发展的内在要求。

中国目前具备推进乡村全面振兴的条件。从国家能力来看，改革开放以来中国经济保持了持续快速增长，1978~2017 年 GDP 年均增长 9.5%①；2017 年全国 GDP 达到 82.71 万亿元，一般公共预算收入达 17.26 万亿元，分别是 1978 年的 224.8 倍和 152.4 倍①，人均国民总收入远高于中等收入国家平均水平，已经具备了促进乡村全面振兴的经济基础。从工业化进程来看，第一产业增加值占 GDP 的比重从 1978 年的 27.7%降至 2017 年的 7.9%②，第一产业已成为国民经济中的"少数"，经济发展整体进入工业化后期阶段，非农产业有能力更好地带动现代农业发展。从城镇化进程来看，常住人口城镇化率即将接近 60%②，以城市群为主体的城镇格局初步形成，农业转移人口市民化有序推进，城市辐射带动农村发展的能力显著增强。此外，党的十八大以来，城乡融合发展和新农村建设的推进使农业农村发展取得了历史性成就，为促进乡村全面振兴奠定了扎实基础。由此可见，中国目前已具备实施乡村振兴战略的条件。

从农业农村经济社会发展面临的现实问题出发，实施乡村振兴战略必须破除城市偏向的制度藩篱，建立健全城乡融合发展的体制机制，在此基础上促进农业农村现代化。一方面，要充分发挥市场在城乡资源配置中的决定性作用，引导劳动力、资本、技术、管理等生产要素在城乡之间自由流动、平等交换、优化配置，加快农业现代化进程。农业现代化是乡村全面振兴的产业基础，良性推进的农业现代化不仅不是经济现代化的拖累，而且应成为经济现代化的助推器。从发达市场国家的发展经验来看，农业现代化的推进有赖于市场机制引导下的城乡部门之间要素重置，即在农业适度规模经营的过程中，逐步向城市非农产业转移农业劳动力，从城市引入农村稀缺的资本、技术和管理要素，从而持续提升农业部门的劳动生产率水平，促进城乡二元经济结构转化。另一方面，要更好地发挥政府在促进城乡基本公共服务均等化过程中的作用，从城乡居民发展机会均等的视角出发，使全国不同地区的城乡居民都尽可能享受均等的基本公共服务。当前，中国的城镇化已由高速度推进向高质量发展转变，农业转移人口市民化成为亟待解决的重要问题。在城镇化高质量发展过程中，要进一步理顺中央政府和地方政府之间、人口流出地和人口流入地政府之间的权责及财政关系，有序推进农业转移人口市民化，尽快弥合城市内部因农业转移人口的公共服务供给不足所导致的二元社会结构。此外，地方政府应以新型农村社区和小城镇为基本单位，实行乡村偏向的公共服务增量配置政策，改善农村居民的生产生活条件。在农业农村现

① 数据来源：国家统计局. 波澜壮阔四十载 民族复兴展新篇——改革开放 40 年经济社会发展成就系列报告之一. http://www.stats.gov.cn/ztjc/ztfx/ggkf40n/201808/t20180827_1619235.html，2018-08-27.

② 数据来源：中国统计年鉴（2018）. 北京：中国统计出版社，2019.

代化的基础上，城乡之间有望形成共生共荣的空间共同体，最终实现城乡经济社会融合发展。

五、本书的篇章结构

本书采用理论与实证相结合的研究方法，深入讨论中国城镇化进程中的农业农村发展问题及其解决之道。首先梳理改革开放以来城镇化由“规模扩张”到“质量提升”的发展进程；其次从劳动力流动、金融“支农”、城乡要素配置状态、农业绿色TFP和现代农业发展等方面，研究中国城镇化进程中的城乡生产要素配置和农业现代化问题；最后从农村基本公共服务供给、大城市户籍制度改革和农民工市民化等方面，研究中国城镇化进程中的城乡基本公共服务均等化问题，提出推进乡村全面振兴和城乡融合发展的路径。除导论之外，全书各章的主要内容如下。

第 1 章为改革开放以来的城镇化进程。该章认为，中国改革开放以来的城镇化历程可分为“规模扩张”的传统城镇化阶段和“质量提升”的新型城镇化阶段。改革开放之后到党的十八大之前的传统城镇化，在推动城镇规模扩张的同时也引发了一系列问题，具体表现在“土地城镇化”快于“人口城镇化”、城镇空间结构不合理、农业农村现代化滞后、土地财政快速扩张、资源低效利用与环境污染。十八大以来的新型城镇化是高效、包容、绿色的城镇化，其本质是以人为核心提高城镇化质量。近年来，新型城镇化在实践中取得积极进展，成为拉动新时代中国经济高质量发展的引擎。

第 2 章为城乡人口迁移政策演进的理论与实证。中国城乡人口迁移进程同政府政策密切相关，该章从就业政策与落户政策的异质性特征出发，研究 70 年来地方政府推进城乡人口迁移政策的演进，以及由就业政策改革向落户政策改革深化的内在逻辑。通过构造一个包含地方政府、城市部门及农村部门的斯塔克尔伯格博弈模型，推导发现计划经济时期均衡的农村迁移人口数量为 0；改革开放之后，随着城市资本积累规模的扩大，地方政府在晋升激励下会先后推进就业政策和落户政策改革，引致城乡人口迁移依次经历农村剩余劳动力就地转移阶段、农民工群体形成阶段和农民工市民化阶段，城乡居民收入差距随之出现符合库兹涅茨曲线规律的阶段性变动特征。该章结合经验事实和数据，对理论模型推导的命题进行了论证。从研究结论出发，该章提出了巩固就业政策改革成果、深化落户政策改革的政策建议，以期通过加快城乡人口迁移促进要素优化配置和经济高质量发展。

第 3 章为农村信用社改革及“支农”效率评价。改革开放以来，农村信用社改革经历了“放权让利”与恢复“三性”（1978~1992 年）、农村信用社与中国农业银行“行社脱钩”（1993~2002 年）、新时期深化改革（2003 年以来）三个阶段，农村信用社的经营绩效有了较大改善，科学测度农村信用社的支农效率水平具有重要意义。该章通过分析农村信用社的支农过程，认为农村信用社的支农效率受到经营活动和支农活动的共同影响，进而基于一种两阶段关联型的网络数据包络分析（data envelopment analysis，DEA）方法，对农村信用社 1986~ 2016 年的支农效率进行测算与分析。研究发现，农村信用社的支农效率主要受农村信用社利用涉农贷款服务“三农”的支农活动效率影响，且支农效率水平在不同的改革阶段分化较为明显。今后农村信用社应进一步深化改革，通过不断提升支农效率，更好地服务于乡村振兴战略和城乡融合发展。

第 4 章为城乡生产要素配置状态评估。受要素市场改革滞后和地方政府晋升激励等因素的影响，生产要素在城乡之间存在配置扭曲，这对中国农业现代化和城乡经济协调发展造成了消极影响。该章在城乡两部门经济假设下，构建了农业与非农部门要素配置状态的测算框架；在此基础上运用永续盘存法估计固定资本存量，回归得到农业与非农部门生产函数的要素产出弹性，进而计算 1996~2016 年全国、省份、地区和粮食功能区等不同层面的城乡部门要素错配系数。从时序变化来看，全国层面非农部门的要素配置状态不断向好，近年来基本实现了要素优化配置；农业部门的要素配置状态在 1996~2013 年趋于恶化，近年来则有好转趋势。从空间差异来看，东部省份的农业部门要素配置状态趋于优化，东北省份变化不明显，中西部省份则呈现要素错配程度加重的趋势；粮食主销区的农业部门要素配置状态较好，粮食主产区和粮食产销平衡区的农业部门要素错配程度则较为严重。基于研究结论，该章提出了促进资本和劳动力在城乡之间优化配置的政策建议。

第 5 章为农业绿色 TFP 测算。该章在综合借鉴已有文献的基础上，对农业的投入和产出指标进行重塑，着重分析了碳排放作为非期望产出的现实基础，利用基于 SBM-DDF[①]方法的 Luenberger 指数对 2001~2015 年中国省级层面的农业绿色 TFP 进行测度，并分析其时空演变和收敛性。研究发现，第一，中国农业平均碳排放强度从 2001 年开始经历了小幅上升期和平衡期，并在 2006 年之后呈现显著下降趋势，中部地区农业碳排放强度最高，西部地区最低。第二，碳排放的无效率和机械动力投入的无效率是各省份农业绿色无效率的主要来源；与东部地区相比，中西部地区劳动投入的无效率性显著，尤其是西部地区应加快农业劳动力的非农转移。第三，中国农业绿色 TFP 年均增长率为 1.56%，增长率在东中西部地

① SBM-DDF 指非径向、非角度的基于松弛变量的方向性距离函数，其中 SBM 指非径向、非角度的基于松弛变量的模型，DDF 指方向性距离函数。

区依次递减，在粮食主产区、主销区和产销平衡区依次下降。第四，除粮食主销区存在绝对β收敛外，全国、东中西部地区、其余粮食功能区均不存在绝对β收敛和σ收敛，但全国及各区域均存在显著的条件β收敛。由此可见，依靠提升绿色TFP来促进中国农业绿色发展尚有很大空间；农业绿色TFP较低的省份应加强与“前沿省份”的交流与合作，通过引进先进农业生产技术和农业管理经验，逐步缩小与“前沿省份”的差距。

第6章为农业现代化发展水平评价。该章在界定农业现代化概念的基础上，构建农业现代化水平评价指标体系，利用主成分分析法对指标进行赋权，进而评价中国农业现代化发展水平的时序变化和空间差异。从时序变化来看，中国农业现代化水平在1992~2015年不断上升，根据变动趋势可细分为四个发展阶段。从空间差异来看，东部省份的农业现代化发展速度最快，中西部省份次之，东北省份较为缓慢；粮食主销区的农业现代化水平高于粮食主产区和粮食产销平衡区。从国际比较来看，中国的农业劳动生产率不仅远低于地广人稀的美国和澳大利亚，而且低于人口稠密的日本和韩国；中国的农业土地生产率高于美国和澳大利亚，但远低于日本和韩国。从研究结论出发，该章提出了加快推进中国农业现代化进程的政策建议。

第7章为农村基本公共服务供给的制度演进与状态判定。城乡基本公共服务是由政府依据经济社会发展情况，向城乡居民提供的满足其生存和发展基本需求的公共产品。一般而言，基础教育、医疗卫生、社会保障是城乡居民共同需求的基本公共服务，它们对于城乡居民提升人力资本水平、共享现代化成果具有重要意义。中华人民共和国成立之后到21世纪初广泛开展农村税费改革之前，基本公共服务供给中存在严重的城市偏向问题，农村居民所能享受的基本公共服务水平远低于城市居民。21世纪初以来，公共财政对农村公共服务供给的支持力度不断加大，基本公共服务供给逐步由“城市偏向”转变为“城乡均等化”。该章对中华人民共和国成立以来基本公共服务供给由“城市偏向”到“城乡均等化”的演进历程做了梳理，论证了中华人民共和国成立到农村税费改革之前的基本公共服务供给城市偏向及其表现形式，测算了农村税费改革以来的城乡基本公共服务均等化变动趋势，并提出了进一步加强农村基本公共服务供给的政策建议。

第8章为大城市的户籍制度改革与农民工市民化。该章针对大城市户籍制度改革和农民工市民化进展缓慢的问题，从中央—地方政府分权治理的视角寻找答案。研究发现，在基于经济增长的晋升锦标赛下，地方政府利用户籍制度获得流动人口带来的红利，却拒绝为其提供保障性支出，没有开展农民工市民化改革的激励。该章认为，农民工市民化本质上是中央对地方政府的激励问题，要加快大城市的户籍制度改革和农民工市民化进程，必须改变以经济增长为核心的官员晋升激励机制，走向“为高质量发展而竞争”。

第1章　改革开放以来的城镇化进程

城镇化是现代化的必由之路，中国改革开放以来的城镇化历程可分为“规模扩张”的传统城镇化阶段和“质量提升”的新型城镇化阶段。改革开放之后到党的十八大之前的传统城镇化，在推动城镇规模扩张的同时也引发了一系列问题，具体表现在“土地城镇化”快于“人口城镇化”、城镇空间结构不合理、农业农村现代化滞后、土地财政快速扩张、资源低效利用与环境污染。党的十八大以来，中央提出走中国特色新型城镇化道路，新型城镇化是高效、包容、绿色的城镇化，本质是以人为核心提高城镇化质量。近年来，新型城镇化在实践中取得积极进展，成为拉动新时代中国经济高质量发展的引擎。

1.1　总体描述

城镇化是现代化的必由之路，它表现为人口向城镇集聚、城镇规模扩大和数量增加，并由此引发经济结构、社会结构、空间结构的变革（魏后凯，2014a）。从经济结构变革来看，城镇是非农产业集聚的空间载体，城镇化在经济结构上体现为非农产业增加值占该经济体 GDP 总量的比重不断上升，农业劳动力转移到城镇非农部门就业，城镇化在此过程中推动“农业国”实现工业化和农业现代化。从社会结构变革来看，城镇是人口集聚的空间载体，城镇化会推动大多数农村人口转移到城市生活，在此过程中人们的生产方式、生活方式、价值观念逐步由“传统”向“现代”转变。从空间结构变革来看，随着人口和产业向城镇集聚，一方面城镇成为人口集聚和产业集聚的空间载体，另一方面区域范围内的核心城市与其他中小城市、小城镇、乡村之间将逐步实现合理分工，进而推动城市群成为人口大国城镇化的主要空间载体，这必然导致一国或地区在空间结构上实现经济地理重塑。

作为世界人口第一大国，中国推进城镇化在世界各国发展史上没有先例，因此必然会对世界产生广泛影响。诺贝尔经济学奖获得者斯蒂格利茨曾说："中国的城市化与美国的高科技，将是影响 21 世纪人类社会发展进程的两件大事。"改革开放以来城镇化快速推进，成为创造中国经济奇迹的主要动力之一，取得了举世瞩目的显著成绩。1978~2016 年，中国城镇人口从 1.72 亿人增加到 7.93 亿人，常住人口城镇化率由 17.92%提高到 57.35%①（图 1-1），城市数量从 193 个增至 657 个②。珠三角、长三角、京津冀三大城市群成为支撑中国经济发展的增长极，中西部地区和东北地区也形成了若干城市群。改革开放以来城镇化的快速推进，使中国的经济结构、社会结构、空间结构发生了显著变化，成为中国经济持续增长和全面建成小康社会的有力支撑。

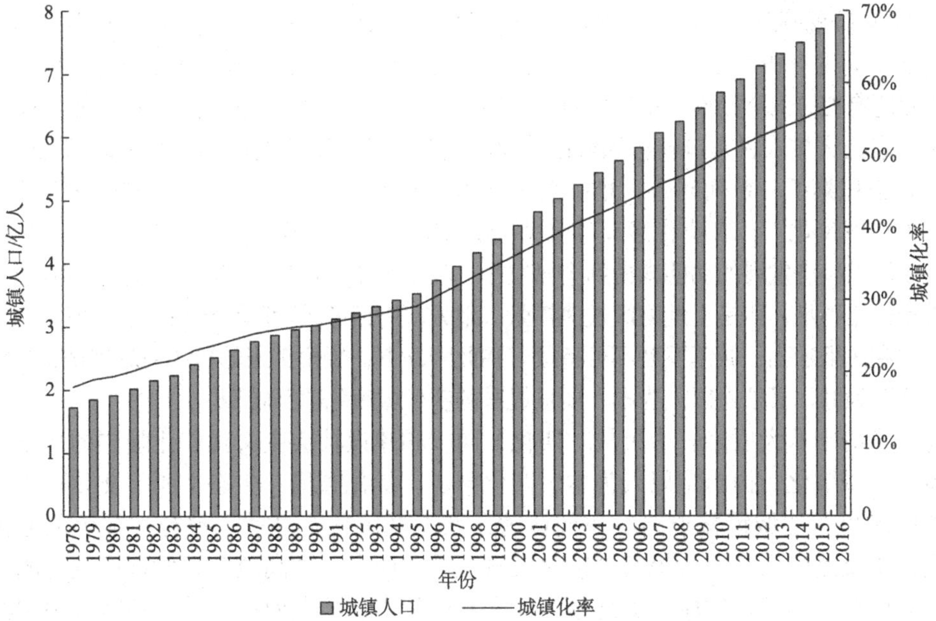

图 1-1　中国 1978~2016 年城镇化变动趋势

资料来源：根据《中国统计年鉴（2017）》整理

从本质特征、驱动力量和表现形式的差异出发，我们把中国改革开放以来的城镇化历程分为两个阶段，1978 年 12 月至 2012 年 11 月党的十八大之前是传统

① 数据来源：中国统计年鉴（2017）. 北京：中国统计出版社，2018：31.

② 数据来源：中国城市统计年鉴（2016）. 北京：中国统计出版社，2017：4.

城镇化阶段，2012年12月至今是新型城镇化阶段（表1-1）。具体而言，传统城镇化突出表现为城镇数量增加和城市规模扩张，政府作为主导力量驱动城镇化高速向前推进，这一阶段城镇化的本质是“以物为本”，土地城镇化的速度远快于人口城镇化，农业转移人口市民化步履维艰；与此相对应，新型城镇化突出表现为质量提升，市场在城镇化进程中开始发挥主导作用，新型城镇化的本质是“以人为本”，即逐步实现农业转移人口市民化。

表1-1 新型城镇化与传统城镇化的主要区别

类型	时间	本质特征	驱动力量	表现形式
传统城镇化	1978年12月至2012年11月	以物为本	政府主导	规模扩张
新型城镇化	2012年12月至今	以人为本	市场主导	质量提升

资料来源：作者整理

在改革开放之后到十八大之前的传统城镇化阶段，城镇化快速向前推进。尤其是1994年分税制改革之后，地方政府的主要收入来源从“发展企业”向“经营城市”转变（周飞舟和王绍琛，2015），加之土地出让收入基本归地方政府所有，因此地方政府有充分的激励推动城市发展。1995~2012年，中国的城镇化率年均增加1.31个百分点，大量农村人口转移到城市就业和生活。这一阶段的城镇化在快速扩张的同时，也积累了一系列问题，集中表现在以下五个方面：一是“土地城镇化”快于“人口城镇化”，农业转移人口市民化步履蹒跚；二是城镇空间结构不合理，城镇带动区域经济发展的功能未得到全面发挥；三是农业现代化发展滞后，城镇对农村的带动作用不足；四是土地财政快速扩张，地方政府债务风险问题严峻；五是资源粗放利用和污染加剧，城镇发展不可持续。在此背景下，规模扩张的传统粗放型城镇化模式难以为继，必须向以人为本、质量提升的新型城镇化道路转型。

党的十八大以来，中央从“四化”同步和建设社会主义现代化强国的高度重新认识城镇化，提出走以人为本、四化同步、优化布局、生态文明、文化传承的中国特色新型城镇化道路。我们认为，新型城镇化是高效、包容、绿色的城镇化，本质是以人为核心提高城镇化质量。具体而言，“高效”是发挥城镇化的产业集聚和产业升级效应，提高生产要素利用效率和配置效率，带动新时代中国经济增长；发挥中心城市的辐射带动作用，以城市群为主体构建各级城镇协调高效发展的空间格局。“包容”是破除城市内部的二元结构，改革户籍及其他相关制度，有序推进农业转移人口市民化和城镇内部基本公共服务均等化；破除城乡之间的二元结构，促进城乡融合发展，形成工农互促、城乡互补、全面融合、共同繁荣的新型工农城乡关系。“绿色”是提高城市资源利用效率，解决城镇环境问题，促进城镇低碳宜居发展，提高城镇可持续发展能力。党的十八大以来，城镇化质量有所提升，初步走出了一条中国特色新型城镇化道路。

1.2　传统城镇化的贡献及问题

改革开放之后到党的十八大之前，是中国的传统城镇化发展阶段，规模快速扩张是这一时期城镇化的典型特征。1978~2012 年，中国的城市数量由 193 个增至 657 个①，城镇化率由 17.92%上升到 52.57%，同期城镇常住人口由 1.72 亿增长到 7.12 亿②。通过图 1-2 可以看出，中国城市建成区面积由 1981 年的 7 438 平方千米，快速增长到 2012 年的 45 565.8 平方千米，30 多年间城市建成区面积增加了 5 倍以上。在城镇化快速扩张的带动下，中国由传统的“乡土社会”迈入现代化的“城市社会”，推动城乡面貌发生了历史性转变。但传统粗放的城镇化模式在促进经济社会发展的同时也引发了一系列问题，城镇化模式亟须转型。

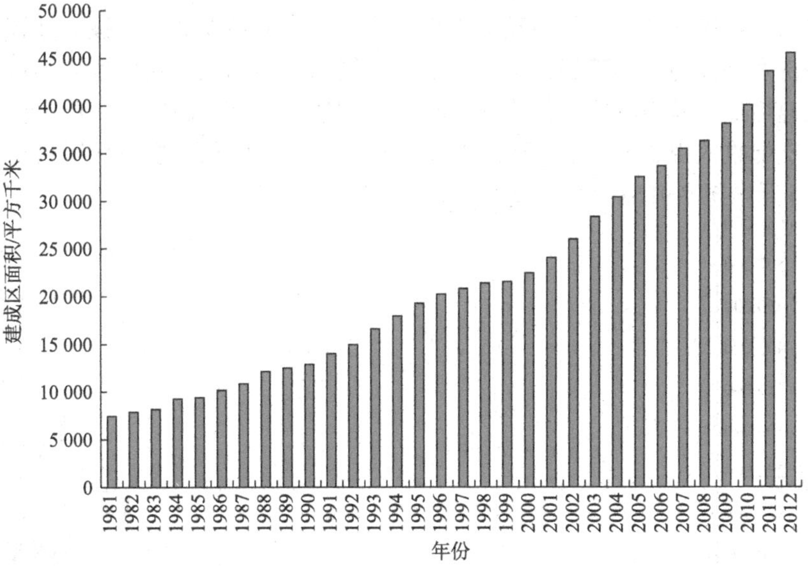

图 1-2　1981~2012 年中国城镇建成区面积变动趋势

资料来源：根据《中国城乡建设统计年鉴（2016）》整理

1.2.1　传统城镇化对中国发展的贡献

中国改革开放以来的经济增长奇迹与城镇化进程及其伴生的经济活动密不可分，城镇化是创造中国经济奇迹的重要动力。一般而言，人口在城镇地区的集聚

① 数据来源：中国城乡建设统计年鉴（2016）. 北京：中国统计出版社，2017：4.

② 数据来源：中国统计年鉴（2017）. 北京：中国统计出版社，2018：31.

为非农产业提供了劳动力及产品需求市场，居民的公共服务需求推动了基础设施建设，还通过乘数效应产生巨大的投资需求。此外，经济活动的密集开展也降低了公共服务与基础设施的供应成本，产生了知识溢出等正外部性。城镇规模增长还具有自我强化效应，随着规模的不断扩大，城镇会聚集愈来愈多的人口与要素，从而进一步强化规模效应，直到城市达到最佳规模。

国务院发展研究中心和世界银行联合课题组（2014）指出，高速城镇化推动了中国过去 30 多年前所未有的经济转型，城镇地区的廉价土地、充足的外来劳动力及良好的基础设施为这一高速增长提供了支撑。图 1-3 显示，1978~2012 年中国非农产业增加值一直保持快速增长态势，其中第二产业增加值由 1 755.2 亿元增至 244 643.3 亿元，第三产业增加值由 905.1 亿元增至 244 821.9 亿元。第二产业和第三产业主要集聚在城镇地区，城镇非农产业的快速发展，推动中国 GDP 总量由 1978 年的 3 678.7 亿元快速增长到 2012 年的 540 367.4 亿元[①]。由此可以看出，城镇化通过经济活动的集聚产生了巨大的规模效应，极大地释放了中国的经济发展活力。随着城镇化水平的不断提高，中国城乡居民的人均可支配收入也快速增加，其中城镇居民收入增长尤为明显。1978~2012 年，中国城镇居民人均可支配收入由 343.4 元增至 24 564.7 元，增长了 70 倍；农村居民人均纯收入由 133.6 元增至 7 916.6 元[②]，增长了近 60 倍。

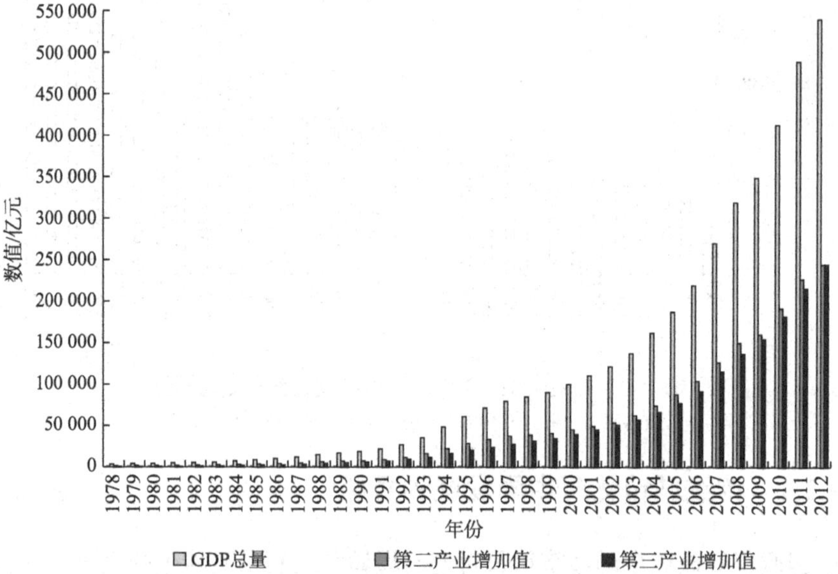

图 1-3　1978~2012 年中国 GDP 总量与非农产业增加值情况

资料来源：根据《中国统计年鉴（2017）》整理

① 数据来源：中国统计年鉴（2017）. 北京：中国统计出版社，2018：56.

② 数据来源：中国统计年鉴（2017）. 北京：中国统计出版社，2018：171.

1.2.2　传统城镇化存在的问题

传统城镇化在推动中国经济快速增长的同时，也引发了一系列问题，主要体现在以下五个方面。

1. “土地城镇化”快于“人口城镇化”，农业转移人口市民化步履蹒跚

1981~2012 年，中国城市建设用地面积由 6 720 平方千米增至 45 750.7 平方千米①，“土地城镇化”增长近 6 倍；同期城镇人口由 20 171 万人增长到 71 182 万人②，“人口城镇化”仅增长 2.5 倍，由此可见“土地城镇化”的速度远超“人口城镇化”。1978~2009 年中国农村转移到城镇的人口数量累计为 3.9 亿左右，但从农业户籍转为城镇户籍的人口数量仅为 1.7 亿③，大量在城镇工作的农业转移人口难以完全享受城镇公共服务，导致城镇化质量不高。

“土地城镇化”快于“人口城镇化”，在阻碍农业转移人口市民化的同时，还产生了以下两个问题：一方面城镇基础设施浪费严重，重复建设问题凸显，许多地方政府牵头开发的“新城”变成了“空城”；另一方面过度投资引发边际收益递减。据估计，中国绝大多数城市的 ICOR（增量资本产出率，即投资与增量产出之比）持续攀升，平均水平已达到4以上，小城市（人口低于50万）更是高达 5.5。国际经验表明，ICOR 保持在 3 左右时资本利用是高效的，这说明中国的城镇投资对经济增长的拉动作用已经显著下滑（国务院发展研究中心和世界银行联合课题组，2014）。

2. 城镇空间结构不合理，城镇带动区域经济发展的功能未得到全面发挥

21 世纪以来，中国不同类型城市的发展速度迥异，资源向大城市过度集中。2000~2011 年，中国新增 67 座大城市，其中 200 万人口以上特大城市增加 11 座，大城市数量比重与人口比重分别提高了 10.62%与 14.64%；中等城市虽然在数量上有所增加，但其人口比重却有所减少；小城市数量减少了 112 座，城市数量比重与人口比重分别下降了 15.46%与 8.68%④。大城市尤其是特大城市快速扩

---

① 数据来源：中国城乡建设统计年鉴（2016）. 北京：中国统计出版社，2017：4.

② 数据来源：中国统计年鉴（2017）. 北京：中国统计出版社，2018：31.

③ 数据来源：“城镇化进程中农村劳动力转移问题研究”课题组. 城镇化进程中农村劳动力转移：战略抉择和政策思路. 中国农村经济，2011，（6）：4-14.

④ 数据来源：魏后凯. 中国城镇化进程中两极化倾向与规模格局重构.中国工业经济，2014，（3）：20.

张、中小城市趋于萎缩的“两极分化”倾向（刘爱梅，2011）一方面使大城市内部发展空间饱和，“大城市病”严重；另一方面使一些中小城市出现了发展迟缓甚至萎缩现象，大中小城市发展失调，不利于区域经济和城市群健康发展。

造成中国城镇规模“两极分化”的因素除了市场机制的极化效应之外，更重要的原因在于政府对城镇发展的过度干预。中国实行的城镇管理体制划定了不同城镇的行政级别，行政级别决定了该城镇的官员级别、行政权力和资源配置能力（魏后凯，2014b），下级城镇严格服从上级城镇的管理，首都、直辖市、计划单列市、省会城市等大城市在资源配置上具有绝对优势。如此一来，上级城市往往会利用行政优势来“盘剥”下级城市的人口、资源与产业，这在一定程度上阻碍了下级城市尤其是中小城市的健康发展。在此背景下，区域范围内的城镇体系存在空间结构不合理的问题，城镇带动周边区域经济发展的功能难以得到全面发挥。

3. 农业现代化发展滞后，城镇对农村的带动作用不足

农业是国民经济的基础，乡村是经济社会发展的重要载体，没有农业农村现代化就没有国家现代化。一般而言，农业不仅能向非农产业和城市提供原料、食品和劳动力，还能向城市居民提供良好的生态环境、休闲场所和更广阔的市场；工业化和城镇化则能通过农业剩余劳动力吸纳、多功能农业需求、先进技术支持等途径，对农业农村发展起到引领、支持和推动作用（黄祖辉等，2013），因此应构建融合互补的新型工农城乡关系。

改革开放以来，在“经济建设为中心”的发展战略下，推动辖区 GDP 增长是地方政府官员施政的主要目标，而城镇建设及非农产业发展是拉动短期经济增长的主要动力，因此各级地方政府都把城镇及非农产业作为经济增长的主战场，这促进了城镇经济的快速发展。在此背景下，尽管改革开放以来农业发展也取得了长足进步，但农业农村现代化长期滞后于工业化、城镇化和信息化，成为阻碍“四化”同步的短板。1978~2012 年，第一产业增加值占全国 GDP 的比重由 27.7%降至 9.4%[①]，第一产业就业人员占全国就业人员总数的比重由 70.5%降至 33.6%[②]，第一产业仍然占据了过多劳动力，传统农业未能得到根本改造。除此之外，地方政府长期偏向于发展城镇（王颂吉，2016），导致在城镇化快速发展的同时，城镇对农村的带动作用未能得到全面发挥，农村发展长期处于滞后状态，形成了“繁华的城市”与“落后的农村”并存的局面。

---

① 数据来源：中国统计年鉴（2017）. 北京：中国统计出版社，2018：59.

② 数据来源：中国统计年鉴（2017）. 北京：中国统计出版社，2018：99.

4. 土地财政快速扩张，地方政府债务风险问题严峻

作为城镇化、工业化与分税制改革的产物，中国土地财政问题由来已久。2012 年全国出让国有建设用地 33.2 万公顷，出让价款为 2.8 万亿元①，同年地方政府财政收入为 6.1 万亿元②，由此可见土地出让金对地方政府收入的重要意义。从狭义的范围来看，土地财政主要指的是地方政府从一级市场中征收土地，再在二级市场中出让土地以获得收入的行为。从征地的收入与支出两个角度来看：一方面，地方政府作为土地征收与出让的中间主体，在土地征收的一级市场和土地出让的二级市场上都具有垄断地位；另一方面，现行的土地征收与出让制度为地方政府采取"低价征收，高价出让"的模式来筹集收入提供了套利空间③。从广义范围来看，地方政府的土地财政不仅包括土地出让金收入，还包括通过土地抵押进行融资（图 1-4），而这一部分收入相对于土地出让金而言具有更高的杠杆率，能够让地方政府撬动更多的资金用于基础设施建设等活动。因此，土地财政成为城镇化建设资金的重要来源。

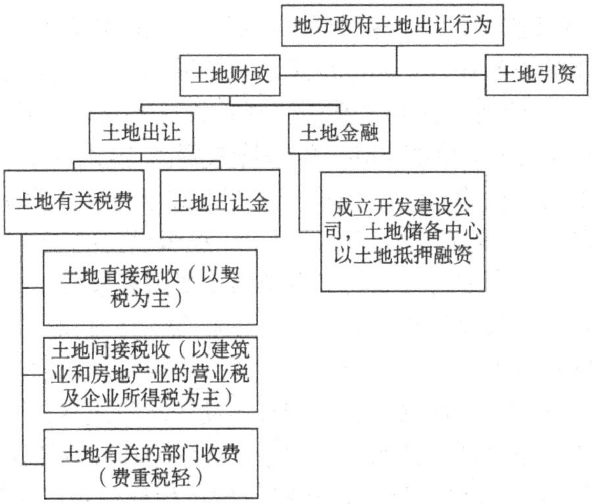

图 1-4　中国地方政府的"土地财政"

资料来源：作者根据相关文献整理

---

① 数据来源：中国国土资源统计年鉴（2015）. 北京：地质出版社，2016：105-110.

② 数据来源：中国统计年鉴（2013）. 北京：中国统计出版社，2014：332.

③《中华人民共和国土地管理法》第四十七条规定：土地补偿费和安置补助费的总和不得超过土地被征用前三年平均年产值的三十倍。由此可见，土地转换用途（农业用地转化为工业或商业用地）的增值部分未列入补偿范围。另外，2002 年开始实行的《招标拍卖挂牌出让国有土地使用权规定》中指明：商业、旅游、娱乐和商品住宅等各类经营性用地，必须以招标、拍卖或者挂牌方式出让。这种土地出让方式也是高地价形成的重要制度原因。在两种制度合力下，地方政府可以从低价的土地征收与高价的土地出让中获取巨额收入。

由于地方政府获取土地收入的过程缺乏有效监管，因此不可避免地存在土地寻租、征地冲突等一系列问题。更重要的是，地方政府的财政与金融风险不断累积[①]，成为威胁中国经济社会稳定发展的重要隐患。具体而言，过多的土地抵押贷款会加大地方政府的债务风险，目前中国很多地方政府处于过度负债状态，地方政府债务的庞大规模与负债的普遍性，容易引发系统性金融风险。地方政府以土地资源获取抵押贷款，这种增加地方政府收入的方式具有不可持续性：一旦不能继续征收土地或土地价格走低，政府的土地出让收入就会缩水，导致政府无力偿还土地抵押贷款；另外，土地出让收入的减少会导致地方政府收入下降，使得基础设施建设规模缩小，从而进一步导致财政预算收入减少，那么以财政作为担保的抵押贷款的偿还也会变得困难重重（周飞舟，2007）。

5. 资源粗放利用和污染加剧，城镇发展不可持续

中国传统城镇化在发展过程中，较少考虑环境污染与资源消耗的成本，虽然在短时间内实现了城镇化水平的提高与经济增长，却造成了严重的资源环境问题，具体表现在城市空气污染、耕地资源流失、农业面源污染及城市拥堵等方面。随着环境成本的不断提升，粗放扩张的传统城镇化道路亟须转型。

城市空气污染中最受关注的是雾霾。根据国际环保组织绿色和平发布的数据，2015 年中国 366 座城市的 $PM_{2.5}$ 年平均浓度为 50.2 微克/米^3，其中 293 座城市的 $PM_{2.5}$ 年平均浓度超过《环境空气质量标准》中的二级浓度限值（35 微克/米^3），所有城市的污染浓度均超过世界卫生组织设定的 $PM_{2.5}$ 空气质量准则值（10 微克/米^3）[②]。造成中国城市空气污染的主要因素包括不合理的能源消费结构、工业废气排放、交通废气排放等，其中工业废气排放和交通废气排放是其中的主要因素。在城市内部，传统城镇化带来的其他环境问题同样严重：一是低密度的城市蔓延造成城市交通拥堵，由此带来的通勤时间成本、能耗成本等经济损失不断攀升；二是城市供暖、供水的低效率，导致城市能源资源与水资源浪费严重；三是一些特大城市人口数量急剧膨胀，城市生活垃圾处理能力不足，导致“垃圾围城”现象十分严重。

传统城镇化模式不仅导致资源粗放利用和城镇污染加剧，而且影响到农业农村的可持续发展。随着城市规模的不断扩张及各类非农产业园区的发展，城市周边的良田大量被圈占，耕地资源流失严重，逐渐逼近 18 亿亩耕地红线，这对保

---

① 引自习近平. 在中央城镇化工作会议上的讲话（2013 年 12 月 12 日）//十八大以来重要文献选编（上）. 北京：中央文献出版社，2014：589-607.

② 数据来源：关司琪. 绿色和平发布 2015 年度中国 366 座城市 PM2.5 浓度排名. http://www.greenpeace.org.cn/pm25-city-ranking-2015/，2016-01-20.

障中国粮食安全产生了严重威胁。此外，受到来自城镇工业“三废”、城市生活污水及垃圾等多种污染的影响，加之农业自身的内源性污染，中国农业面源污染问题日益加剧，农产品质量安全风险居高不下。

1.3　新型城镇化的内涵与实践进展

随着中国进入新的发展阶段，传统粗放的城镇化模式难以为继，提高城镇化质量成为必然选择。2012 年 11 月召开的党的十八大提出促进工业化、信息化、城镇化、农业现代化同步发展；2012 年 12 月中央经济工作会议提出着力提高城镇化质量，走新型城镇化道路。此后，以人为核心提高城镇化质量成为新时期中国推进城镇化的主题。

1.3.1　新型城镇化的内涵

我们认为，新型城镇化是解决传统城镇化问题、促进城镇化健康发展的必由之路，新型城镇化的内涵可概括为高效、包容、绿色，其本质是以人为核心提高城镇化质量。

1. 高效的城镇化

高效城镇化就是提高城镇化效率。一方面要提高生产要素配置效率，充分发挥城镇化对经济增长的带动作用。在城镇化发展到一定阶段之后，通过提高生产要素配置效率，形成合理高效的城市产业结构，有助于增强城市的自生发展能力和辐射带动作用（白永秀和王颂吉，2011）。为此，必须深化要素市场改革，使市场在要素配置中发挥决定性作用，推动要素向生产率水平高的城市周边集聚，使新型城镇化成为新时代中国经济高质量发展的持久动力。另一方面要发挥中心城市的辐射带动作用，以城市群为主体构建各级城镇协调发展的空间格局。城市群是中国推进新型城镇化的主体形态，也是提高城镇化效率的重要依托。在城市群内部，中心城市、中小城市、小城镇、乡村之间应根据自身比较优势协调产业布局和资源分布，在协作融合过程中形成有效分工。在此基础上，以城市群为主要平台，科学规划全国空间格局，推动不同城市群之间设施联通日益完善、产业分工逐步深化，有助于实现区域经济协调高效发展。

2. 包容的城镇化

包容性城镇化基于以下两个原则：一是保证生产要素尤其是人员的自由流动，二是实现跨地区均等享受基本公共服务（国务院发展研究中心和世界银行，2014）。农业转移人口市民化是新型城镇化的核心要义，应按照“存量优先、带动增量、分步推进”的原则，统筹推进户籍制度改革和城市内部的基本公共服务均等化，有序推进农业转移人口市民化，逐步破除城市内部的二元结构。

传统城镇化进程中城镇对乡村的带动作用未得到全面发挥，使得乡村发展困境日益显现，实现乡村振兴成为新型城镇化的重要任务。为此，必须在新型城镇化过程中促进城乡融合发展，加快形成工农互促、城乡互补、全面融合、共同繁荣的新型工农城乡关系，破除城乡二元结构。在此过程中，应构建城乡统一的资金、劳动力和建设用地市场，推进城乡要素平等交换，加快农业现代化和城乡产业融合发展；同时要提升城镇对农村发展的带动作用，加强农村基本公共服务供给，逐步实现城乡基本公共服务均等化。

3. 绿色的城镇化

绿色城镇化就是倡导绿色生产方式、生活方式和消费方式，把生态文明理念融入城市发展全过程。资源粗放利用和环境污染加剧是传统城镇化的痼疾，要推进绿色城镇化，必须转变粗放型的城市产业发展模式，鼓励大城市优先发展高新技术产业和环境友好型工业，促进产业优化升级；同时要改进资源利用效率，提高新型能源在城市能源消费结构中的比重，加强城镇污染治理。

要推进绿色城镇化，还应强化城镇环境保护的激励和问责机制，提高环境可持续性政策在城镇化进程中的影响力和效力。在政府治理层面，必须改进地方官员政绩考核体系，提升城镇资源高效利用和环境有效治理在地方官员政绩考核中的权重，使地方政府有动力、有压力推进城镇绿色发展。同时，要提高环保部门执法能力，开展城市群内部乃至更大区域范围的环境污染联防联控联治，在此过程中逐步扩大城镇生态空间，提高城镇可持续发展能力。

1.3.2 新型城镇化的实践进展

党的十八大以来，中央统筹推进新型城镇化建设，围绕新型城镇化提出了一些新论点，出台了一系列关于新型城镇化的文件（表 1-2）。其中，在新型城镇化道路界定方面，2012 年 12 月中央经济工作会议提出“把生态文明理念和原则全面融入城镇化全过程，走集约、智能、绿色、低碳的新型城镇化道路”；2014

年3月出台的《国家新型城镇化规划（2014—2020年）》进一步把中国特色新型城镇化道路概括为“以人为本、四化同步、优化布局、生态文明、文化传承”。以人为核心提高城镇化质量是新型城镇化的主题，这一主题在中央文件中被多次强调。其中，2012 年 12 月中央经济工作会议提出“着力提高城镇化质量”；2013 年 11 月党的十八届三中全会通过的《中共中央关于全面深化改革若干重大问题的决定》提出“推进以人为核心的城镇化”；2013 年 12 月中央城镇化工作会议把“有序推进农业转移人口市民化”作为新型城镇化的着力点之一；2015 年 12 月中央城市工作会议提出“坚持以人民为中心的发展思想，坚持人民城市为人民”；2016 年 2 月出台的《国务院关于深入推进新型城镇化建设的若干意见》提出“以人的城镇化为核心，以提高质量为关键”；2017 年 10 月党的十九大提出“以城市群为主体构建大中小城市和小城镇协调发展的城镇格局，加快农业转移人口市民化”；2017 年 12 月中央经济工作会议进一步要求“提高城市群质量”。在中央统一部署下，新型城镇化在实践层面取得积极进展。

表 1-2　十八大以来中央关于新型城镇化的论述及文件

时间	政策文件	论述要点
2012 年 11 月	十八大报告	坚持走中国特色新型工业化、信息化、城镇化、农业现代化道路……促进工业化、信息化、城镇化、农业现代化同步发展
2012 年 12 月	中央经济工作会议	积极稳妥推进城镇化，着力提高城镇化质量……要把生态文明理念和原则全面融入城镇化全过程，走集约、智能、绿色、低碳的新型城镇化道路
2013 年 11 月	《中共中央关于全面深化改革若干重大问题的决定》	坚持走中国特色新型城镇化道路，推进以人为核心的城镇化，推动大中小城市和小城镇协调发展、产业和城镇融合发展，促进城镇化和新农村建设协调推进。优化城市空间格局和管理格局，增强城市综合承载能力
2013 年 12 月	中央城镇化工作会议	新型城镇化要找准着力点，有序推进农业转移人口市民化，深入实施城镇棚户区改造，注重中西部地区城镇化
2014 年 3 月	《国家新型城镇化规划（2014—2020 年）》	走以人为本、四化同步、优化布局、生态文明、文化传承的中国特色新型城镇化道路，促进经济转型升级和社会和谐进步，为全面建成小康社会、加快推进社会主义现代化、实现中华民族伟大复兴的中国梦奠定坚实基础
2015 年 12 月	中央城市工作会议	提高新型城镇化水平，走出一条中国特色城市发展道路……坚持以人民为中心的发展思想，坚持人民城市为人民
2016 年 2 月	《国务院关于深入推进新型城镇化建设的若干意见》	以人的城镇化为核心，以提高质量为关键，以体制机制改革为动力，紧紧围绕新型城镇化目标任务，加快推进户籍制度改革，提升城市综合承载能力，制定完善土地、财政、投融资等配套政策，充分释放新型城镇化蕴藏的巨大内需潜力，为经济持续健康发展提供持久强劲动力
2016 年 6 月	《中华人民共和国国民经济和社会发展第十三个五年规划纲要》	坚持以人的城镇化为核心、以城市群为主体形态、以城市综合承载能力为支撑、以体制机制创新为保障，加快新型城镇化步伐
2017 年 10 月	十九大报告	以城市群为主体构建大中小城市和小城镇协调发展的城镇格局，加快农业转移人口市民化
2017 年 12 月	中央经济工作会议	提高城市群质量，推进大中小城市网络化建设，增强对农业转移人口的吸引力和承载力，加快户籍制度改革落地步伐。引导特色小镇健康发展

续表

时间	政策文件	论述要点
2018 年 1 月	《中共中央国务院关于实施乡村振兴战略的意见》	坚持城乡融合发展。坚决破除体制机制弊端，使市场在资源配置中起决定性作用，更好发挥政府作用，推动城乡要素自由流动、平等交换，推动新型工业化、信息化、城镇化、农业现代化同步发展，加快形成工农互促、城乡互补、全面融合、共同繁荣的新型工农城乡关系

资料来源：作者根据公开资料整理

1. 城市经济实力增强，发展方式加快转变

近年来中国城市数量不断增加，城市规模进一步扩大。2012~2016 年，地级以上城市的数量由 289 个[①]增至 297 个[②]，建制镇数量由 19 881 个增加到 20 883 个，城市建成区面积由 45 565.8 平方千米[③]增至 54 331.5 平方千米[④]。城市数量的增加和城市规模的扩大，进一步推动了城市空间格局及产业分工的优化，中国逐步由传统的省域经济和行政区经济向城市群经济过渡。其中，2015 年京津冀、长三角和珠三角三大城市群，以 5.2%的国土面积集聚了全国 23.0%的人口，创造了 39.4%的 GDP[⑤]。2017 年 10 月党的十九大提出“以城市群为主体构建大中小城市和小城镇协调发展的城镇格局”，2017 年 12 月中央经济工作会议进一步提出推进大中小城市网络化建设。近年来在城市群发展的带动下，大中小城市的网络分工能力进一步增强，促进了城市发展方式转变和经济实力提升。

第一，城市经济规模不断扩大。中国地级以上城市地区生产总值从 2012 年的 327 382 亿元增加到 2015 年的 428 359 亿元，相应的公共财政收支也随之大幅增加（表 1-3），这为加强城市基础设施建设和公共服务供给提供了条件。与此同时，中国县级城市的经济规模也在迅速扩大，生产总值、规模以上工业总产值、居民储蓄存款都有了明显增加。

表 1-3 2012~2015 年中国地级以上城市（市辖区）经济总量 单位：亿元

经济指标	2012 年	2013 年	2014 年	2015 年
地级以上城市地区生产总值	327 382	363 325	396 268	428 359
规模以上工业总产值	497 711	551 888	609 824	611 754
公共财政收入	34 545	39 635	42 823	49 671
公共财政支出	44 652	49 571	53 833	66 851

① 数据来源：中国统计年鉴（2013）. 北京：中国统计出版社，2014：417.

② 数据来源：中国统计年鉴（2017）. 北京：中国统计出版社，2018：807.

③ 数据来源：中国统计年鉴（2013）. 北京：中国统计出版社，2014：422.

④ 数据来源：中国统计年鉴（2017）. 北京：中国统计出版社，2018：812.

⑤ 数据来源：国家统计局. 城镇化水平持续提高城市综合实力显著增强——党的十八大以来经济社会发展成就系列之九. http://www.stats.gov.cn/tjsj/sjjd/201707/t20170711_1511794.html，2017-07-11.

续表

经济指标	2012 年	2013 年	2014 年	2015 年
年末金融机构各项人民币存款余额	659 708	736 459	789 157	994 940

资料来源：根据 2013~2016 年《中国城市统计年鉴》整理

第二，城市产业结构进一步优化。以地级以上城市为例，2012~2015 年第一产业占 GDP 的比重在 10%左右缓慢下降，第二产业比重由 48.6%降至 43.8%，第三产业比重由 48.6%升至 53.3%①。第三产业增加值和就业人数所占比重不断增加，并逐渐在大中城市的产业结构中居于主导地位，这推动着城市产业结构向高级化和合理化方向发展。

第三，城市科技水平不断提升。2012~2016 年，工业企业和高科技产业的专利申请数量逐年增加，通过技术创新和技术转化，企业的生产效率随之提升，进一步增强了企业竞争力。2016 年高技术产业（制造业）和规模以上工业企业的专利申请数分别达到 131 680 件和 715 397 件，较 2012 年分别增加 34 480 件和 225 452 件②。这从另外一个层面反映出，高新技术产业占规模以上工业科技研发的比重仍有较大提升空间。

第四，消费成为带动城市经济发展的重要动力。近年来，城市的固定资产投资和房地产开发投资持续增加，投资仍旧是带动城市经济增长的关键动力。但是相比较而言，地级以上城市的社会消费品零售总额增幅更为明显，2015 年城市社会消费品零售总额较 2012 年增长了 45.7%，年均增长 13.3%（图 1-5）。城市经济增长源泉正在由投资和出口向潜力更为巨大的消费转型，随着经济增长动力转型，新型城镇化成为拉动新时代中国经济高质量发展的强大引擎。

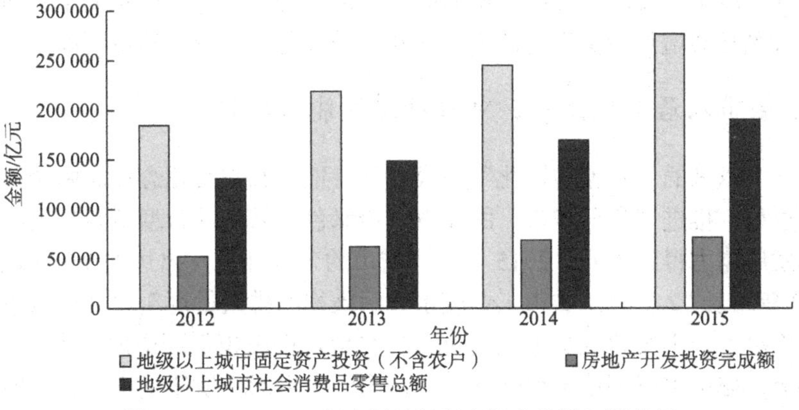

图 1-5　2012~2015 年中国地级以上城市投资和消费额

资料来源：根据 2013~2016 年《中国城市统计年鉴》整理

① 数据来源：2013~2016 年《中国城市统计年鉴》.

② 数据来源：2013~2017 年《中国统计年鉴》.

2. 人口城镇化水平提升，城市公共服务供给能力增强

新型城镇化的核心是人的城镇化，是使人民在城市生活得更美好。国家“十三五”规划纲要提出坚持以人的城镇化为核心、以城市群为主体形态、以城市综合承载能力为支撑、以体制机制创新为保障，加快新型城镇化步伐。2012~2016年，中国的城镇化率由 52.6%上升到 57.4%，常住人口城镇化保持了快速增长势头。在深化户籍制度改革的驱动下，农业转移人口市民化步伐加快，2012~2016年户籍人口城镇化率由 35.3%上升到 41.5%，这一阶段户籍人口城镇化率与常住人口城镇化率的差距缩小了 1.4%，城镇化质量得到提升。

城市基础设施建设是推进城市经济社会发展的重要条件。随着城市经济规模和财政收支规模的不断扩大，城市交通设施条件不断改善。截至 2016 年底，城市实有道路面积 75.4 亿平方米，较之 2012 年末增长 24.1%；城市建成轨道交通长度达到 3 586 千米，较 2012 年增加了 78.8%[①]。此外，城市互联网建设日新月异，并且进一步推动了城市智能交通模式的发展，催生出共享单车、共享汽车、网约车等新型交通形态，提升了智慧城市的建设水平。

随着新型城镇化建设的推进，城市的公共服务供给能力不断增强。城市的科教文卫支出逐年增加，医疗、教育、社会保障等公共服务的覆盖面扩大，农业转移人口享受城市公共服务的水平得到提升。其中，地级以上城市的教育支出2012~2015 年增长 31.1%，同期文化体育与传媒支出增长 43.1%，医疗卫生支出增长 70.5%[②]。随着户籍人口与常住人口城镇化率差距的不断缩小，公共服务的覆盖面逐步扩大，城市公共服务进一步向农村延伸，城乡融合发展水平得到提升。此外，城市居民的消费结构不断向高端消费升级，城市居民的生活质量明显提升，人民日益增长的美好生活需要在新型城镇化进程中不断得到满足。

3. 城市人居环境改善，可持续发展能力增强

十八大以来的“新型城镇化”建设，坚持把生态文明理念和原则全面融入城镇化全过程，推进“宜居城市”的建设，走绿色、低碳的新型城镇化道路，城市可持续发展能力得到提升。2015 年中国城市的节能环保支出达到 2 085 亿元，较之 2012 年增长 72.5%[②]。城市工业废水和污染物的排放量逐年递减，城市污水处理率和生活垃圾无害化处理率明显上升，绿地建设面积不断增加（表 1-4）。在此基础上，城市生态环境不断优化，城市居民的生活环境质量提升，切实提高了

---

① 数据来源：中国城乡建设统计年鉴（2016）. 北京：中国统计出版社，2017：16-17.

② 数据来源：国家统计局. 城镇化水平持续提高城市综合实力显著增强——党的十八大以来经济社会发展成就系列之九. http://www.stats.gov.cn/tjsj/sjjd/201707/t20170711_1511794.html，2017-07-11.

居民的健康水平，不断满足了城市居民对美好生活环境的追求。

表 1-4　2012~2015 年中国地级以上城市环境质量的变化

环境指标	2012 年	2013 年	2014 年	2015 年
城市工业废水排放量/亿吨	209	205	195	191
城市工业二氧化硫排放量/万吨	1 713	1 653	1 586	1 413
城市污水处理率	87.3%	89.3%	90.2%	91.9%
城市生活垃圾无害化处理率	84.8%	89.3%	91.8%	94.1%
城市绿地面积/万公顷	187	197	208	215

资料来源：根据 2013~2016 年《中国城市统计年鉴》整理

城镇化是现代化的必由之路，中国这样的人口大国推进城镇化没有成功的先例可以借鉴，因此必须走中国特色的城镇化道路。改革开放以来 40 多年的快速城镇化，推动中国由“乡土中国”转变为“城乡中国”，并进一步向“城市中国”演进，使中国城乡面貌发生了历史性转变。从规模扩张的传统城镇化，到质量提升的新型城镇化，城镇建设更为高效、包容、绿色，城镇化质量有效提升，逐步探索出了一条中国特色的新型城镇化道路。当前，中国经济发展进入了新时代，新型城镇化是拉动新时代中国经济高质量发展的引擎。在今后的城镇化过程中，应从以下三个方面不断提高城镇化质量：一是进一步发挥城镇化的产业集聚和产业升级效应，以城市群为主体优化城镇空间网络分工体系，促进城镇化高效发展；二是有序推进农业转移人口市民化，推进城市内部和城乡之间的二元结构转化，逐步实现城乡融合与乡村振兴，促进城镇化包容发展；三是提高城镇资源利用效率，解决城镇环境问题，提高城镇可持续发展能力和绿色发展水平。在新的历史时期，新型城镇化建设的逐步推进，必将为中国全面建成社会主义现代化强国提供有力支撑。

第 2 章　城乡人口迁移政策演进的理论与实证

中国城乡人口迁移进程同政府政策密切相关，本章从就业政策与落户政策的异质性特征出发，研究地方政府推进城乡人口迁移政策的演进，以及由就业政策改革向落户政策改革深化的内在逻辑。通过构造一个包含地方政府、城市部门及农村部门的斯塔克尔伯格博弈模型，推导发现计划经济时期均衡的农村迁移人口数量为 0；改革开放之后，随着城市资本积累规模的扩大，地方政府在“经济增长为中心”的晋升激励下会先后推进就业政策和落户政策改革，引致城乡人口迁移依次经历农村剩余劳动力就地转移阶段、农民工群体形成阶段和农民工市民化阶段，城乡居民收入差距随之出现符合库兹涅茨曲线规律的阶段性变动特征。我们结合经验事实和数据，对理论模型推导的命题进行了论证。从研究结论出发，本章提出了巩固就业政策改革成果、深化落户政策改革的政策建议，以期通过加快城乡人口迁移促进要素优化配置和经济高质量发展。

中华人民共和国成立 70 年来，城乡人口迁移以改革开放为界可分为截然不同的两个时期：计划经济时期，城乡人口迁移在户籍制度下被严格限制；市场化改革以来，随着政策的不断松动，中国兴起了人类历史上规模最为庞大的城乡人口迁移浪潮。根据经典的发展经济学理论，城乡人口迁移是经济现代化过程中市场自发作用的结果。不论是“推拉”理论，还是二元经济理论中的刘易斯模型、费-拉模型和托达罗人口流动模型，劳动力市场都通过城乡收入差距这一因素驱动着农村剩余劳动力转移，市场机制是引领城乡人口迁移的决定性力量。从中国城乡人口迁移实践来看，在劳动力的就业层面，随着政府管制的不断松动，改革开放以来的城乡人口迁移几乎是经典理论的一次事实验证，农民工大规模进入城市就业成为中国城乡经济结构转型的典型特征。然而，在人口落户层面，中国的城乡人口迁移规律具有特殊性和复杂性，政府的计划性政策成为决定流动人口能否落户的关键因素，中国至今仍有数以亿计的农民工由于难以获得城市户籍而无法享受均等的城市公共产品，这是经典人口迁移理论难以解释的。为此，就需要对中国城乡人口迁移政策的内生决定机制进行考察。

从已有文献来看，理论界主要以户籍制度为研究对象，从工业化和城市居民福利的角度探讨城乡人口迁移政策的内在逻辑。一部分学者认为户籍制度本质上是在资本少、人口多的条件下快速实现工业化赶超战略的政策工具，有利于资本积累和抑制城市的劳动力成本增加，因此内生于工业化发展的客观需要（林毅夫等，1994）。同时，户籍制度控制着城乡之间的人口分布和城市内部的福利分配，属于生产关系的范畴，而工业化则是生产力的重要标志，因此户籍制度的发展演变内生于中国的工业化进程（邹一南，2015）。另一部分学者认为，城市居民出于保护自身利益而对政府决策施加影响，政府在此压力下实施了保护城市居民利益的户籍制度（蔡昉等，2003；陈钊和陆铭，2008），因此城乡人口迁移政策取决于政府对城市居民福利的保护力度和城市福利分配的歧视程度（邹一南，2015）。然而，这些主流观点仍存在不足之处。从理论上看，户籍制度可以看作计划经济时期重工业优先发展战略的配套制度安排，它反映了中央政府对城乡人口迁移的外生影响，而不是地方政府的自主决策。但改革开放以来各城市的人口迁移政策很大程度上是由地方政府决定的（陈钊和陆铭，2008），这就需要探讨地方政府制定城乡人口迁移政策的内在逻辑。从现实来看，在中国特色的政治体制下，城市居民影响地方政府城乡人口迁移政策的作用有限，因此有必要通过分析地方政府的决策动机，论证中国城乡人口迁移政策的演进规律。

改革开放以来，在晋升激励下，地方政府出于对短期政绩的追求，会将经济增长和充分就业作为主要施政目标（周黎安，2007）。通过人口迁移政策，地方政府可以在就业层面和落户层面影响劳动力迁移决策，以控制迁移人口数量，进而实现政绩最大化。围绕施政目标，地方政府的人口迁移政策在就业和落户层面呈现出截然不同的特点：一方面，人口迁移可以通过循环累积因果机制推动产出增加（陈钊和陆铭，2008），因此经济增长的目标会促使地方政府逐渐放松对外来人口的就业限制；另一方面，过快的人口迁移在短期内势必加剧失业风险（段晋苑，2010），因此充分就业的目标会促使地方政府严守落户政策。基于此，地方政府的理性决策导致人口迁移政策在就业层面和落户层面大相径庭，农村迁移人口长期以来只能享受城市就业带来的收入红利，却被排除在落户带来的公共服务红利之外，进而出现了农民工群体“候鸟式迁移”等中国特有的城乡人口迁移现象。由此可见，中国城乡人口迁移政策的演进历程本质上是地方政府理性决策的内生结果，这决定了中华人民共和国成立以来城乡人口迁移的基本逻辑。

那么，在地方政府的理性决策下，中国城乡人口迁移的发展实绩如何呢？在经济高速增长时期，放松就业限制意味着市场配置带来的城乡人口迁移数量得到显著增加，这对促进城镇化水平快速提升功不可没。在就业政策上，地方政府从硬性规定企业使用本地工和农民工比例的政策开始，逐渐取消进城农民工的就业行政性限制，最终形成了消除农民工就业歧视和促进就业机会平等的法律框架（国务院发展研究中心课题组，2011），使市场成为配置农民工就业的决定性力量。在经济从高速度增长到高质量发展的转型阶段，严守落户政策使得迁移人口规模进入调整期，进而成为经济结构性减速的原因之一。在落户政策上，户籍制度改革虽已迈开步伐，但实质性进展不大，公共服务和社会福利体系始终同户籍绑在一起，大多数农民工不符合大城市尤其是超大城市的落户条件（国务院发展研究中心课题组，2011），这导致大城市的农业转移人口市民化步履维艰。在中国经济转型时期，进一步完善城乡人口迁移政策的内生决定机制、加快农业转移人口市民化意义重大。这不仅对协调劳动力配置中的政府与市场关系至关重要，有利于进一步推进劳动力要素配置的市场化改革和加快农村劳动力转移进程，而且符合新型城镇化和实现政府职能转变的内在要求，能为城乡融合发展和中国经济高质量发展提供动力。基于上述逻辑，本章旨在探讨中国城乡人口迁移政策演进的内生决定机制。

2.1　理 论 模 型

考虑一个由农村、城市及地方政府三个部门以及产品、劳动力两个市场构成的地方经济体。假设私人产品由农村产出 Y_r 和城市产出 Y_c 构成；公共产品由政府购买 G 提供，且仅存在于城市中。由于理论界普遍认同中国社会存在劳动力市场分割现象，主要形式包括户籍城乡分割和所有制性质分割（吴愈晓，2011），因此我们假设劳动力市场分为农村和城市劳动力市场，前者能够吸收全部的农村劳动力从事农业生产，后者由于劳动力市场的所有制性质差异被分割为体制内和体制外两种劳动力市场。

其中，体制内劳动力市场是只向城市居民开放的完全垄断市场，仅提供固定数量的岗位 $\bar{N}$ 和固定的平均工资 $\bar{W}$；体制外劳动力市场是面向城市居民和外来迁移人口的完全竞争市场，其提供的岗位量 N_1 和工资 W 可以变动，且均衡岗位量 N_1^* 由均衡工资 W 决定。假设体制内劳动力市场的岗位 $\bar{N}$、平均工资 $\bar{W}$ 和劳动法规定的最低工资 W_0 均由中央政府的制度外生给定。

我们借鉴陈钊和陆铭（2008）构建的城乡模型，假设农村初始人口为 e_0，城市的户籍人口被标准化为 1，在 t 时期由农村部门流动至城市部门的人口量为

$e_m^*(t)$，农村土地数量恒为常数 L，城市在 t 期的资本存量为 $K(t)$，能提供的就业岗位数量为 $N(t)$，$N(t)=\bar{N}+N_1$。农村和城市的生产都满足规模报酬不变的 C-D 生产函数，农村部门的生产要素仅包括劳动力和土地，城市部门的生产要素仅包括劳动力和资本，则在 t 时期农村产出 $Y_r(t)$ 可以表示为

$$Y_r(t)=\left[e_0-e_m(t)\right]^\alpha L^{1-\alpha} \tag{2-1}$$

t 时期城市产出 $Y_c(t)$ 为

$$Y_c(t)=N(t)^\beta K(t)^{1-\beta} \tag{2-2}$$

其中，α 与 β 取值介于 0 到 1 之间。

2.1.1　三部门的行为特征

假设农村和地方政府满足两阶段的斯塔克尔伯格博弈①，将三个部门的行为描述如下。

1. 地方政府

对于地方政府的理性决策，其目标是根据农村部门的最优反应 $e_m^*(t)$ 来决定就业政策 p 和落户政策 D 的大小，以实现 t 期效用函数 U_g 的最大化。

因为任期有限，地方政府只考虑 t 期的政绩。在晋升激励下，地方政府的目标是实现辖区在 t 期产出 Y_r 和 Y_c 的最大化，以及实现充分就业。由于农村部门可以吸纳全部剩余劳动力，所以失业的严重程度由城市失业衡量。由于城市失业 $U(t)$ 满足 $U(t)=1-\dfrac{N(t)}{1+e_m^*(t)}$，设 k_1 为城市失业带来的社会成本系数，故城市失业的社会成本为 $k_1U(t)$。基于此，反映地方政府政绩的效用函数 U_g 可表示为

$$U_g=Y_r(t)+Y_c(t)-k_1U(t) \tag{2-3}$$

假设地方政府的收入源于对城市产出 $Y_c(t)$ 征收比例税，其税率 r_0 由中央政府的制度外生决定，税收全部用于提供 t 时期的城市公共产品，因此政府购买 $G(t)$ 为

$$G(t)=r_0Y_c(t) \tag{2-4}$$

地方政府的人口迁移政策包括就业政策和落户政策两个工具。假设 p 为就业

---

① 在现实中，农村部门的人口迁移决策是基于既定的人口迁移政策而决定，因此政府的政策制定先于农村人口迁移，两阶段的斯塔克尔伯格博弈恰好满足这一特征。

政策工具，其中 p=体制外劳动力市场中户籍人口就业量/体制外劳动力市场总就业量 N_1^*，它是地方政府规定的体制外企业使用本地工的比例，反映了地方政府在就业层面的计划干预程度，p 越大表示计划力量越大，市场力量越小。假设D是落户政策工具，它是地方政府将农村迁移人口排除在公共产品 G 之外的“开关”：若 D=0，表示政府完全禁止迁移人口消费 G，反映户籍制度对迁移人口落户的计划配置；若 D=1，表示允许迁移人口消费 G，外来人口落户与否由市场机制决定。

2. 农村部门

在地方政府已经确定p和D的基础上，农村部门根据均衡条件确定人口迁移量 $e_m^*(t)$，以实现迁移的机会成本等于迁移的净收益。其中，迁移的机会成本即农村剩余人口的平均收入。若忽略迁移的交通、心理等转换成本，迁移的净收益由两部分构成：一部分是迁移人口扣除税收后的人均工资收入，另一部分是通过享受公共产品得到的收入。设1单位的公共产品能给每人带来 k_2 单位收入，因此当 D=0 时，公共产品带来的收入为 0，农村部门迁移的均衡条件为

$$\left[\frac{L}{e_0-e_m^*(t)}\right]^{1-\alpha}=\frac{(1-p)N_1W}{e_m^*(t)}(1-r_0) \tag{2-5}$$

当 D=1 时，农村部门迁移的均衡条件为

$$\left[\frac{L}{e_0-e_m^*(t)}\right]^{1-\alpha}=\frac{(1-p)N_1W}{e_m^*(t)}(1-r_0)+\frac{k_2G}{1+e_m^*(t)} \tag{2-6}$$

3. 城市部门

城市部门是地方政府政策和农村迁移决策的被动接受者，其 t 期的福利水平由前两者的行为决定。在生产上，假设城市居民和迁移人口的生产条件是同质的，资本按就业岗位量平均分配。在消费上，城市居民始终可以获得享受公共产品带来的人均收入。因此，若 D=0，城市居民的人均总收入 y_c 为

$$y_c=\frac{Y_c-(1-p)N_1W}{1}(1-r_0)+k_2G \tag{2-7}$$

若 D=1，城市居民的人均总收入 y_c 为

$$y_c=\frac{Y_c-(1-p)N_1W}{1}(1-r_0)+\frac{k_2G}{1+e_m^*(t)} \tag{2-8}$$

2.1.2　不同阶段的城乡人口迁移政策演进规律

改革开放前后，中国的城乡人口迁移政策截然不同（原新等，2009），因此我们以 1978 年为节点，从两个时期分析地方政府对就业政策和落户政策的选择，进而论证中国城乡人口迁移政策演进的基本规律。

1. 计划经济时期

在中央政府制定并严格实施的户籍制度下，农村人口难以向城市迁移，无法消费城市公共产品，即 D=0 成立，因此该阶段农村部门迁移的均衡条件为式（2-5）。同时中央政府只允许公有制企业存在，所以城市劳动力市场不存在体制外劳动力市场，因此有

$$N_1 = 0 \tag{2-9}$$

（1）对农村部门，由式（2-5）和式（2-9）可以解得均衡迁移人口量 $e_m^*(t)=0$，这表明中央政府的外生政策使得农村部门不存在自发的迁移人口。

（2）对地方政府，由式（2-1）、式（2-2）、式（2-3）、式（2-5）、式（2-9）解得地方政府的效用函数 U_g 为

$$U_g = e_0^{\alpha} L^{1-\alpha} + \bar{N}^{\beta} K(t)^{1-\beta} - k_1\left(1-\bar{N}\right) \tag{2-10}$$

这表明在该时期中，地方政府的效用只与资本存量 $K(t)$ 相关，同时资本存量 $K(t)$ 是衡量国企规模的变量，因此地方政府只用关心国企规模的大小。

（3）对城市部门，由式（2-1）~式（2-5）及式（2-7）、式（2-9）解得城市居民的人均总收入 y_c 为

$$y_c = \left(1-r_0+k_2r_0\right)\bar{N}^{\beta} K(t)^{1-\beta} \tag{2-11}$$

这意味着该阶段城市居民人均总收入的提高仅依赖资本存量 $K(t)$ 的增长，即只有通过扩大公有制企业规模，才能提高城市居民的人均福利。

由此，我们得到命题 2-1。

命题 2-1：在计划经济时期，农村迁移人口的就业和落户完全由计划配置，导致均衡的迁移人口数量始终为 0。

2. 劳动力市场改革时期

中央政府逐渐放松户籍管制，地方政府开始有权决定是否允许迁移人口对公共产品的消费，但在改革初期地方政府往往表现出强烈的制度惯性，仍禁止农村迁移人口消费城市公共产品（D=1），因此在该阶段初期农村部门迁移的均衡条

件为式（2-5）。同时，劳动力市场中开始产生服务于民营企业的体制外劳动力市场，因此劳动力市场开始呈现出制度性分割的二元状态。

根据刘易斯二元模型，在刘易斯拐点到来以前，城市部门能以不变的制度工资招聘任意数量的劳动力，因此体制外劳动力市场的工资 W 为劳动法规定的最低工资 W_0，即

$$W = W_0 \tag{2-12}$$

由于每个岗位的平均资本量 k 为

$$k = \frac{K(t)}{N(t)} \tag{2-13}$$

所以体制外劳动力市场的总产出 Y_1 为

$$Y_1 = N_1^{\beta}\left(kN_1\right)^{1-\beta} = k^{1-\beta}N_1 \tag{2-14}$$

由式（2-14）解得体制外劳动力市场的边际生产力 MP_N 满足

$$MP_N = k^{1-\beta} = W \tag{2-15}$$

因此，由式（2-13）、式（2-15）求得城市总就业量 N 和体制外劳动力市场的均衡就业量 N_1^* 为

$$\begin{aligned} N(t) &= \frac{K(t)}{W_0^{\frac{1}{1-\beta}}} \\ N_1^* &= \frac{K(t)}{W_0^{\frac{1}{1-\beta}}} - \bar{N} \end{aligned} \tag{2-16}$$

（1）对农村部门，将式（2-12）、式（2-16）代入式（2-5）中，解得农村部门的均衡迁移量 $e_m^*(t)$ 满足

$$\left[\frac{L}{e_0 - e_m^*(t)}\right]^{1-\alpha} = \frac{(1-r_0)W_0}{e_m^*(t)}\left(\frac{K(t)}{W_0^{\frac{1}{1-\beta}}} - \bar{N}\right)(1-p) \tag{2-17}$$

为方便分析，记式（2-17）等号左端的函数为 $V(e_m)$，表示迁移的机会成本；记右端的函数为 $F(e_m)$，表示迁移的净收益[①]。

因此，均衡迁移量 $e_m^*(t)$ 取决于资本存量 $K(t)$ 和就业政策 p：首先，若

① 可以证明，$V(e_m)$ 为凸向原点的增函数，表示迁移的机会成本随着迁移量 e_m^* 的提高而增加。$F(e_m)$ 的形状取决于资本存量 $K(t)$ 和就业政策 p，只有当 $\frac{K(t)}{W_0^{\frac{1}{1-\beta}}} > \bar{N}$ 且 $0 \leqslant p < 1$ 时，$F(e_m)$ 为凸向原点的减函数，否则 $F(e_m) = 0$。

$\frac{K(t)}{W_0^{\frac{1}{1-\beta}}} \leqslant \bar{N}$，即体制外劳动力市场均衡就业量 $N_1^* \leqslant 0$ 时，$F(e_m)=0$，此时体制外劳动力市场不存在就业岗位，体制外劳动力市场名存实亡，因此均衡迁移量 $e_m^*(t)=0$，与计划经济时期情况一致；其次，若 p=1，即地方政府完全禁止迁移人口就业时，$F(e_m)=0$，此时虽然存在体制外劳动力市场，但无法为迁移人口提供就业，因此 $e_m^*(t)=0$；最后，当 $N_1^*>0$ 且 $0\leqslant p<1$ 时，$V(e_m)$ 和 $F(e_m)$ 的交点决定均衡迁移量 $e_m^*(t)$，其形状如图 2-1 所示。

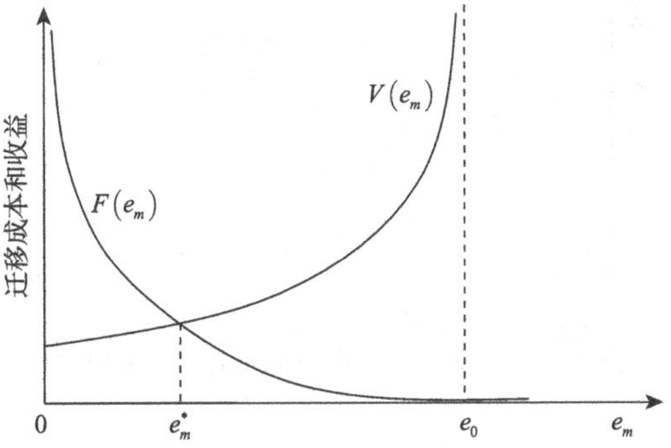

图 2-1　农村部门人口均衡迁移量的决定

（2）对地方政府，在劳动力市场改革时期，地方政府的人口迁移政策由资本存量 $K(t)$ 决定，可分为Ⅰ、Ⅱ和Ⅲ期三个时期。

首先，在劳动力市场改革Ⅰ期，即城市总就业量 $N=\frac{K(t)}{W_0^{\frac{1}{1-\beta}}}$ 不超过城市户籍人口量 1 时，由式（2-1）、式（2-2）、式（2-3）、式（2-16）解得地方政府的间接效用函数 U_g 为

$$U_g=\left[e_0-e_m^*(t)\right]^{\alpha}L^{1-\alpha}+\frac{k_1}{1+e_m^*(t)}\frac{K(t)}{W_0^{\frac{1}{1-\beta}}}+\frac{K(t)}{W_0^{\frac{\beta}{1-\beta}}}-k_1 \tag{2-18}$$

此时 U_g 是关于 $e_m^*(t)$ 的减函数，迁移人口对地方政府来说有害而无利，所以当城市户籍人口尚未实现充分就业时，地方政府会令 p=1 来完全禁止迁移人口就业，从而使得均衡迁移量 $e_m^*(t)=0$。

其次，在劳动力市场改革Ⅱ期，即城市总就业量 N 超过城市户籍人口量 1

时，城市就业岗位出现了$\frac{K(t)}{W_0^{\frac{1}{1-\beta}}}-1$的岗位缺口，因此政府可以通过令$0\leqslant p<1$来引入迁移人口$e_m^*$填补缺口。如图 2-2 所示，此时就业政策工具$p$的力度减小或者放开落户政策 D 时，$F(e_m)$曲线将向右上方移动，均衡迁移量e_m^*增加，地方政府的人口迁移政策可以调节e_m^*的大小。

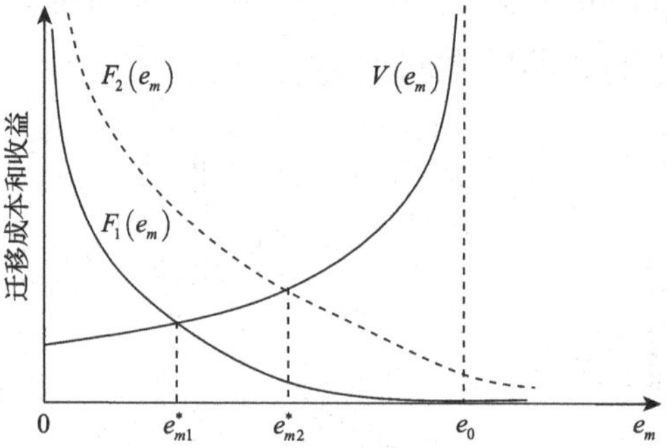

图 2-2　人口迁移政策对均衡迁移量的影响

此时令均衡迁移量$e_m^*(t)$等于岗位缺口$\frac{K(t)}{W_0^{\frac{1}{1-\beta}}}-1$是政府的最优选择①，所以最优的均衡迁移量$e_m^*(t)$应满足：

$$e_m^*(t)=\frac{K(t)}{W_0^{\frac{1}{1-\beta}}}-1 \tag{2-19}$$

将式（2-19）代入式（2-18）可得间接效用函数为

$$U_g=\left[e_0-e_m^*(t)\right]^{\alpha}L^{1-\alpha}+e_m^*(t)+1-k_1 \tag{2-20}$$

此时地方政府的间接效用函数不再是$e_m^*(t)$的减函数，随着资本存量$K(t)$的提高，增加$e_m^*(t)$可以提升地方政府的短期政绩。为了能够达到最优的均衡迁移量$e_m^*(t)$，就业政策工具p应同时满足式（2-17）和式（2-19），解得

① 若均衡迁移量小于岗位缺口，由于城市的劳动生产率始终大于农村部门的劳动生产率，增加均衡迁移量可以增加辖区总产出，同时保持充分就业，有利于提高政府效用；均衡迁移量大于岗位缺口时，通过减少均衡迁移量可以缓解失业，同时保持城市部门产出不变，提高农村部门产出，也可以提高政府效用。因此，令均衡迁移量等于岗位缺口是最优决策。

$$p = \frac{1-\bar{N}}{\frac{K(t)}{W_0^{\frac{1}{1-\beta}}} - \bar{N}} \quad (2\text{-}21)$$

这表示当城市就业岗位出现缺口时，随着资本存量 $K(t)$ 的增加，政策工具 p 的力度会越来越小，政府将不断降低对迁移人口在就业上的歧视。

最后，在劳动力市场改革Ⅲ期，即 p 趋近于 0 时，此时劳动力的就业已经由市场完全配置，政府只能通过采用落户政策工具 D 才能填补岗位缺口①，继续提高短期内的政绩。通过令 D=1，取消对迁移人口落户的限制，迁移的均衡条件由式（2-5）变为式（2-6）。由图 2-2 可知，$F(e_m)$ 曲线将向右上方移动，$e_m^*(t)$ 得以继续增加，但其增速低于Ⅱ期②。

通过上述分析，可以总结地方政府就业政策和落户政策的演变规律，得到命题 2-2。

命题 2-2：进入劳动力市场改革时期，地方政府的人口迁移政策开始有效，资本存量影响着城市的总就业岗位量，进而决定政策力度。随着资本存量的提高，地方政府在Ⅰ期会禁止迁移人口的就业和落户（p=1，D=0），迁移人口的就业和落户数量完全由计划配置；在Ⅱ期会逐渐对就业政策松绑（$0<p<1$，D=0），迁移人口的就业数量由市场配置，迁移人口的落户数量由计划配置；在Ⅲ期会完全放开就业和落户政策（$0<p<1$，D=1），最终市场会成为迁移人口就业和落户的主要配置手段。

根据城乡人口迁移政策的阶段性，结合式（2-17），可以归纳出均衡迁移量 $e_m^*(t)$ 的变化规律，得到命题 2-3。

命题 2-3：进入劳动力市场改革时期，在Ⅰ期均衡人口迁移量几乎不存在，Ⅱ期均衡人口迁移量将高速增长，Ⅲ期均衡人口迁移量将以中低速增长。城乡人口迁移政策的市场化改革是推动人口迁移和经济增长的重要动力，在就业完全由市场配置之后，落户政策的市场化改革成为影响人口迁移的主要因素。

命题 2-3 回答了结构性减速背景下如何发掘增长新动力的问题，因此推进迁移人口的市民化，无疑是促进人口流动、培育经济增长新动力、实现经济高质量发展的重要抓手。

（3）对城市部门，首先在Ⅰ期时，城市居民人均总收入 y_c 满足式（2-7），由式（2-1）~式（2-5）及式（2-7）、式（2-16）和 p=1 解得

---

① 此时就业政策工具 p 失效，若仍保持 D=0，均衡迁移量将不再改变，岗位缺口将随着资本存量 $K(t)$ 的扩大而继续扩大，仍存在提升政府效用的空间，因此政府只能通过采用落户政策工具填补岗位缺口。

② 可以证明，在Ⅲ期 $e_m^*(t)$ 对 $K(t)$ 的一阶导小于在Ⅱ期 $e_m^*(t)$ 对 $K(t)$ 的一阶导。

$$y_c=(1-r_0+k_2r_0)\frac{K(t)}{W_0^{\frac{\beta}{1-\beta}}} \tag{2-22}$$

此时城市居民福利的改善仅依赖于资本存量$K(t)$的增长，且与计划经济时期相比，相同的资本增长带来的福利增量更大①。

其次在Ⅱ期时，y_c满足式（2-7），由式（2-1）~式（2-5）及式（2-7）、式（2-16）、式（2-21）解得

$$y_c=k_2r_0W_0\left[e_m^*(t)+1\right]+(1-r_0)W_0 \tag{2-23}$$

其中，左边的表达式为公共产品引致的人均收入，右边为税后的人均产出，是常数$(1-r_0)W_0$，随着资本存量$K(t)$的增长和迁移人口$e_m^*(t)$的增加，y_c会由于公共产品引致的人均收入增长而增加。

最后在Ⅲ期时，y_c满足式（2-8），由式（2-1）~式（2-5）及式（2-8）、式（2-16）、式（2-21）解得

$$y_c=k_2r_0W_0+(1-r_0)W_0 \tag{2-24}$$

此时城市居民的福利不再增加，均为固定的常数，且相比第二阶段有所降低。

由式（2-22）~式（2-24）和式（2-5）、式（2-6），可以得到城市人均收入y_c和农村人均收入y_r的演变趋势。首先，在计划经济时期和劳动力市场改革Ⅰ期，y_c随着资本存量的增加而提高，而y_r保持不变，因此这是城乡收入差距形成的时期。其次，在劳动力市场改革Ⅱ期，y_c和y_r都有所增长，但是y_c的增速要快于y_r的增速②，因此Ⅱ期是城乡收入差距进一步扩大的时期。此时，城市人均收入增长的动力同时来自资本增长与人口迁移，城市部门在这一时期享受人口迁移带来的红利。最后，在劳动力市场改革Ⅲ期，由于落户政策的放开，城市部门享受的人口迁移红利消失，y_c会降至刚进入Ⅱ期的收入水平，并保持不变。同时，由于落户政策的放开，迁移人口会在短期显著增加，所以y_c将在短期内显著提升，并以更快的速度实现增长，因而Ⅲ期是城乡收入差距逐渐缩小并最终实现城乡融合发展的时期。

由此，可做出y_c和y_r变化趋势的图象，如图2-3所示。

其中，$0\sim K_1$对应着计划经济时期；$K_1\sim K_2$、$K_2\sim K_3$和K_3以后的三个时期，分别对应着劳动力市场改革Ⅰ、Ⅱ、Ⅲ期。

由以上分析可知，城乡收入差距会先扩大再缩小，这与库兹涅茨曲线规律一致，其拐点是地方政府逐步放开落户政策的K_3时期。所以可以得到命题2-4：

---

① 这是因为在式（2-22）中，$K(t)$的幂比在式（2-11）中更大。

② 可以证明，在Ⅱ期中y_c的一阶导大于y_r的一阶导。

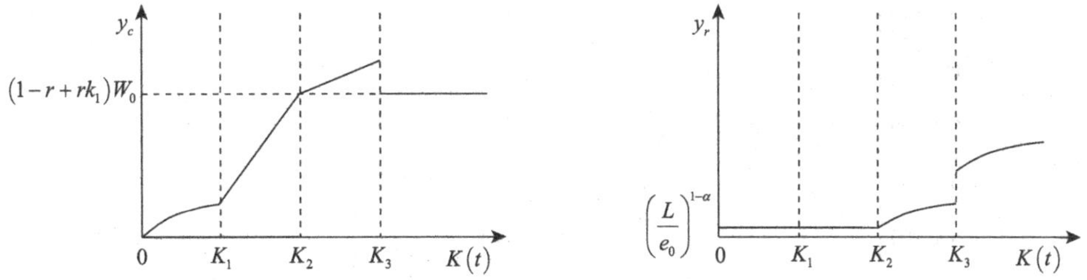

图 2-3　城市人均收入 y_c 和农村人均收入 y_r 在四个阶段的变化趋势

命题 2-4：中国城乡收入差距满足库兹涅茨曲线规律，迁移人口就业和落户的计划配置是造成城乡收入差距的重要原因，迁移人口就业的市场配置和落户的计划配置同城乡收入差距扩大相伴而生，落户政策的市场化改革引致城乡收入差距的库兹涅茨曲线拐点到来。

当前中国正处于劳动力市场改革Ⅲ期，命题 2-4 意味着加快落户政策改革不仅有利于缩小城乡收入差距和促进迁移人口市民化，还能真正实现以人为本的新型城镇化和经济高质量发展。

综上，我们可以总结得到中国城乡人口迁移政策演进的逻辑链条：计划经济时期，中央严格实施的户籍制度基本禁绝了城乡人口迁移；改革开放之后，随着资本存量的增加，地方政府在晋升激励下出于经济增长和充分就业的需要，会先后对就业政策和落户政策进行改革，这一改革可分为劳动力市场改革Ⅰ期、Ⅱ期和Ⅲ期，迁移人口数量由几乎不存在到不断增加，城乡收入差距由扩大到缩小，最终逐步实现城乡融合发展。

2.2　事实论证

结合中华人民共和国成立 70 年来的城乡人口迁移政策的经验事实，我们对上文得到的命题 2-1、命题 2-3 和命题 2-4 进行论证。

2.2.1　改革开放之前的城乡人口迁移政策演进

理论界通常认为，前 30 年的人口迁移政策可分为中华人民共和国成立初期和计划经济时期两个阶段（原新等，2009），人口迁移经历了从市场配置向计划配置的转变，人口迁移规律也呈现出阶段性特征，见图 2-4。

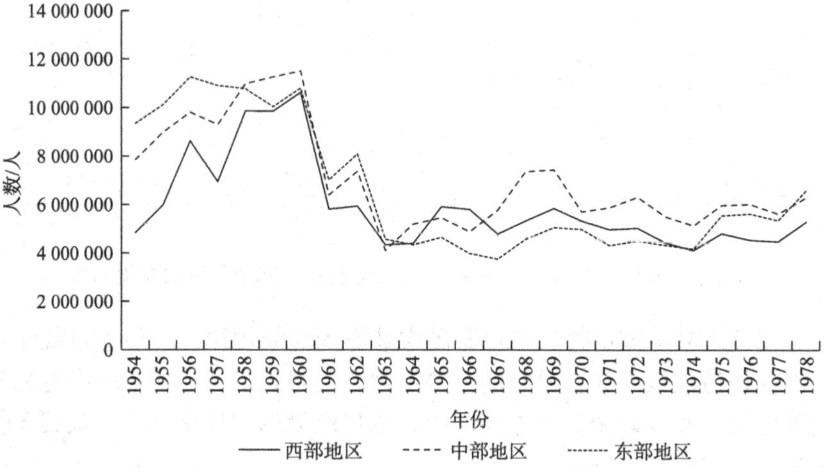

图 2-4　1954~1978 年中国三大地区的迁移人口数

东部包括北京、天津、河北、上海、江苏、浙江、福建、山东、广东、辽宁、吉林、黑龙江 12 个省份，中部包括安徽、江西、河南、山西、湖北和湖南 6 个省份，西部包括内蒙古、广西、四川、贵州、云南、西藏、陕西、甘肃、青海、宁夏和新疆 11 个省份。当时海南和重庆分别隶属于广东和四川

资料来源：根据国家统计局人口统计司的数据整理绘制

在中华人民共和国成立初期（1949~1958 年），出于恢复经济的需要，政府的人口迁移政策不仅没有干预市场对迁移人口就业的配置，反而出台了许多政策支持和保护市场配置。1951 年 6 月中央政府出台了《城市户口管理暂行条例》，明确“保障人民之安全及居住、迁徙自由”。1954 年 9 月颁布的《中华人民共和国宪法》进一步规定公民有“迁徙和居住的自由”，以法律形式认可了人口迁移的市场配置。这表明，此时迁移人口的就业和落户主要由市场配置。在市场配置的作用下，加上社会主义改造和“一五计划”的推动，中国城乡人口迁移量迅速增加，1958 年各省份已吸纳了一千多万的迁移人口，中国城乡人口迁移进入了前所未有的快速增长时期。

在计划经济时期（1959~1978 年），政府的人口迁移政策直接扭曲了市场对人口迁移的引导，将迁移人口的就业和落户完全交由计划配置。一方面，政府通过户籍管制将市场手段从人口迁移的配置中完全抹去。1958 年颁布的《中华人民共和国户口登记条例》标志着户籍制度的正式建立，中央政府正式将城市和农村从政策上分开，设置了一系列与户籍制度相挂钩的福利体制，从就业和落户上将外来人口完全排斥在城市福利体系之外。另一方面，政府通过各种计划指令来取代市场对人口迁移进行配置。基于重工业偏向的工业化战略，政府组织的“计划支边”型人口迁移开始出现（原新等，2009），并在“三线”建设、知识青年“上山下乡”和干部下放劳动等计划性迁移政策的推动下不断得以强化，这一时期出现了人口从城市向农村迁移的现象。计划配置对人口迁移的阻碍效应是显著的，这表现在各地区人口迁移量从千万级直接降至百万级。若再排除“计划支边”型人口迁移，农村地区自发产生的迁移人口几乎趋近于 0。

因此，我们可以总结得出结论 2-1，对命题 2-1 进行证明。

结论 2-1：在改革开放之前的城乡人口迁移政策演进中，城乡人口迁移从完全的市场配置转向完全的计划配置，计划配置对人口迁移产生了显著的阻碍作用，导致几乎不存在自发性的城乡人口迁移。

2.2.2 改革开放以来的城乡人口迁移政策演进

许多文献认为，改革开放以来中国城乡人口迁移经历了三个阶段，分别是农村剩余劳动力就地转移阶段、农民工群体形成阶段和农民工市民化阶段（原新等，2009；国务院发展研究中心课题组，2011；李刘艳，2019）。与此相对应，政府的城乡人口迁移政策依次经历了三个阶段：就业和落户的计划配置阶段，就业的市场配置和落户的计划配置并存阶段，就业的市场配置和落户的市场化改革阶段。政府的人口迁移政策演进，是推动中国城乡人口迁移各阶段形成和变化的内在动因。

在农村剩余劳动力就地转移阶段（1978~1989 年），中央政府逐步解除了严格的城乡人口迁移管制，地方政府重新有权自主决定就业和落户政策来控制人口迁移。1984 年 10 月国务院发布的《国务院关于农民进入集镇落户问题的通知》，以及 1985 年 7 月公安部颁布的《公安部关于城镇暂住人口管理的暂行规定》，标志着中央政府逐步放松城乡人口迁移管制，人口迁移政策的制定权重新归地方政府拥有。由于这一阶段城市资本积累量有限，地方政府仍执行严格的户籍管制，限制农村人口在城市就业与落户。这导致农村剩余劳动力无法转移至城市中，实际产生的城乡人口迁移量十分有限，“离土不离乡”的乡镇企业成为农村人口迁移的主要途径。因此，这一阶段与理论模型的劳动力市场改革 I 期对应。

在农民工群体形成阶段（1990~2011 年），随着市场化改革在城市大范围推进，资本积累量不断增加，地方政府开始在就业上放松管制，让市场对就业进行配置，但仍在落户上严格执行计划配置。地方政府一方面逐步取消了原有计划体制内的城市排他性的就业制度，以及分割城乡劳动力配置的城市劳动就业制度（蔡昉，2007），另一方面逐步落实《劳动人事部关于积极试行劳动合同制的通知》和《中华人民共和国劳动合同法》等法规，保护农村迁移人口的就业权利（方浩，2013）。这一时期，市场成为劳动力就业的主要配置手段，农村劳动力在市场引导下大量流向城市从事非农生产，促成了农民工群体的形成以及城乡人口大规模流动（李刘艳，2019），农村迁移人口从 1990 年的 2 135 万人增加至 2010 年的

22 143 万人。因此，这一阶段对应着理论模型中劳动力市场改革Ⅱ期。

在农民工市民化阶段（2012~2019 年），地方政府开始致力于打破户籍制度等限制性落户政策，对迁移人口的落户进行市场化改革。2012 年党的十八大提出加快改革户籍制度，有序推进农业转移人口市民化，努力实现城镇基本公类服务常住人口全覆盖。这一时期，中央推动城镇化向以人为核心的新型城镇化转型，2014 年国务院发布的《国务院关于进一步推进户籍制度改革的意见》《国务院关于实施支持农业转移人口市民化若干财政政策的通知》，以及党的十九大报告提出“加快农业转移人口市民化”，都意味着放松落户政策成为地方政府的重要改革领域，这势必为新时代城乡人口迁移提供全新的强大动力。因此，这一阶段与理论模型中劳动力市场改革Ⅲ期呼应。

综上，我们可以总结出结论 2-2 来论证命题 2-3。

结论 2-2：在改革开放以来的 40 多年间，地方政府的城乡人口迁移政策分为三个阶段（即就业和落户的计划配置阶段，就业的市场配置和落户的计划配置并存阶段，就业的市场配置和落户的市场化改革阶段），导致中国城乡人口迁移依次经历了农村剩余劳动力就地转移阶段、农民工群体形成阶段和农民工市民化阶段，分别对应理论模型的劳动力市场改革Ⅰ期、Ⅱ期和Ⅲ期。农村迁移人口先转移至乡镇企业，再作为农民工大规模进入城市部门就业，最后通过农民工市民化逐步融入城市。

此外，中国农村人口迁移进程与城乡居民收入变化密切相关，通过图 2-5 可以看出两者的高度相关性。

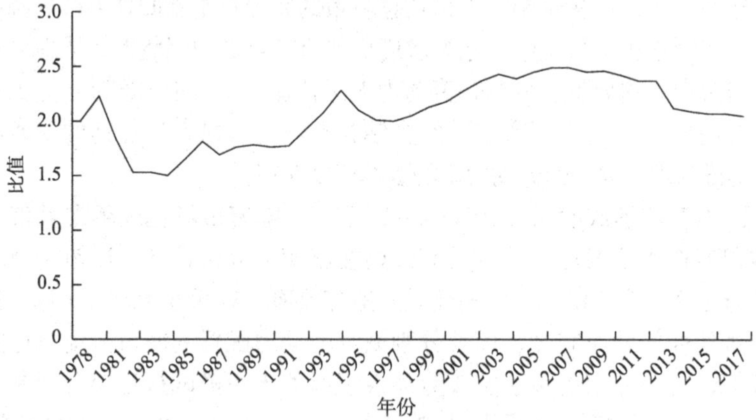

图 2-5　1978~2017 年中国城乡居民人均实际收入比

资料来源：根据相关年份的《中国统计年鉴》整理

从中国城乡居民收入比的变化趋势来看，城乡居民收入差距从 1984 年呈上升趋势，在 2011 年前后达到顶点，2012 年之后不断缩小。这与理论模型中命题

2-4 的预期结果高度一致。1984~2011 年是农村剩余劳动力就地转移阶段和农民工群体形成阶段，对应劳动力市场改革 I 期和 II 期，城乡收入差距会不断增加；2012 年以来是农民工市民化阶段，对应劳动力市场改革 III 期，城乡收入差距不断缩小。

因此我们可以总结出结论 2-3 来证明命题 2-4。

结论 2-3：改革开放 40 多年来，城乡居民收入差距在农村剩余劳动力就地转移阶段、农民工群体形成阶段呈扩大趋势；随着农民工市民化背景下落户限制的不断放松，城乡居民收入差距逐步缩小。

2.3 实证分析

基于数据可得性，本部分针对命题 2-2 中的就业政策工具 p 对城乡人口迁移量的实际效应，以及城市地区的资本存量 $K(t)$ 与政策工具 p 之间的逻辑关系进行验证，并通过就业政策 p 的发展趋势推断落户政策工具 D 在未来的政策效果。

2.3.1 数据来源与处理

本章以 2003~2015 年全国 283 个地级市的面板数据作为研究样本，所有原始数据均来源于 2002~2017 年《中国城市统计年鉴》及部分省市统计年鉴。对所有涉及价格指数的名义指标，本章均调整为以 2003 年为基期，剔除了价格变动的实际值指标。

2.3.2 变量选取与设计

（1）市区城乡净迁移人口数（em_{it}）。该指标是实证模型的被解释变量，表示 t 期从本市农村地区进入城市 i 的净迁移人口数，对应本章理论模型中的均衡迁移人口数 e_m^*。记市区净迁移人口数（em_1）为 t 期进入城市 i 的净迁移人口总数，全市迁移人口数（em_2）表示 t 期从本市以外地区进入城市 i 的净迁移人口数[①]，则市区城乡净迁移人口数（em_{it}）是市区净迁移人口数（em_1）与全市迁

① em_1 是从本地农村地区和外地农村地区净迁入城市 i 的总人数。结合中国城镇化的背景，本章忽略了外地迁移人口迁移至城市 i 农村地区的情况，认为外地迁移人口全部进入城市 i 的市区中，因此 em_2 表示从外地农村地区净迁入城市 i 的总人数。

移人口数（em_2）之差，因此市区城乡净迁移人口数（em_{it}）的计算公式为

$$em_{it} = em_1 - em_2 \tag{2-25}$$

由于难以直接获取各城市的人口迁移数据，我们借鉴宋建和王静（2019）的方法计算净迁移人口数，即某地区的净迁移人口数等于 i 地区 t 时期的年末总人口减去 i 地区 t–1 时期的年末总人口，再减去 t 时期该地区的自然增长人口。因此，em_1 和 em_2 公式可表示为

$$\begin{aligned} em_1 &= popc_{it} - popc_{it-1} - popc_{it-1} \times c_t \\ em_2 &= popd_{it} - popd_{it-1} - popd_{it-1} \times d_t \end{aligned} \tag{2-26}$$

其中，$popc_{it}$ 和 $popd_{it}$ 分别表示 i 城市 t 期的市区年末常住人口数和全市年末常住人口数，c_t 和 d_t 分别表示 i 城市 t 期的市区自然增长率和全市自然增长率。通过式（2-25）和式（2-26）最终可以得到市区城乡净迁移人口数（em_{it}）。

（2）就业政策工具（$\ln p_{it}$）。该指标为实证模型的核心解释变量之一，是 i 城市 t 期体制外劳动力市场中就业的户籍人口数（poph）与体制外劳动力市场总就业量（n_1）之比的对数值，对应理论模型中的政策工具 p 的对数值。其中，体制外劳动力市场中就业的户籍人口数（poph）为市区年末常住人口数（$popc_{it}$）减去体制内劳动力市场总就业量（$\bar{n}$）和市区城乡净迁移人口数（em_{it}）之差[①]。我们分别利用 i 城市 t 期的单位从业人员（pub_{it}）和私营及个体从业人员（pri_{it}），来衡量体制内劳动力市场总就业量（$\bar{n}$）和体制外劳动力市场总就业量（n_1），因此 p_{it} 的计算公式为

$$p_{it} = \frac{popc_{it} - pub_{it} - em_{it}}{pri_{it}} \tag{2-27}$$

（3）资本存量与就业政策工具的交互项（$K_{it} \ln p_{it}$）。该指标为实证模型的核心解释变量之一，是 i 城市 t 期资本存量（K_{it}）与就业政策工具（$\ln p_{it}$）之积。根据理论模型中的式（2-21），城市地区的资本存量 $K(t)$ 内生决定了政策工具 p，进而决定均衡迁移人口数 e_m^*，因此交互项（$K_{it} \ln p_{it}$）能够反映资本存量 $K(t)$ 通过政策工具 p 这一路径对迁移人口数 e_m^* 产生的效应。

（4）控制变量。我们选取的相关控制变量包括：人均收入（$\ln pgdp_{it}$），采用全市人均 GDP 的对数值衡量；公共产品供给（$\ln fina_{it}$），采用城市的地方财政支出占 GDP 比重的对数值衡量；市场化水平（$\ln fdi_{it}$），采用城市外商直接投资占 GDP 比重的对数值衡量；产业结构（$\ln indu_{it}$），采用城市第二产业增加值占 GDP 比重的对数值衡量；固定资产投资占比（$invest_{it}$），采用汇率折算后的固定资产投资占 GDP 比重度量，反映城市基础设施状况。

---

① 由理论模型中户籍人口充分就业的结论可以得出这一关系式。

模型中主要变量的描述性统计如表 2-1 所示。

表 2-1 主要变量的描述性统计

变量	说明	观测值	均值	标准差	最小值	最大值
em_{it}	市区城乡净迁移人口数	3 679	17.057	54.848	−683.548	768.961
$\ln p_{it}$	就业政策工具	3 417	−7.490 7	1.035 8	−13.678 6	−1.320 2
$K_{it}\ln p_{it}$	资本存量与就业政策工具的交互项	3 417	−82.198	183.92	−2 221.74	−0.410 9
$\ln \mathrm{pgdp}_{it}$	人均收入	3 679	10.193	0.800 1	7.669 6	12.705 2
$\ln \mathrm{fina}_{it}$	公共产品供给	3 679	−2.227 1	0.494 9	−4.335 3	0.262 7
$\ln \mathrm{fdi}_{it}$	市场化水平	3 679	−4.311	1.390 7	−12.541	−0.078 7
$\ln \mathrm{indu}_{it}$	产业结构	3 679	−0.714 1	0.272 7	−2.519 4	−0.946 4
invest_{it}	固定资产投资占比	3 679	0.642 4	0.291 7	0.023 8	5.595 2

2.3.3 实证模型设定

根据理论模型部分梳理的逻辑链条，城市地区的资本存量能够内生决定地方政府的人口迁移政策 p 和 D，进而影响农村地区的人口迁移量。为了进一步验证本章理论部分的命题 2-2，我们设定基准回归模型如下：

$$\mathrm{em}_{it} = \alpha_t + \beta_1 \ln p_{it} + \beta_2 K_{it} \ln p_{it} + \beta_3 K_{it} + \gamma X_{it} + \mu_i + \varepsilon_{it} \quad (2\text{-}28)$$

其中，$\ln p_{it}$ 为就业政策工具的对数值，X_{it} 为影响人口迁移的一系列控制变量，包括人均收入（$\ln \mathrm{pgdp}_{it}$）、公共产品供给（$\ln \mathrm{fina}_{it}$）、市场化水平（$\ln \mathrm{fdi}_{it}$）、产业结构（$\ln \mathrm{indu}_{it}$）和固定资产投资占比（invest_{it}）。μ_i 表示城市固定效应，ε_{it} 表示随机扰动项。考虑到城市发展阶段的异质性，采用固定效应模型可以较好地规避这种影响，还能在一定程度上缓解内生性问题，准确识别出资本存量和城乡人口迁移政策对人口迁移的效应。

在回归分析的思路设计上，首先，我们对观测期 2003~2015 年进行回归，以验证就业政策工具（p_{it}）的一般规律；其次，由于本章 2.2 节发现 2012 年是中国城乡人口迁移转型的节点，因此本章以 2012 年为界限，对 2003~2011 年的农民工群体形成阶段和 2012~2015 年的农民工市民化阶段分别进行回归，以验证就业政策工具（p_{it}）的阶段性规律；最后，由于理论部分推导出资本存量对就业政策工具实际绩效存在影响，考虑到东中西部地区城市在资本存量上的异质性，分别对东中西部地区的城市进行回归，以验证就业政策工具（$\ln p_{it}$）在不同地区的作用规律。

对于稳健性检验，根据式（2-27），体制外劳动力市场中就业的户籍人口数

（poph）是 p_{it} 的分子，同样可以反映就业政策（$\ln p_{it}$）的力度，因此用 $poph_{it}$ 代替 $\ln p_{it}$ 进行回归以验证结果是否稳健。

2.3.4 实证结果分析

在面板数据回归中，Hausman 检验拒绝随机误差项与自变量没有相关性的零假设，即实证模型应当选用固定效应模型，证明了模型设定的合理性。其中，表 2-2 第（1）至（6）列报告了就业政策工具（$\ln p_{it}$）对市区城乡净迁移人口数（em_{it}）的实际效应，第（7）列报告了稳健性检验的结果。

表 2-2 模型的估计结果

变量	（1）	（2）	（3）	（4）	（5）	（6）	（7）
	2003~2015 年	2003~2011 年	2012~2015 年	东部	中部	西部	稳健性
$\ln p_{it}$	−23.39*** （2.615）	−13.59*** （1.551）	−41.09*** （6.487）	−30.27*** （5.605）	−17.20*** （2.209）	−17.38** （6.710）	
$K_{it}\ln p_{it}$	−0.682** （0.336）	0.109 （0.103）	−2.699*** （0.595）	−1.110** （0.505）	−0.427 （0.358）	−2.239** （1.054）	
K_{it}	−7.862** （3.871）	0.863 （1.048）	−23.36* （13.63）	−12.20** （5.712）	−6.221 （5.047）	−16.38 （10.46）	−0.187 （1.508）
$\ln pgdp_{it}$	−44.46*** （6.866）	−25.26*** （7.602）	−93.18*** （30.00）	−30.39** （12.68）	−51.59*** （8.877）	−57.76*** （15.41）	
$\ln fina_{it}$	−3.424 （2.268）	0.665 （2.030）	4.333 （16.18）	−5.510 （3.717）	0.439 （5.128）	−3.804 （4.983）	−5.368** （2.183）
$\ln fdi_{it}$	0.385 （0.636）	0.278 （0.462）	−0.819 （3.647）	2.554** （1.188）	1.222 （1.746）	−2.314** （0.919）	0.374 （0.801）
$\ln indu_{it}$	8.318 （9.747）	−3.718 （5.220）	−7.877 （66.85）	7.473 （10.96）	16.96** （8.297）	4.311 （24.67）	6.264 （6.708）
$invest_{it}$	5.890* （3.421）	−3.193 （5.328）	2.395 （7.774）	0.171 （5.103）	−1.056 （4.160）	21.36** （8.089）	0.833 （2.554）
常数项	283.5*** （67.17）	154.6** （71.63）	680.2** （333.6）	124.5 （121.8）	425.4*** （96.43）	394.5** （170.8）	66.29*** （18.16）
$pogh_{it}$							−0.710*** （0.114）
Year FE	Yes	Yes	Yes	Yes	Yes	Yes	Yes
City FE	Yes	Yes	Yes	Yes	Yes	Yes	Yes
N	3 679	2 830	849	1 638	1 183	858	3 676
R^2	0.317	0.201	0.572	0.361	0.355	0.388	0.673

***、**、*分别表示在 1%、5%、10%的水平下显著

注：括号内为标准误

首先，对于就业政策工具（$\ln p_{it}$）的一般规律，$\ln p_{it}$ 在表 2-2 第（1）列中通过了 1%的显著性水平，表明就业政策对市区城乡净迁移人口数有显著的作

用。若就业政策工具（ $\ln p_{it}$ ）越低，即政府对迁移人口在就业上的计划管制越宽松、就业层面的市场化改革程度越高时，越有利于本地区农村人口向市区的转移，这表明就业的市场化改革能显著促进城乡人口迁移。同时，由于交互项 $K_{it}\ln p_{it}$ 在置信水平为 1%时显著为负，资本存量（ K_{it} ）的确能够通过影响人口迁移政策力度来决定人口迁移，资本存量越高越有利于地方政府放松就业政策（ $\ln p_{it}$ ），从而能显著促进人口迁移，这与命题 2-2 所揭示的逻辑关系是一致的。而人均 GDP 的对数值 $\ln \mathrm{pgdp}_{it}$ 的系数始终显著为负，这似乎与常识相悖，但这实际上揭示出本地区城乡人口迁移的一大现实规律。根据命题 2-4，由于人均 GDP 高的地区二元结构演变进程更快，其城乡收入差距反而会更低，结合理论分析部分的式（2-5）和式（2-6）可知，此时农村人口迁移的机会成本更大而迁移净收益更小，所以这反而不利于本地农村人口向市区迁移，因此才会观察到人均 GDP 越高的城市反而吸纳本地农村人口的能力越弱的现象。

其次，对于就业政策工具（ $\ln p_{it}$ ）的阶段性规律，表 2-2 第（2）（3）列表明就业政策（ $\ln p_{it}$ ）在两阶段中的一般规律保持不变，就业政策的改革能显著促进城乡人口迁移。进入农民工市民化阶段后，就业政策（ $\ln p_{it}$ ）回归系数的绝对值有了明显增加，这意味着在落户市场化改革的推动下，就业市场化改革的实际效果得到显著提升，两者形成了“相互促进、紧密配合”的良性互动格局，成为推动人口迁移的重要动力。同时，人均 GDP 回归系数的绝对值也明显提高，这表示人均 GDP 对本地城乡人口迁移的阻碍效应进一步提升，城乡人口迁移的未来形势更加严峻，人口迁移政策的改革更加迫切。

最后，对于就业政策工具（ $\ln p_{it}$ ）在不同地区的规律，表 2-2 第（4）（5）（6）列表明东部和西部地区均符合就业政策工具（ $\ln p_{it}$ ）的一般规律，资本存量（ K_{it} ）能通过影响就业政策工具（ $\ln p_{it}$ ）来决定市区净迁移人口数（ em_{it} ）。但是，这一逻辑关系并没有在中部地区产生，而且其就业政策（ $\ln p_{it}$ ）的效果同其他地区并不相同。究其原因，这可能与中部地区体制外劳动力市场建设落后有关。虽然东中西部地区同时处于劳动力市场改革Ⅱ、Ⅲ期，但中部地区的就业市场化改革相对缓慢，计划配置对迁移人口就业的限制较大，而市场对人口迁移就业的配置功能有限，因此其政策实绩并不如市场化水平高的东部地区和积极吸纳人才的西部地区高。人均 GDP 的对数值 $\ln \mathrm{pgdp}_{it}$ 的系数在不同地区始终显著为负，这似乎与常识相悖，但这实际上揭示出本地区城乡人口迁移的一大现实规律。根据命题 2-4，人均 GDP 高的地区城乡二元结构演变进程更快，结合式（2-5）和式（2-6）可知，此时农村人口迁移的机会成本更大而迁移净收益更小，所以这反而不利于本地农村人口向市区迁移，由此才会观察到人均 GDP 越高的城市吸纳本地农村人口的能力反而越弱的现象。

对于稳健性检验，我们可以看出在表2-2第（7）列中$poph_{it}$的系数显著为负，这也证明了放松就业政策能显著促进人口迁移，因此可以认为结果是稳健的。

总体而言，本章基于中国城乡人口迁移政策的特殊性，从就业政策和落户政策的异质性特征出发，探讨了地方政府决策与城乡人口迁移政策演进的内在逻辑。在城乡人口迁移政策的内生决定模式下，迁移人口就业政策的市场化改革已经基本完成，这为中国改革开放 40 多年的快速经济增长和城镇化创造了重要条件；然而，落户政策的市场化改革较为缓慢，大城市的落户政策长期以来与购房、投资和人才引进挂钩，计划配置仍在迁移人口落户中发挥主导性作用，严重阻碍了农民工市民化进程。

针对城乡人口迁移政策决定机制在当前的不足，我们提出以下政策建议。第一，地方政府应继续推动农民工就业政策的规范化与制度化，巩固和完善就业政策改革的现有成果。当前中国的就业政策已基本完成市场化改革，但仍与发达国家的现代化就业制度存在差距，亟待形成规范的就业管理制度。基于此，推进就业政策向现代化就业制度转型的意义重大，是进一步消除就业歧视和建设统一的现代化劳动力市场的题中之意。第二，中央政府应提高农民工市民化在地方官员政绩考核体系中的权重，推进落户政策改革进程。改革开放以来的官员晋升激励机制是推动就业政策市场化改革的重要因素，但在农民工市民化阶段，地方政府“为经济增长而竞争”不利于落户政策的市场化改革，成为导致户籍制度改革缓慢的重要因素。为此，中央政府应从官员晋升激励机制的设计层面入手，加大农民工市民化在地方政绩考核体系中的重要性，尤其是增加大城市的地方政府改革落户政策的动力，在落户政策改革上实现激励相容。第三，中央政府应提升地方政府推进农民工市民化的财政支出能力，提高城市公共服务供给数量与质量。在农民工市民化阶段，改革落户政策是推动农村人口迁移的重要短期因素，而提升城市公共服务供给水平则是促进农村人口持续迁移的长期动力。因此，以辖区流入的农民工数量为主要依据，中央增强地方政府推进农民工市民化的财政实力，有助于切实提高城市公共服务供给水平，真正形成吸纳农村迁移人口的长期有效机制，加快农民工市民化和城乡融合发展进程。

第3章　农村信用社改革及“支农”效率评价

改革开放以来，农村信用社改革经历了“放权让利”与恢复“三性”①（1978~1992 年）、农村信用社与中国农业银行“行社脱钩”（1993~2002 年）、新时期深化改革（2003 年以来）三个阶段，农村信用社的经营绩效有了较大改善，科学测度农村信用社的支农效率水平具有重要意义。本章通过分析农村信用社的支农过程，认为农村信用社的支农效率受到经营活动和支农活动的共同影响，进而基于一种两阶段关联型的网络DEA方法，对农村信用社1986~2016年的支农效率进行测算与分析。研究发现，农村信用社的支农效率主要受农村信用社利用涉农贷款服务“三农”的支农活动效率影响，且支农效率水平在不同的改革阶段分化较为明显。今后农村信用社应进一步深化改革，通过不断提升支农效率，更好地服务于乡村振兴战略和城乡融合发展。

农业是国民经济的基础，农村是经济社会发展的重要载体，实现农业农村现代化是中国在新时代实施乡村振兴战略、促进城乡融合发展、构建现代化经济体系的重要内容。21 世纪以来，尽管中央“一号文件”连续十多年聚焦“三农”问题，但由于体制机制等各方面的障碍，农业农村现代化仍然是中国现代化的短板。强有力的金融支持对于农业农村现代化至关重要，经过改革开放以来40多年的体制改革，作为金融支农主力军的农村信用社在产权结构、经营体制、发展绩效等方面已脱胎换骨。值得思考的是，农村信用社的支农效率如何，它能否有效担负起新时代金融支农的重任，这就成为理论和实际部门需要研究的重要问题。

农村信用社的效率是指农村信用社投入与产出之间的比例关系，可分为运行效率、经营效率、支农效率等多个方面。褚保金等（2007）运用具有非期望产出

---

① 即组织上的群众性、民主性、灵活性。

的 DEA 方法，评价了农村信用社的运行效率，发现改革之后农村信用社的效率逐步提高；李敬和陈澍（2012）利用 311 个中国西部地区农村信用社的调研数据，研究发现农村信用社的运行效率比较差；谢志忠等（2011）利用福建省 9 个地级市的农村信用社联社 2005~2009 年的投入产出数据，研究认为农村信用社的经营效率各不相同。支农效率可以用农村金融机构信贷资源的投入产出比来表示，即在保证可持续经营的前提下，衡量农村金融机构投向“三农”的信贷资源产生的有效支农程度（师荣蓉，2013）。从对农村信用社效率问题的已有研究来看，随机前沿分析（stochastic frontier analysis，SFA）与 DEA 是学术界测算农村信用社效率的两种主要方法。例如，蓝虹和穆争社（2014）运用三阶段 DEA 模型的 BCC（规模收益可变）分析法，对 115 家农村信用社的总体效率和涉农服务效率进行定量分析，发现农村信用社的总体效率处于技术无效的状态，且存在投入要素浪费、经营规模偏小等问题；王俊芹（2010）利用 DEA 方法和 Probit 模型对河北省 2004~2006 年的农村信用社改革绩效进行评价，发现农村信用社的总效率无效、技术效率有效、规模效率无效。师荣蓉和徐璋勇（2013）基于 DEA 和 SFA 的“纵横向”拉开档次组合评价法，对农村信用社的支农效率进行研究，发现农村信用社的支农效率存在不断改善的趋势。总体而言，农村信用社作为金融支农的主力军，其支农效率理应是学术界研究的重点问题，但从已有文献来看，研究农村信用社支农效率的文章不仅数量少，而且在测算方法上主要以 SFA 和 DEA 为主，这两种方法存在仅依靠初始投入和产出得到效率结果的问题，因此测算方法有待创新。

本章在农村信用社改革的背景下，采用网络 DEA 方法测算农村信用社的支农效率。相较于传统的 DEA 方法，网络 DEA 更好地打开了测算效率过程中的“黑箱”，即对每个子过程的效率进行评价。同时，通过对农村信用社支农活动过程的分析，我们选用了一种两阶段关联型网络 DEA 的串联模型（KH 模型），对中国农村信用社 1986~2016 年的支农效率进行测算与分析，这较之于已有研究而言在测算方法上具有一定的创新性。

3.1 改革历程

改革开放以来，农村信用社在政府主导下经历了波澜壮阔的强制性制度变迁过程，大致可分为三个改革阶段：一是 1978~1992 年对农村信用社的“放权让利”与恢复“三性”；二是 1993~2002 年农村信用社与中国农业银行“行社脱钩”；三是 2003 年以来的深化改革，明晰农村信用社的产权结构。

3.1.1 "放权让利"与恢复"三性"：1978~1992 年

党的十一届三中全会之后，中国开始在计划经济体制内引入市场调节，并逐步开展了以建立"有计划的商品经济"为目标的经济体制改革。农村家庭联产承包责任制改革在全国范围内推开，有效增强了农村经济发展活力。为适应这一阶段经济体制改革和农村经济发展的需要，农村金融体制改革也拉开序幕。1979 年，农村信用社开始行使国家金融部门的职能，负责办理各类农村金融业务（何广文，2009）。在此期间，国家对农村信用社下放了一部分经营权，在一定程度上提高了农村信用社的经营活力。1984 年国务院下发《关于改革信用社管理体制的报告》，农村信用社开始向县联社体制转变，这一举措增强了农村信用社的独立性和灵活性，同时也标志着农村信用社恢复"三性"的改革正式在全国范围内展开。

从图 3-1 可看出，1981~1992 年农村信用社的存款余额由 319.81 亿元增至 3 478.46 亿元，贷款余额由 96.38 亿元增至 2 452.80 亿元，存款和贷款增长幅度均超过 10 倍。在 1986 年之前，农村信用社的贷款包括集体农业贷款、乡镇企业贷款和农户贷款三个方面，均为面向农村的贷款。从 1987 年开始，农村信用社开始涉及非农贷款，这表明农村信用社的独立性和经营自主性有所增强，但涉农贷款仍占农村信用社贷款总额的绝对比重。截至 1992 年，非农贷款仅占农村信用社贷款总额的 7%。此外，农村信用社是金融支农的主力军，其涉农贷款发放量自 1984 年开始一直占全国金融机构涉农贷款的 50%以上，1992 年这一比例达到了 58.76%，在该阶段为中国农村经济的发展保驾护航。

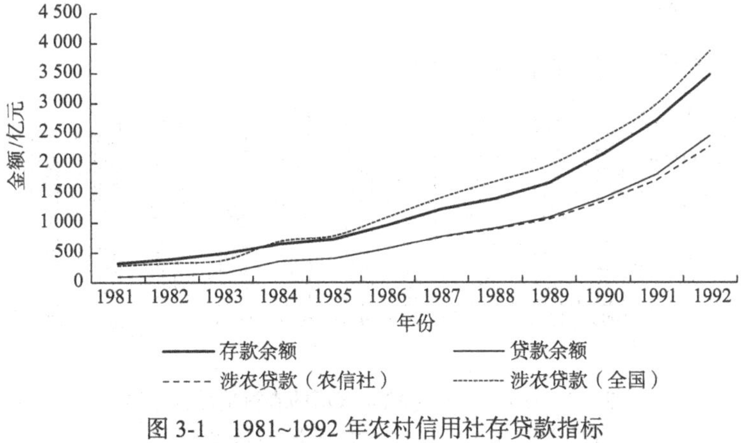

图 3-1 1981~1992 年农村信用社存贷款指标

资料来源：根据 1986~1993 年《中国金融年鉴》整理

3.1.2　“行社脱钩”：1993~2002 年

1992 年党的十四大确立了构建社会主义市场经济体制的改革目标，市场机制对城乡资源配置的调节作用逐步增强，这就对农村金融改革提出了新的要求。中国农业银行开始向国有商业银行转轨，不断减少其在农村地区的营业网点，将其贷款重点转向城镇企业，同时把政策性金融业务划给新组建的中国农业发展银行，这就为农村信用社与中国农业银行进行“行社脱钩”创造了条件。这一时期农村信用社推进县联社体制改革，使农村信用社的经营活力不断增强，业务发展日益活跃，在农村经济发展中起到了越来越重要的作用。

1996 年，国务院发布《国务院关于农村金融体制改革的决定》，标志着“行社脱钩”正式开始。此时，农村信用社的改革目标是成为一个既能保持可持续发展，又能有效满足农村地区中小企业和农户资金需要的现代金融机构（谢平等，2006）。农村信用社从 1997 年开始不断深化改革，以合作制规范改革进程，并积极完善自律组织建设。随着改革成效的不断显现，农村信用社从 2000 年开始进入“明晰产权、完善经营机制、以县为单位统一法人、组建省联社和农村商业银行”等改革的试点阶段，产权改革成为新一轮改革的核心任务，这使得农村信用社商业化、市场化的改革方向逐渐明朗。从图 3-2 可以看出，这一时期的农村信用社在“行社脱钩”背景下，不断深化自身改革，县联社体制改革持续推进，全国独立核算的农村信用社数目不断减少。随着改革的不断深入，农村信用社逐步进入一个新的发展阶段。

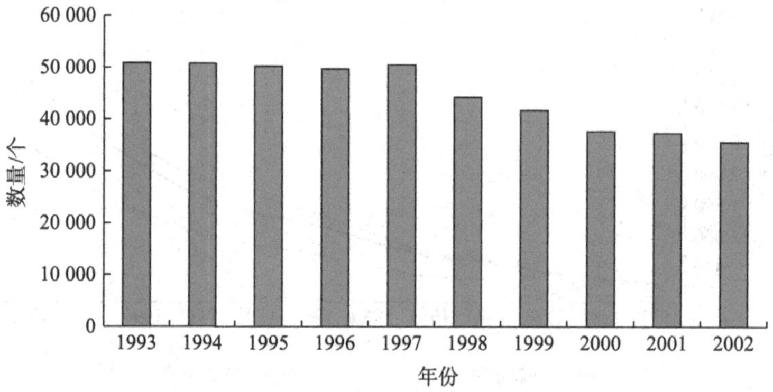

图 3-2　1993~2002 年独立核算的农村信用社个数

资料来源：根据 1994~2003 年《中国金融年鉴》整理

3.1.3　深化改革：2003 年至今

2003 年 6 月，国务院批准下发《深化农村信用社改革试点方案》，决定把浙、鲁、赣、贵、吉、渝、陕、苏 8 省（市）作为改革试点，把农村信用社的管理主体由中国银行业监督管理委员会下放给省级政府，并成立省级联社，以市场化、商业化为导向的农村信用社改革深入向前推进。2004 年 8 月，国务院将改革范围扩大到全国所有省份，2007 年海南省农信联社挂牌，标志着全国范围内建立起省联社管理体制。目前，各地除省联社模式之外，还探索形成了农村商业银行、农村合作银行、金融控股公司等不同的农村信用社管理模式。

这一阶段农村信用社的信贷规模不断扩大。2015 年农村信用社的存款、贷款余额分别为 68 208 亿元和 42 941 亿元，分别是改革之初 2003 年的 2.88 倍、2.53 倍。同时从图 3-3 可看出，涉农贷款余额上涨趋势明显，并且涉农贷款在农村信用社的全部贷款中仍占很大比例，农村信用社发挥着金融支农主力军的作用。

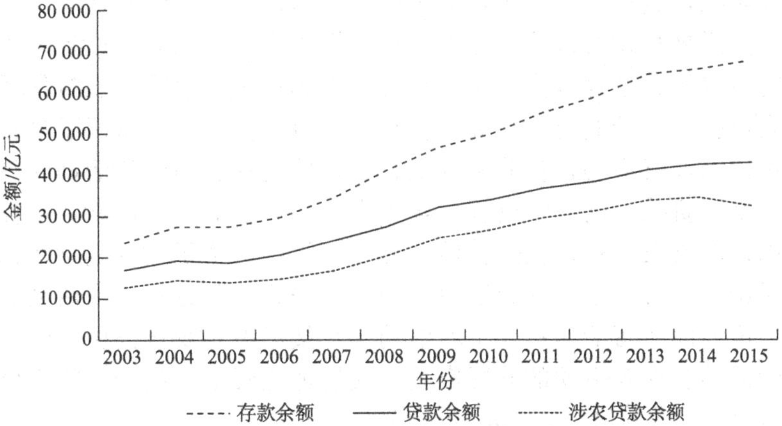

图 3-3　2003~2015 年农村信用社存贷款数据

资料来源：根据 2004~2016 年《中国金融年鉴》整理

经过改革开放以来的改革，尤其是 2003 年以来的新一轮改革，农村信用社的经营绩效有了较大改善（蓝虹和穆争社，2016）。新一轮农村信用社改革把农村信用社的管理主体交由省级政府，这一方面有助于省级政府结合实际发挥对农村信用社的管理、指导、协调和服务职能，推动农村信用社实现规范运营和可持续发展；另一方面有助于省级政府加强监管，督促农村信用社切实发挥金融支农主力军的作用。但与此同时，在省联社或其他形式的省级管理体制下，市县法人农村信用社的经营管理自主权受到较大干扰，农村信用社的服务对象存在明显的“非农化”倾向，未能有效提升“三农”金融服务水平（吴立雪，2015）。基于此，改革开放以来农村信用社的支农效率呈现怎样的变动轨迹，如何进一步提升农村信用社的支农效率，就成为理论和实际部门关注的一个重要问题。

3.2　测算框架

3.2.1　评价指标体系

随着改革的不断深化，农村信用社不仅要提升“三农”金融服务水平，而且要提高经营活力和营利能力，近年来农村信用社的非农经营活动明显增加。本章旨在研究农村信用社的“支农”效率，因此我们对农村信用社的经营活动进行简化，即只考虑农村信用社的涉农经营活动，不考虑非农经营活动。从涉农经营过程来看，农村信用社首先通过自身的经营活动扩大可贷资金规模，然后把贷款发放给“三农”资金需求主体，因此可以进一步把农村信用社的涉农经营过程分为两个子过程。在第一个子过程，农村信用社通过资金及人员投入提升商业可持续性，扩大可贷资金规模，这一子过程可称为农村信用社的经营活动；在此基础上，农村信用社利用经营活动收储的资金发放“三农”贷款，这一子过程可称为农村信用社的支农活动。由此可见，农村信用社的支农过程包括经营活动和支农活动两个子过程，且两个子过程之间联系密切。第一子过程经营活动的产出是第二子过程支农活动的投入，即农村信用社的经营活动对其支农活动有直接影响。农村信用社的支农效率受到经营活动和支农活动的共同影响，我们把这两个子过程的效率分别称为农村信用社的经营效率和支农活动效率。

根据上述分析，我们进一步构建农村信用社支农效率测算的评价指标体系。受数据可得性的限制，我们以农村信用社的总资产及从业人数作为系统的投入变量，这些投入变量有助于农村信用社扩大可贷资金规模；在这一阶段，涉农贷款是农村信用社的经营活动中同服务“三农”直接相关的变量，因此我们选取涉农贷款余额作为农村信用社经营活动子过程的产出变量，这一变量同时也是农村信用社支农活动子过程的投入变量。通过涉农贷款余额，既有效衡量了农村信用社经营活动的效率，又将其与支农活动直接联系起来。在第二阶段，农村信用社投入涉农贷款进行支农活动，推动农业生产、农村建设和农民生产生活的发展，因此我们选取第一产业增加值、乡镇企业增加值和农民人均纯收入作为系统的产出变量。农村信用社支农效率的评价指标体系见表 3-1。

表 3-1　农村信用社支农效率的评价指标体系

项目	指标	指标描述
系统投入（阶段 1 的投入）	总资产	农村信用社拥有或控制的、能够带来经济利益的全部资产
	从业人数	在农村信用社工作并取得劳动报酬的全部人员总数
系统中间变量（阶段 1 的产出，亦即阶段 2 的投入）	涉农贷款余额	农村信用社发放的，支持农业生产、农村建设和农民生产生活的贷款在该年度每季度末余额的算术平均值
系统产出（阶段 2 的产出）	第一产业增加值	农业部门该年度的新增价值
	乡镇企业增加值	乡镇企业该年度的新增价值
	农民人均纯收入	按农村人口平均的“农民纯收入”，反映的是一个国家或地区农村居民收入的平均水平

3.2.2　网络 DEA 方法

1978 年，美国运筹学家 Chames 和 Cooper 提出了 DEA 方法，该方法创造性地采用最优化思想对一组同类型的具有多个输入和多个输出的决策单元进行相对有效性评价，引发了国内外学术界的效仿。但 DEA 方法对决策单元相对效率的评价过程中，一般把系统内部的运作过程视作“黑箱”，这就忽略了决策单元内部子过程之间的相关关系，因此在测算方式上有较大的局限性。Färe 和 Grosskopf（1996）提出的网络 DEA 方法有效扩展了传统 DEA 方法。网络 DEA 方法的本质是打开决策单元的“黑箱”，即基于对决策单元内部子系统运作过程的考察，进而评价决策单元的相对效率，以便考察子过程对整体效率的影响，这有助于更准确地找出效率低下的根源。从学术界已有研究来看，国内学者大多采用 DEA 方法测算农村信用社效率，因此有必要通过网络 DEA 方法对农村信用社效率做更深入的测算。我们把农村信用社的涉农经营活动分解为两个子过程——经营活动和支农活动。我们采用能够“打开黑箱”的网络 DEA 方法，测算这两个子过程对农村信用社支农效率的影响。

网络 DEA 又分为多种类型，传统的网络 DEA 方法的子过程之间相互独立，而农村信用社的经营活动与支农活动相互联系，传统的网络 DEA 方法并不适用，因此应采用关联型网络 DEA。关联型网络 DEA 有两种基础模型——串联模型和并联模型。Kao（2007）建立了关联网络 DEA 的并联模型（图 3-4）。在该模型中，系统的各个子过程为并联关系，即各个子过程的投入之和为总系统的投入，各个子过程的产出和为总系统的产出。

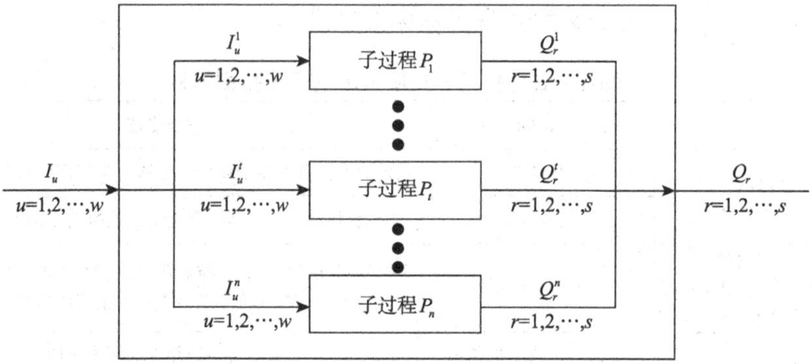

图 3-4　关联型网络 DEA——并联模型

此外，Kao 和 Hwang（2008）建立了两阶段关联网络 DEA 的串联模型，后又被推广至多阶段（图 3-5）。在该模型中，系统的各子过程为串联关系，即前一过程的产出为后一过程的投入①。

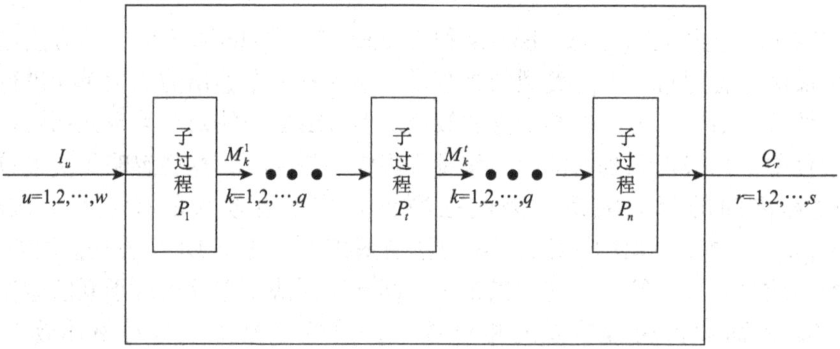

图 3-5　关联型网络 DEA——串联模型

在本章中，农村信用社的经营活动和支农活动是串联关系，即只有经营活动完成后，支农活动才能开展，因此我们借鉴 Kao 和 Hwang（2008）建立的两阶段关联型网络 DEA 的串联模型（KH 模型），对农村信用社的支农效率进行测算。

3.2.3　测算模型

在利用 KH 模型测算农村信用社的支农效率时，记 E_k 为农村信用社支农活

① 大多数情况下，关联型网络 DEA 结构都不是简单的串联结构或者并联结构，对此我们可以通过增加虚拟子过程的方式，使得总系统表示成多个子阶段的串联，而每个阶段的各子过程为并联关系。通过这一方法，我们可求得各个子阶段的效率及系统的总效率。

动的总效率，E_k^1 为经营活动子过程的效率，E_k^2 为支农活动子过程的效率。支农效率测算的流程图见图 3-6。

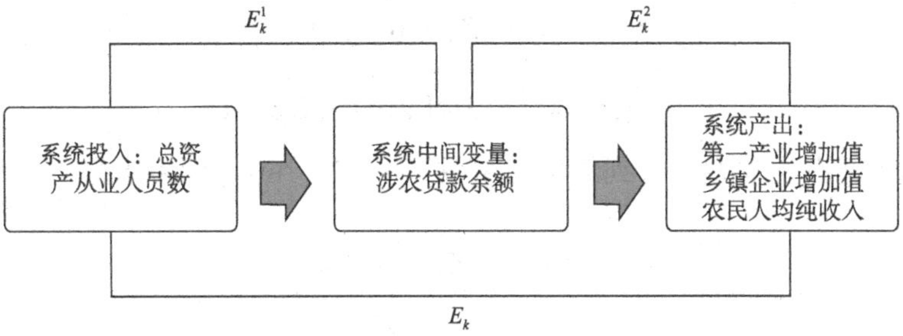

图 3-6　KH 模型测算农村信用社支农效率的流程

设 $X_{ik}(i=1,2)$ 分别代表系统投入（总资产和从业人数），$Y_{rk}(r=1,2,3)$ 分别代表系统产出（第一产业增加值、乡镇企业增加值、农民人均纯收入），$Z_{pk}(p=1)$ 表示系统中间变量（涉农贷款余额），v_i、u_r 和 w_p 分别为投入、产出和中间变量对应的乘数。测算农村信用社支农效率的 KH 模型如下：

$$E_k=\max\sum_{r=1}^{s}u_rY_{rk}\Big/\sum_{i=1}^{m}v_iX_{ik}$$

$$\text{s.t.}\ \sum_{r=1}^{s}u_rY_{rj}\Big/\sum_{i=1}^{m}v_iX_{ij}\leqslant 1,\ j=1,2,\cdots,n$$

$$\sum_{p=1}^{q}w_pZ_{pj}\Big/\sum_{i=1}^{m}v_iX_{ij}\leqslant 1,\ j=1,2,\cdots,n$$

$$\sum_{r=1}^{s}u_rY_{rj}\Big/\sum_{p=1}^{q}w_pZ_{pj}\leqslant 1,\ j=1,2,\cdots,n$$

$$u_r,v_i,w_p\geqslant\varepsilon,\ i=1,2;\ r=1,2;\ p=1$$

KH 模型的总效率与两个子阶段的效率具有以下关系：$E_k=E_k^1\times E_k^2$，因此对于与系统中间变量 Z_{pk} 相关的乘数，要求其在第一阶段与第二阶段相同。此外，KH 模型可以将上述的线性分式规划改写为线性规划：

$$E_k=\max\sum_{r=1}^{s}u_rY_{rk}$$

$$\text{s.t.}\ \sum_{i=1}^{m}v_iX_{ik}=1$$

$$\sum_{r=1}^{s}u_rY_{rj}-\sum_{i=1}^{m}v_iX_{ij}\leqslant 0,\ j=1,2,\cdots,n$$

$$\sum_{p=1}^{q} w_p Z_{pj} - \sum_{i=1}^{m} v_i X_{ij} \leqslant 0,\ j=1,2,\cdots,n$$

$$\sum_{r=1}^{s} u_r Y_{rj} - \sum_{p=1}^{q} w_p Z_{pj} \leqslant 0,\ j=1,2,\cdots,n$$

$$u_r, v_i, w_p \geqslant \varepsilon,\ \ i=1,2; r=1,2; p=1$$

通过求解以上模型可得到最优的乘数 v_i^* 、u_r^* 、w_p^* ，即可求得

$$E_k = \sum_{r=1}^{s} u_r^* Y_{rk}$$

$$E_k^1 = \sum_{p=1}^{q} w_p^* Z_{pk} \Big/ \sum_{i=1}^{m} v_i^* X_{ik}$$

$$E_k^2 = \sum_{r=1}^{s} u_r^* Y_{rk} \Big/ \sum_{p=1}^{q} w_p^* Z_{pk}$$

上述模型所求的乘数可能不唯一，使得 $E_k = E_k^1 \times E_k^2$ 的分解也不唯一，为解决此问题，参考Kao和Hwang（2008）的方法，我们认为在测算支农效率的两个子阶段中，支农活动效率是更应该关注的对象，即在保持支农效率 E_k 不变的前提下，要使第二个子阶段支农活动的效率 E_k^2 最大化。故可将模型变形为

$$E_k^2 = \max \sum_{r=1}^{s} u_r Y_{rk}$$

$$\text{s.t.} \sum_{p=1}^{q} w_p Z_{pk} = 1$$

$$\sum_{r=1}^{s} u_r Y_{rk} - E_k \sum_{i=1}^{m} v_i X_{ik} = 0$$

$$\sum_{r=1}^{s} u_r Y_{rj} - \sum_{i=1}^{m} v_i X_{ij} \leqslant 0,\ j=1,2,\cdots,n$$

$$\sum_{p=1}^{q} w_p Z_{pj} - \sum_{i=1}^{m} v_i X_{ij} \leqslant 0,\ j=1,2,\cdots,n$$

$$\sum_{r=1}^{s} u_r Y_{rj} - \sum_{p=1}^{q} w_p Z_{pj} \leqslant 0,\ j=1,2,\cdots,n$$

$$u_r, v_i, w_p \geqslant \varepsilon,\ \ r=1,2; i=1,2; p=1$$

此时，解出最优的乘数 v_i^* 、u_r^* 、w_p^* 后，得到

$$E_k = \sum_{r=1}^{s} u_r^* Y_{rk} \Big/ \sum_{i=1}^{m} v_i^* X_{ik}$$

$$E_k^2 = \sum_{r=1}^{s} u_r^* Y_{rk}$$

$$E_k^1 = E_k / E_k^2$$

应用以上公式可求得农村信用社的支农效率，并可求得各子阶段的效率值。

3.3 结果分析

3.3.1 数据描述

考虑数据的可得性，本章选取 1986~2016 年全国层面的数据对农村信用社的支农效率进行测算，相关数据来源于 1986~2017 年《中国金融年鉴》，2005 年《中国乡镇企业年鉴》，以及 2006~2011 年《中国农业年鉴》。对于个别缺失值，我们借鉴中心移动平均的思想进行数据填充，并对 2011 年之后缺失的乡镇企业增加值利用 Eviews 进行非线性预测。根据前面建立的农村信用社支农效率测算指标体系，得到各变量的统计性描述（表 3-2）。

表 3-2　变量的统计性描述

变量	最大值	最小值	均值	标准差	样本数
总资产/亿元	88 312.00	1 101.90	31 516.34	30 165.25	31
从业人数/人	675 711.00	297 083.00	555 391.00	96 390.02	31
涉农贷款余额/亿元	568.50	34 512.00	13 014.43	11 505.46	31
第一产业增加值/亿元	63 672.80	2 764.10	23 050.72	18 920.34	31
乡镇企业增加值/亿元	123 304.85	873.00	41 958.17	38 092.65	31
农民人均纯收入/元	12 363.40	309.80	3 681.48	3 442.35	31

资料来源：1986~2017 年《中国金融年鉴》，2005 年《中国乡镇企业年鉴》，2006~2011 年《中国农业年鉴》

3.3.2 测算结果

把各指标数据代入前面构建的测算模型，应用 Matlab 软件进行求解，得到的结果见表 3-3。

表 3-3　农村信用社支农效率评价结果

年份	E_k	E_k^1	E_k^2
1986	0.934 5	0.934 5	1.000 0
1987	0.957 5	1.000 0	0.957 5
1988	0.838 0	0.876 7	0.955 9

续表

年份	E_k	E_k^1	E_k^2
1989	0.880 5	0.880 5	1.000 0
1990	0.793 7	0.850 0	0.933 7
1991	0.686 0	0.881 1	0.778 6
1992	0.609 9	0.894 2	0.682 0
1993	0.684 1	0.879 5	0.777 9
1994	0.964 5	1.000 0	0.964 5
1995	0.940 8	0.940 8	1.000 0
1996	0.846 8	0.875 9	0.966 8
1997	0.809 5	0.880 9	0.919 0
1998	0.773 6	0.930 1	0.831 7
1999	0.777 9	0.984 2	0.790 3
2000	0.742 8	1.000 0	0.742 8
2001	0.692 2	1.000 0	0.692 2
2002	0.655 7	0.989 8	0.662 5
2003	0.622 0	0.985 9	0.630 8
2004	0.624 2	0.983 3	0.634 8
2005	0.741 4	0.929 0	0.798 1
2006	0.787 8	0.916 4	0.859 7
2007	0.578 1	0.843 6	0.685 3
2008	0.585 1	0.864 8	0.676 6
2009	0.615 5	1.000 0	0.615 5
2010	0.660 2	0.967 4	0.682 4
2011	0.627 8	0.982 3	0.639 1
2012	0.639 1	0.966 8	0.661 0
2013	0.655 7	0.986 7	0.664 5
2014	0.697 2	1.000 0	0.697 2
2015	0.790 8	1.000 0	0.790 8
2016	0.794 5	1.000 0	0.794 5
平均值	0.742 2	0.942 7	0.789 8

从表 3-3 可以看出，农村信用社的支农效率在 1986~1989 年、1994~1995 年相对较高，1990~1993 年及 1996 年之后相对较低；无论是总效率 E_k 还是各子过程的效率，在考察期内都有明显的波动。本部分结合农村信用社的三个改革阶段，对农村信用社支农效率的测算结果进行分析。

1986~1992 年，农村信用社的支农效率持续下降，并在 1992 年达到最小值

0.609 9。这一阶段，农村信用社改革主要以“放权让利”为主，通过改革提高经营活力，因此经营效率表现较好，各年份的经营效率值都在0.85以上。但是，由于支农活动并不是该阶段改革的重点，因此这一时期农村信用社的支农活动效率趋于下降，进而拉低了农村信用社的支农效率。

1993~2002年，农村信用社的支农效率除了在1994年和1995年超过0.9外，其余年份表现欠佳。行社脱钩、产权改革作为该阶段改革的中心任务，进一步提高了农村信用社的经营活力，因此农村信用社的经营效率持续表现较好，大多数年份的效率值都在 0.9 左右。而与之形成对比的是，农村信用社的支农活动效率相对较低，拉低了支农效率。

2003~2016 年，农村信用社的支农效率始终在 0.7 左右波动，没有出现非常高的效率值。2003 年开展的农村信用社深化改革把它的管理主体交由省政府，这在一定程度上增强了农村信用社的经营活力，因此该阶段农村信用社的经营效率处于较高水平。但这一阶段农村信用社的市场化、商业化改革趋向更加明显，一些地区的农村信用社逐步改组为股份制商业银行，农村信贷的利润相对较低，而商业银行则以追逐利润为导向，因此这一阶段的改革导向在一定程度上偏离了农村信用社的主要服务对象——农业、农村、农民。基于此，尽管农村信用社的经营效率逐步提高，但支农效率却处于较低水平。

综合以上三个阶段的效率值分析，我们认为在农村信用社各个阶段的改革中，农村信用社的支农活动效率有不同的表现及波动趋势，支农活动子过程的效率波动是影响农村信用社支农效率水平的主要因素；相对而言，经营活动效率整体表现稳定，对农村信用社的支农效率影响不大①。改革开放以来的改革提高了农村信用社的商业化和市场化水平，加之农村信用社自身对经营活动的重视，使得农村信用社的经营活动效率保持在较高水平，并且这一特征在 2003 年开始的省联社体制改革中表现得更加明显且稳定。然而，农村信用社的支农活动效率在各阶段的改革中表现出较强的不稳定性，并且效率值普遍较低。农村信用社改革从恢复“三性”，到把政策性金融业务划转出去，再到组建农村商业银行、农村合作银行，尽管金融支农的主体不断丰富，但农村信用社却在很大程度上朝着“非农化”的方向转变，加之省联社体制改革中本身存在的过度行政化管理、法人治理缺失等问题，在一定程度上阻碍了农村信用社的发展（曹军新等，2018），进而导致农村信用社的支农效率水平相对较低且不稳定。

今后，农村信用社应进一步深化改革，不断提升支农效率，为农业农村现代化和实施乡村振兴战略发挥更大作用。基于此，本章提出以下政策建议：一方

① 需要说明的是，受数据可得性的限制，本章对农村信用社支农效率的测算未包含不良贷款率等指标，这可能使测度的效率值偏高。今后在数据可得的情况下，我们将进一步开展相关研究。

面，农村信用社要坚持合作制的发展模式。目前农村信用社有全面改制为农村商业银行的趋势，这难免会背离农村信用社开展“合作制”的初衷。从测算结果来看，在市场化改革尚未全面开始之前，农村信用社的支农效率值保持在 0.8 以上的高位，这说明合作制的发展模式有利于提升农村信用社的支农效率。从世界范围内来看，德国、美国、日本、法国等发达国家的合作金融运转良好，在国家政策的支持下，合作金融对于扶持弱势群体的发展起到了积极作用。借鉴发达国家的经验，总结改革过程中的教训，中国今后在农村信用社改革过程中应原则上坚持合作制的发展模式，使农村信用社继续发挥支农主力军的角色。另一方面，要进一步推进农村信用社省联社体制改革，发展多元化的农村金融服务模式。当前农村金融需求日益多元化，但农村金融机构的服务能力相对不足，这构成了农村金融的主要矛盾。早在 2007 年，中国银行业监督管理委员会就提出了联合银行、金融服务公司、金融持股公司、统一法人和完善省联社等五种改革模式，鼓励地方政府探索符合自身实际的发展模式。各地近年来在省联社的推动下，农村信用社形成了农村商业银行、农村合作银行等多种新型组织形式，今后农村信用社改革应进一步同当地农村经济发展实际情况相结合，探索符合各地实际的农村信用社改革模式。此外应加快省联社管理体制改革，理顺省联社同市县法人农村信用社之间的关系，在有效发挥省联社“管理、指导、协调和服务”职能的同时，赋予市县法人农村信用社完整的经营管理自主权，推进农村信用社支农效率水平的不断提高。

第4章　城乡生产要素配置状态评估

经济现代化是产业转型和城乡生产要素优化配置的过程。受要素市场改革滞后和地方政府晋升激励等因素的影响，生产要素在城乡之间存在配置扭曲，这对中国农业现代化和城乡经济协调发展造成了消极影响。本章在城乡两部门经济假设下，构建了农业与非农部门要素配置状态的测算框架；在此基础上运用永续盘存法估计固定资本存量，回归得到农业与非农部门生产函数的要素产出弹性，进而计算1996~2016年全国、省份、地区和粮食功能区等不同层面的城乡部门要素错配系数。从时序变化来看，全国层面非农部门的要素配置状态不断向好，近年来基本实现了要素优化配置；农业部门的要素配置状态在1996~2013年趋于恶化，近年来则有好转趋势。从空间差异来看，东部省份的农业要素配置状态趋于优化，东北省份变化不明显，中西部省份则呈现要素错配程度加重的趋势；粮食主销区的农业部门要素配置状态较好，粮食主产区和粮食产销平衡区的农业部门要素错配程度则较为严重。基于以上结论，本章提出了促进资本和劳动力在城乡之间优化配置的政策建议。

改革开放40多年来，中国城乡经济发展取得巨大成就，工业化和城镇化快速推进，大量农村劳动力转移到城镇非农部门就业。但与此同时，转移到城镇就业的农民工群体难以顺利融入城市，以适度规模经营为标志的农业现代化发展相对滞后，这对中国经济健康发展造成了严重消极影响。农业现代化滞后突出表现为农业部门的劳动生产率长期大幅低于非农部门。通过图4-1可以看出，与快速发展的城镇非农部门相比，农业劳动生产率提升相对缓慢，农业与非农部门之间的劳动生产率差距逐年拉大。中国农业劳动生产率增长相对缓慢的深层次原因，可以归结为城乡部门的要素配置转型滞后。从发展经济学理论和发达国家的实践经验来看，以工业化、城镇化和农业现代化为标志的经济现代化过程，同时也是生产要素在城乡之间重新配置和各产业效率提升的过程。在市场机制引导下，农村劳动力大量流向城市非农部门就业，农业部门在此过程中逐步实现资本深化和适度规模经营，城乡部门劳动生产率向趋同化方向发展。从中国实践来看，随着社会主义市场经济体制的建立与完善，中国的商品配置已完全实现市场化，但至今未能构建起城乡统一、竞争有序的生产要素市场体系。在此影响下，生产要素难以在城乡之间实现充分自由流动和平等交换，必然会偏离最优配置状态而产生要素错配，这在劳动力和资本要素配置中均有明显体现（袁志刚和解栋栋，2011；李锐和朱喜，2007）。更为重要的是，地方政府在晋升激励下对生产要素交易活动存在过度干预（张杰等，2011），倾向于以城市非农部门为中心来配置生产要素，由此造成的要素错配成为影响中国城乡经济协调发展的重要障碍（王颂吉和白永秀，2013a）。

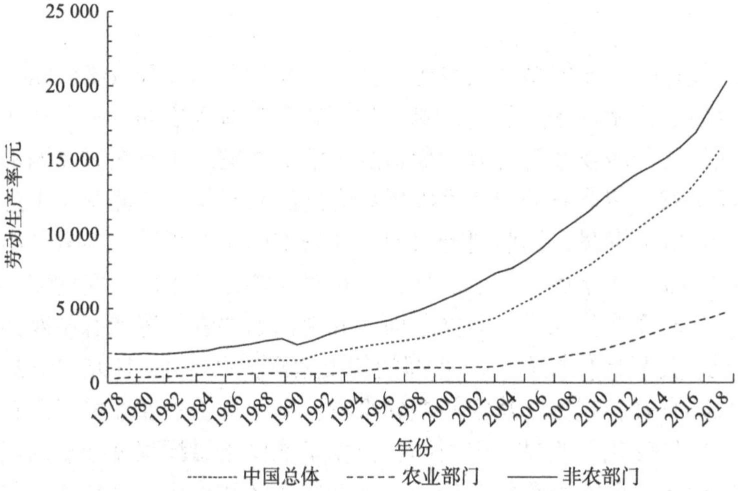

图 4-1　1978~2018 年中国城乡部门劳动生产率的时序变化

基于上述逻辑，在新时代实施乡村振兴战略和推进城乡融合发展的背景下，准确测度中国城乡部门的要素配置状态就具有重要意义，但目前学术界在该领域缺少定量研究成果。本章尝试构建城乡要素配置状态的测算框架，分析中国城乡要素配置状态的时序变化及空间差异。

4.1　测算框架

假设经济体中存在农业和非农产业两个部门，两部门均只投入资本和劳动力两种要素进行生产，农业部门属于劳动密集型，非农部门属于资本密集型。假定乡村的主要产业是农业，城镇的主要产业是非农产业，因此农业与非农产业两部门的关系可以在很大程度上表征城乡关系（王颂吉和白永秀，2013a）。

假设农业与非农部门的生产函数均为C-D形式，并且考虑技术进步对生产函数的影响，则部门 i 第 t 期的生产函数为

$$Y_{it} = A_{it} K_{it}^{\alpha_i} L_{it}^{\beta_i} \tag{4-1}$$

其中，i=0,1,2，0代表全社会总量部门，1代表农业部门，2代表非农部门；Y_{it}、A_{it}、K_{it} 和 L_{it} 分别代表部门 i 在第 t 期的生产总值、技术进步水平、固定资本投入及劳动力投入；α_i 和 β_i 分别代表部门 i 的资本产出弹性及劳动产出弹性，并且满足 $\alpha_i + \beta_i = 1$；两部门的要素投入满足以下关系式 $L_1 + L_2 = L_0$，$K_1 + K_2 = K_0$。

随着经济结构的演进，第三产业的就业比重不断上升，各行业的技术水平随之升级。我们借鉴曹吉云（2007）的方法，采用第三产业就业比重作为技术水平的替代变量。假设技术水平 $A_{it} = a_i \mathrm{STR}_{it}^{\gamma_i}$，其中 a 和 γ 都是常数，则部门 i 第 t 期的生产函数可表示如下，同时可以得到计量回归方程：

$$Y_{it} = a_i \mathrm{STR}_{it}^{\gamma_i} \times K_{it}^{\alpha_i} L_{it}^{\beta_i}, i = 0,1,2 \tag{4-2}$$

$$\ln Y_{it} = \ln a_i + \gamma_i \ln \mathrm{STR}_{it} + \alpha_i \ln K_{it} + \beta_i \ln L_{it}, i = 0,1,2 \tag{4-3}$$

由于农业与非农部门均遵循利润最大化原则，因此要素之间的边际收益满足以下关系式：

$$\frac{w_{it}}{r_{it}} = \frac{\mathrm{MP}_{L_{it}}}{\mathrm{MP}_{K_{it}}} = \frac{\beta_i \times A_{it} K_{it}^{\alpha_i} L_{it}^{\beta_i - 1}}{\alpha_i \times A_{it} K_{it}^{\alpha_i - 1} L_{it}^{\beta_i}} = \frac{\beta_i}{\alpha_i} \times \frac{K_{it}}{L_{it}} = \frac{\beta_i}{\alpha_i} \times k_{it} = h_i \times k_{it} \tag{4-4}$$

其中，w_{it} 和 r_{it} 代表部门 i 的工资及利率水平；$\mathrm{MP}_{L_{it}}$ 和 $\mathrm{MP}_{K_{it}}$ 代表劳动边际产出及资本边际产出；$k_{it} = K_{it}/L_{it}$ 代表资本劳动比；$h_i = \beta_i/\alpha_i$ 代表劳动与资本的产出弹性之比，表征两种要素投入的相对产出效率。

在城乡统一、完全竞争的生产要素市场中，无论初始状态如何，资本和劳动力要素都可以在部门间自由流动并实现优化配置，最终同一要素在各部门的边际收益相等，即农业与非农部门存在相同的工资–利率比率。但是，当生产要素市场存在城乡分割或其他障碍时，生产要素难以实现自由流动和平等交换，生产要素就会出现错误配置。此时，农业部门与非农部门之间的要素不再具有一致的回报率，城乡两部门的工资–利率比率也不再相等（曹玉书和楼东玮，2012；王颂吉和白永秀，2013a）。

基于以上逻辑，为更好地衡量城乡要素配置状态，我们将总量生产函数对应的工资–利率比率 w_0/r_0 作为基准部门的工资–利率比率，φ_{it} 作为生产要素错配系数，那么部门 i 与基准部门的工资–利率比率满足以下关系式：

$$h_0 \times k_{0t} = \varphi_{it} \times h_i \times k_{it} \tag{4-5}$$

根据式（4-2）和式（4-3），可以推导出农业部门的要素错配系数 φ_{1t} 和非农部门的要素错配系数 φ_{2t}：

$$\varphi_{1t} = \frac{w_0}{r_0} \bigg/ \frac{w_1}{r_1} = \left(\frac{\beta_0}{\alpha_0} \times k_{0t}\right) \bigg/ \left(\frac{\beta_1}{\alpha_1} \times k_{1t}\right) = \frac{h_0}{h_1} \times \frac{k_{0t}}{k_{1t}} \tag{4-6}$$

$$\varphi_{2t} = \frac{w_0}{r_0} \bigg/ \frac{w_2}{r_2} = \left(\frac{\beta_0}{\alpha_0} \times k_{0t}\right) \bigg/ \left(\frac{\beta_2}{\alpha_2} \times k_{2t}\right) = \frac{h_0}{h_2} \times \frac{k_{0t}}{k_{2t}} \tag{4-7}$$

通过比较 φ_{it} 与单位 1 的关系，可以衡量部门 i 的要素配置状态：若 $\varphi_{it}=1$，则不存在要素错配，该部门的资本和劳动力配置同基准部门一致；若 $\varphi_{it}>1$，则有 $(w_1/r_1)<(w_0/r_0)$，表示该部门相对于基准部门而言配置了过少资本和过多劳动力；若 $\varphi_{it}<1$，则有 $(w_1/r_1)>(w_0/r_0)$，表示该部门配置了过多资本和过少劳动力。

4.2　数据处理及要素产出弹性估算

测算城乡要素配置状态的基础是估计总量生产函数以及农业与非农部门生产函数，为此需要得到固定资本存量、生产总值、劳动力投入和生产技术水平等四个指标的基础数据，并且需要估算要素产出弹性。其中，生产总值可用 GDP 表示，劳动力投入可用分产业的年末就业人员数表示，生产技术水平可用第三产业年末就业人员数占比表示（曹吉云，2007），固定资本存量则缺乏明确的基础指标数据。为此我们遵循学界惯例，使用永续盘存法来估算全国和省级层面的固定资本存量。

4.2.1　固定资本存量的估算

在使用永续盘存法估算固定资本存量时，假设采用相对效率几何下降的模式，重置率为常数（单豪杰，2008），则可用以下公式计算固定资本存量：

$$K_{it} = K_{i,t-1}(1-\delta_{it}) + I_{it} \tag{4-8}$$

其中，在对每个省份进行核算时，i=0,1,2,0 代表该省份的全社会总量部门，1 代表农业部门，2 代表非农部门；t 代表第 t 年；折旧率和重置率相同。对固定资本存量的估算涉及以下四个变量：年度投资额 I、折算到不变价格的投资品价格指数、固定资本的经济折旧率 δ 和基期资本存量 K。

1. 年度投资额 I

在选取年度投资额的基础数据时，我们考虑了积累额、全社会固定资产投资额、新增固定资产和固定资本形成总额四类变量。在永续盘存法中，使用的投资数据应当是不考虑退役和折旧的固定资产投资数据。基于这一标准，我们发现积累额虽然具有无须考虑折旧的优势，但是 1993 年之后缺少可得的数据；全社会固定资产投资额虽然时间序列长并且结构清晰，却不能准确反映中国资本存量的变化；新增固定资产虽然符合不存在退役和折旧，但它存在价格指数问题。因此，前三个指标都不能完全满足投资数据的基本要求。自 1993 年起，统计年鉴中的固定资本形成总额可以被视为未扣除折旧的投资指标，在这种情况下，就可以不考虑扣除住房投资或非生产性投资（孙琳琳和任若恩，2005）。基于此，我们使用固定资本形成总额作为投资数据。

全国和省级层面按三次产业分的固定资本形成总额的原始数据来源如下：①1978~1995 年按三次产业分的固定资本形成总额数据来自《中国国内生产总值核算历史资料（1952—1995）》；②1996~2002 年的投资数据来自《中国国内生产总值核算历史资料（1996—2002）》（以下统称《中国国内生产总值核算历史资料》）；③2003~2016 年的投资数据来自《中国固定资产投资统计年鉴（2004—2017）》，其中 2013 年缺失的数据可以在《中国统计年鉴（2014）》中查到。

将第一产业的固定资本形成总额作为农业部门的投资额，第二、第三产业的固定资本形成总额之和作为非农部门的投资额，我们分别得到 1978~2016 年全社会总体、农业部门和非农部门的年度投资额 I_{it} 的时间序列数据。

2. 投资品价格指数

从《中国国内生产总值核算历史资料》《中国统计年鉴》中，可直接获得全国和省级层面的固定资产投资价格指数，我们用该指数代替隐含平减指数，从而得到 1952~2016 年的投资品价值指数。

3. 固定资本的经济折旧率 δ

在永续盘存法中，式（4-8）中的经济折旧率 δ 应该是重置率，而不是折旧率。只有当资本品的相对效率按照几何方式递减的时候，折旧率的数值才等于重置率。为了与永续盘存法的内在含义一致，我们选择代表几何效率递减的余额折旧法：

$$d_t = (1-\delta)^t, t = 0, 1, 2, \cdots, n \tag{4-9}$$

其中，d_t 代表资本品的相对效率，δ 代表重置率或者折旧率，t 代表第 t 年。

单豪杰（2008）在建筑使用年限为 38 年和设备使用年限为 16 年的假设下，估算出建筑和设备的折旧率分别为 8.12%、17.08%，进而根据统计年鉴中的结构比重，加权计算得到不区分时段的经济折旧率为 10.96%。我们借鉴上述研究，把经济折旧率也设定为 10.96%。

4. 基期资本存量 K

本章测算的是不包括土地和存货在内的生产性资本存量。已有文献对基期资本存量的估算一般从 1952 年或 1978 年开始，运用永续盘存法估计基期资本存量时，基年选择越早，后续年份资本存量的误差就会越小。我们参考单豪杰（2008）的方法，在假定经济稳态的情况下，资本存量的增长率与投资增长率相等（$\Delta K/K=\Delta I/I$），以 1952 年的资本存量值 80.7（342.0）亿元作为基期资本存量。在测算省级层面的基期资本存量时，采用如下公式计算：1953 年的实际资本形成总额/（平均折旧率 10.96%+1953~1957 年投资增长率的平均值）。

基于以上方法，可对全国和省级层面的实际资本存量进行估算：①根据全国和省级层面的固定资产投资价格指数，将 1952~2016 年的固定资本形成总额折算成 1952 年不变价格的数值；②按照设定的基期资本存量和经济折旧率，运用式（4-8）对历年资本存量进行估算，可以得到全国和省级层面 1952~2016 年按三次产业分的固定资本存量数据。

4.2.2　其他基础指标的数据来源及处理

1. 生产总值 Y

《新中国五十年统计资料汇编》公布了中国 1952 年的国内生产总值为 679 亿元，还公布了 1978 年国内生产总值指数为 471.4（1952 年=100）。《中国统计年鉴（2018）》和省级层面的统计年鉴提供了 1978~2016 年的生产总值指数（1978 年=100），以及 1978~2016 年三次产业占生产总值的比重。根据以上数据，可以计算出全国和省级层面 1978~2016 年以 1952 年价格计算的生产总值，即 Y_{0t}；将第一产业视为农业部门，第二、第三产业之和视为非农部门，可以得到 Y_{1t} 和 Y_{2t} 的数据。

2. 劳动力投入 L

根据《中国统计年鉴（2018）》和省级统计年鉴提供的 1996~2016 年按三次

产业分的年末就业人数，可以得到劳动力投入 L_{0t}、L_{1t} 和 L_{2t} 的数据。

3. 技术进步水平 A

为简化分析，假设全社会的技术水平是整体进步的，农业部门与非农部门的技术进步水平相等，并且等同于总量生产函数中的技术进步水平。根据 1996~2016 年按三次产业分的年末就业人数，可以得到第三产业劳动力投入占总劳动力投入 L_t 的比例 STR_{0t}。为方便表述，在下文中均使用 U_{0t}、U_{1t} 和 U_{2t} 分别代表农业部门、非农部门和全社会的第三产业就业人员数占比（其中 $U_{0t} = U_{1t} = U_{2t} = \mathrm{STR}_{0t}$），进而计算得到技术进步水平 A_{0t}、A_{1t} 和 A_{2t} 的数值。

4. 缺失数据的处理

由于山西 1996~2011 年的就业人员数据缺失，无法用第三产业就业人员数占比估算技术进步水平，考虑到山西的技术进步在全国属于中等水平，因此我们把全国平均的科技进步水平数值作为山西 1996~2011 年的科技进步水平。

中国 1952~2016 年存在两次省级行政区划的调整：1988 年海南从广东分立出来，1997 年重庆从四川分立出来。海南缺少 1952~1977 年固定资本形成总额数据和 1952~1990 年的固定资产投资价格指数。虽然单豪杰（2008）采用 1978~1981 年的资本形成总额与基本建设比重平均数作为乘数，计算得到海南的固定资本形成总额，但由于海南的各类价格指数在 1952~1977 年均无记录，且与广东经济发展差距较大，因此无法用广东当年的总量生产函数指数和固定资产投资价格指数进行替代，从而也就无法得到海南以 1952 年作为基期的固定资本存量及农业、非农部门生产函数。基于以上考虑，本章未把海南省作为分析对象。在统计资料中，四川与重庆的年度投资额、投资品价格指数从 1997 年开始分离，但由于我们无法将重庆的基期资本存量从四川和重庆的总量中分离，因此无法计算得到重庆历年的固定资本存量。考虑到四川、重庆两地历史渊源较深、经济发展水平相似，我们将四川与重庆的数据作为整体合并分析。

4.2.3 要素产出弹性的估算

根据前面的测算框架，在计算要素错配系数之前，需要先估算要素产出弹性。接下来，我们对计算得到的各指标数据进行最小二乘估计，分别计算总量生产函数、农业及非农部门生产函数中的要素产出弹性，回归分析过程采用 EViews 9.0 软件完成。

总量生产函数的回归结果如下：

$$\ln Y_{0t} = -0.720 - 0.379\ln U_{0t} + 0.739\ln K_{0t} + 0.361\ln L_{0t} \qquad (4\text{-}10)$$
$$(-0.11)\ (-1.91)\qquad (14.14)\qquad (0.63)$$

调整后的 $R^2 = 0.998\,9$，White 检验统计量 Prob. $F(6,14) = 0.588\,4$，D.W.= 0.39。

农业部门生产函数的回归结果如下：

$$\ln Y_{1t} = 14.773 - 0.041\ln U_{1t} + 0.481\ln K_{1t} - 0.991\ln L_{1t} \qquad (4\text{-}11)$$
$$(4.61)\ (0.07)\qquad (2.45)\qquad (-4.23)$$

调整后的 $R^2 = 0.982\,9$，White 检验统计量 Prob. $F(7,13) = 0.079\,2$，D.W.= 0.76。

非农部门生产函数的回归结果如下：

$$\ln Y_{2t} = 2.891\,4 - 0.680\ln U_{2t} + 0.832\ln K_{2t} - 0.027\ln L_{2t} \qquad (4\text{-}12)$$
$$(1.48)\ (-2.93)\qquad (13.81)\qquad (0.089)$$

调整后的 $R^2 = 0.998\,2$，White 检验统计量 Prob. $F(6,14) = 0.106\,8$，D.W.= 0.37。

式（4-10）~式（4-12）括号中的数值为 t 检验数，其数值表示回归系数可以通过显著性检验。调整后的可决系数 R^2 都在 0.98 以上，表明模型的拟合优度较高。进行 White 检验，可知在 95%的置信区间可信。此时，D.W.统计量的临界值为 dL=0.718，dU=1.554，我们发现上述 D.W.统计量均显示出残差存在自相关。考虑到生产函数的规模报酬不变特征和残差序列自相关问题，我们依次引入滞后项 AR（1）、AR（2），重新对式（4-10）~式（4-12）进行回归，回归结果如下。

1. 总量生产函数

$$\ln(Y_{0t}/L_{0t}) = -0.383 - 0.145\ln U_{0t} + 0.695\ln(K_{0t}/L_{0t}) + [\mathrm{AR}(1) = 1.341,\ \mathrm{AR}(2) = -0.595]$$
$$(-0.58)\ (-0.74)\qquad (19.20)\qquad (7.79)\qquad (-3.15)$$

调整后的 $R^2 = 0.999\,7$，White 检验统计量 Prob. $F(6,14) = 0.588\,4$，D.W.= 1.836 2。

2. 农业部门生产函数

$$\ln(Y_{1t}/L_{1t}) = -2.990 - 0.806\ln U_{1t} + 0.681\ln(K_{1t}/L_{1t}) + [\mathrm{AR}(1) = 1.185,\ \mathrm{AR}(2) = -0.359]$$
$$(-0.63)\quad (-0.70)\qquad (2.00)\qquad (4.27)\qquad (2.11)$$

调整后的 $R^2 = 0.991\,0$，White 检验统计量 Prob. $F(7,13) = 0.079\,2$，D.W.= 2.089 8。

3. 非农部门生产函数

$$\ln(Y_{2t}/L_{2t}) = 0.347 - 0.348\ln U_{2t} + 0.724\ln(K_{2t}/L_{2t}) + [\mathrm{AR}(1) = 1.301,\ \mathrm{AR}(2) = -0.486]$$
$$(0.471)\quad(-1.556)\qquad\qquad(16.131)\qquad\qquad(5.198)\qquad\qquad(-1.570)$$

调整后的 $R^2 = 0.9992$，White 检验统计量 Prob. $F(6,14) = 0.1068$，D.W. = 1.9059。

根据新的回归结果，我们发现引入 2 阶滞后项得到的 D.W.统计量非常接近 2，基本消除了序列自相关的影响。根据上述公式，计算得到总量生产函数以及农业、非农部门生产函数的劳动产出弹性和资本产出弹性 α_0、β_0、α_1、β_1、α_2、β_2，进一步可以计算得到全国层面的农业与非农部门要素错配系数 φ_1、φ_2。省级层面的生产要素错配系数也是按照以上过程进行计算，限于篇幅，此处不一一展示具体过程。

4.3 时序变化

本章测算全国层面的农业与非农部门要素错配系数，是以全国总量生产函数作为基准部门，因此测算得到的农业与非农部门要素错配系数，反映的是两部门相对于全国整体水平而言的要素配置相对状态。图 4-2 展示了 1996~2016 年中国农业与非农部门要素错配系数的变动情况，表 4-1 给出的是代表性年份的城乡要素错配系数值。

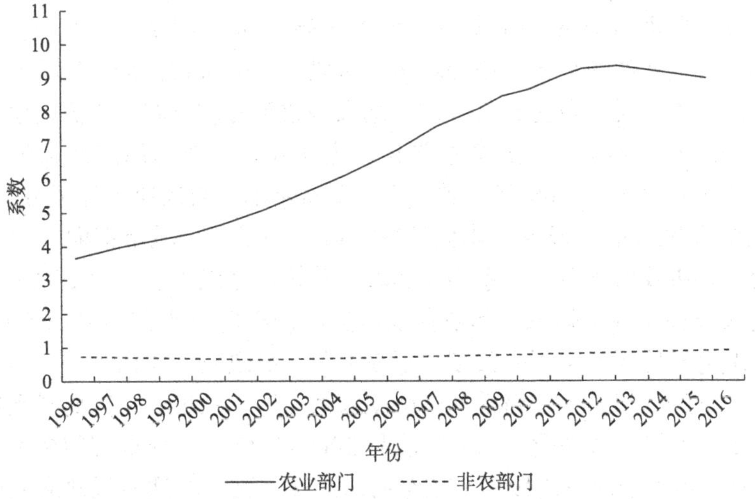

图 4-2　1996~2016 年中国农业与非农部门的要素错配系数时序变化

表 4-1 中国农业与非农部门代表性年份的要素错配系数

部门	1996 年	2002 年	2008 年	2013 年	2016 年
农业部门	3.931	5.352	8.303	9.955	9.560
非农部门	0.687	0.684	0.811	0.914	0.963

从全国层面非农部门的要素配置状态来看，1996~2016 年非农部门的要素错配系数 φ_2 由 0.687 波动上升至 0.963，逐步趋近于 1（图 4-2 和表 4-1），这表明非农部门相对于全国整体而言，生产要素错配的程度在不断下降。20 世纪 90 年代中期以来，随着城镇国有企业改革的深入推进和非公有制企业的快速发展，城镇资本积累的规模不断扩大，工业产业结构趋于优化，农村劳动力转移模式由“离土不离乡”式的就地转移转变为“离土又离乡”式的进城务工。国家统计局数据显示，2016 年全国农民工总量达到 28 171 万人，其中外出农民工为 16 934 万人。亿万农民工进城，不仅加快了非农产业发展和城镇化进程，而且优化了城镇非农部门的生产要素配置状态。

从全国层面农业部门的要素配置状态来看，1996~2016 年农业部门的要素错配系数始终远大于 1（图 4-2 和表 4-1）。具体而言，1996~2013 年农业部门要素错配系数由 3.931 持续上升至 9.955，此后到 2016 年小幅下降至 9.560，这表明农业部门存在严重的要素错配，即配置了“过多劳动力和过少资本”。农业部门的生产要素错配，在很大程度上抑制了农业劳动生产率提升，导致农业现代化发展滞后。

根据全国层面农业部门要素错配系数的变动趋势，可以进一步把 1996~2016 年农业部门要素配置状态的时序变化细分为四个阶段。第一阶段是 1996~2002 年，农业部门要素错配系数由 3.931 增至 5.352。这一时期乡镇企业发展相对乏力，城镇国有企业改革处于“脱困攻坚”阶段，使得农村劳动力转移不够顺畅。加之这一阶段农民税费负担较为沉重，绝大多数年份财政农业支出占财政总支出的比重低于 9%，影响了农业资本深化，进而导致农业部门的要素配置状态不佳。第二阶段是 2003~2008 年，农业部门要素错配系数快速上升至 8.303。尽管这一时期中央提出推进城乡一体化发展，城乡关系由“城市偏向”向“城乡融合”转变，各级政府出台了一系列“惠农”政策，完成了农村税费改革，并且初步构建起农业补贴政策体系，但农业发展速度仍滞后于非农部门。2007 年爆发的国际金融危机传导产生了农民工“返乡潮”，财政农业支出占当年财政总支出的比重介于 6.84%~8.21%，财政和金融支农的力度仍然偏弱，因此导致农业部门的要素配置状态进一步恶化。第三阶段是 2009~2013 年，农业部门要素错配系数增至 9.955，相对于前一阶段而言增速有所减缓。这一时期各级政府在资金和政策上对“三农”发展给予诸多倾斜，中央坚持“多予、少取、放活”的方针，财政农业支出占财政总支出的比重提高至 9%以上，逐步建立起财政支农资金稳定增长的长效机制。但从城乡劳动力流动来看，这一阶段农民工在大中型城市落户仍很困难，进城农民工及其家属难以享受与市民均等的基本公共服务，“半截子的城市化”问题日趋严重，这阻碍了农村劳动力转移，进一步表现为农业部门要素配置状态的持续恶化。第四阶段是 2014~2016 年，农业部门要素错配系数下降至 9.560。党的十八大以来，中央强调坚持农业农村优先发展，积极推进“以人为核心”的新型城镇化，农民工市民化进程有所加快，农村劳动力加快由农业部门向非农部门转移；农村金融服务体系日益完善，财政农业支出占当前财政总支出的比重接近 10%，针对粮食适度规模经营的农业补贴制度进一步完善，促进了农业部门的资本深化和要素配置状态改善。

较之于非农部门和全国整体水平而言，中国农业部门的要素配置状态不佳，这同农村劳动力转移不够顺畅和资本入乡的积极性不高密切相关。20 世纪 90 年代中期以来，中国兴起了一浪高过一浪的民工潮，大量农村劳动力转移到城镇非农部门就业，1996~2016 年第一产业就业比重由 50.5%大幅下降至 27.7%。但从国际比较来看，中国农业部门仍滞留了过多劳动力。相关研究表明，世界最发达的前 10%国家的农业就业占比平均约为 3%（Lagakos and Waugh，2013），这有赖于农业规模经营的实现。中国 2016 年 20 743 万个农业经营户中，规模农业经营户所占比重仅为 1.9%，农业就业比重超出农业增加值比重 19.1 个百分点（王颂吉和魏后凯，2019）。农村劳动力转移滞后导致农业规模化经营发展缓慢，进一步抬高了资本进入农业的门槛，导致现代农业发展所需的资本投入相对不足。中国人民银行发布的《中国农村金融发展报告（2016）》显示，尽管近年来以村镇银行为代表的新型农村金融服务体系逐步完善，但农林牧渔业贷款余额占各项贷款的比重却呈现下降趋势，从 2007 年末的 5.4%降至 2016 年末的 3.4%。这表明在农业就业比重过高、农业适度规模经营发展滞后的背景下，金融资本投入农业的盈利空间有限，因此在一定程度上抑制了资本入乡的积极性。与之形成鲜明对比的是，城镇非农产业发展水平持续快速提升，因此从与全国整体水平的要素配置状态对比来看，中国农业部门的要素错配程度居高难下。

4.4 空间差异

在分析全国层面城乡要素配置状态时序变化的基础上，我们进一步从省份、地区、粮食功能区三个层面，考察城乡要素配置状态的空间差异及其影响机制。

4.4.1　省级层面

依据前面的测算框架，我们依次把每个省份的总体视为基准部门，分别回归得到省级层面农业部门和非农部门的劳动产出弹性、资本产出弹性，并计算省级层面城乡两部门的要素错配系数。表 4-2 给出了省级层面代表性年份的城乡要素错配系数。

表 4-2　省级层面代表性年份的城乡要素错配系数

省份	1996 年		2002 年		2008 年		2013 年		2016 年	
	φ_1	φ_2	φ_1	φ_2	φ_1	φ_2	φ_1	φ_2	φ_1	φ_2
北京	4.449	0.855	8.034	0.862	3.413	0.897	1.073	0.918	0.780	0.927
天津	4.035	0.901	6.159	0.975	3.681	1.012	1.423	0.857	1.203	0.851
河北	2.583	0.688	2.707	0.701	3.037	0.812	3.793	0.888	3.544	0.901
山西	1.529	0.915	3.466	0.903	3.987	1.064	3.270	1.130	1.882	1.066
内蒙古	5.995	0.694	2.907	0.740	5.138	0.728	4.716	0.861	4.425	0.879
辽宁	8.511	0.791	6.013	0.764	6.975	0.791	7.757	0.843	8.853	0.803
吉林	5.511	0.425	8.590	0.387	2.551	0.436	2.633	0.474	1.998	0.515
黑龙江	0.991	0.933	1.278	0.741	0.942	0.894	1.534	0.837	1.258	0.873
上海	0.707	0.374	1.118	0.382	0.983	0.406	0.941	0.410	1.123	0.412
江苏	6.037	0.318	7.546	0.298	3.713	0.411	3.874	0.391	4.189	0.377
浙江	2.458	0.653	1.761	0.791	2.761	0.911	2.876	0.970	2.671	0.984
安徽	0.641	0.489	1.873	0.568	3.780	0.734	5.365	0.806	4.458	0.840
福建	1.751	0.546	1.192	0.604	2.184	0.728	2.898	0.796	2.361	0.819
江西	2.367	0.594	3.125	0.635	4.096	0.777	3.889	0.853	3.892	0.875
山东	6.169	0.496	6.253	0.528	8.945	0.648	10.705	0.702	11.271	0.728
河南	3.033	0.564	1.598	0.569	3.834	0.739	6.132	0.857	6.108	0.882
湖北	1.684	0.734	1.274	0.747	1.409	0.765	1.493	0.774	1.315	0.780
湖南	3.674	0.723	5.471	0.726	7.529	0.905	8.187	0.951	7.408	0.961
广东	19.264	0.479	21.147	0.499	18.711	0.580	12.588	0.621	12.367	0.631
广西	5.666	0.211	4.883	0.246	6.239	0.281	7.107	0.289	6.172	0.308
四川（重庆）	8.829	0.533	7.234	0.619	8.305	0.715	4.806	0.838	4.835	0.906
贵州	2.200	0.308	6.576	0.182	11.300	0.255	16.123	0.335	14.393	0.390
云南	0.573	0.378	1.427	0.341	2.138	0.452	2.793	0.548	2.214	0.581
西藏	8.240	0.451	9.349	0.582	11.927	0.828	12.329	0.994	10.441	0.831
陕西	3.021	1.009	3.377	1.134	6.312	1.303	6.506	0.906	5.362	1.126

续表

省份	1996 年		2002 年		2008 年		2013 年		2016 年	
	φ_1	φ_2	φ_1	φ_2	φ_1	φ_2	φ_1	φ_2	φ_1	φ_2
甘肃	7.688	0.433	14.846	0.464	19.734	0.426	29.463	0.457	23.285	0.495
青海	4.587	0.861	8.774	0.834	9.295	1.051	9.986	1.182	11.170	1.208
宁夏	7.167	0.678	5.290	0.743	4.807	0.911	7.802	0.854	6.338	0.929
新疆	1.310	0.427	1.442	0.491	3.292	0.591	6.168	0.628	6.282	0.728

从省级层面的非农部门要素错配系数 φ_2 来看，大多数省份同全国层面的变动趋势一致，这些省份的非农部门要素错配系数逐步趋近于 1，要素配置状态不断优化；少数省份在低于 0.5 的初始值上下波动，表明非农部门相对而言“配置了过多资本和过少劳动力”，这些省份包括吉林、上海、江苏、广东、广西、贵州、云南和甘肃，其非农部门要素错配系数偏低的原因大致可分为三类：第一类是吉林，汽车、石化等资金密集型重工业在吉林经济结构中长期占据重要地位，这些产业的工作岗位创造能力较低，因此会表现为资本过密；第二类包括上海、江苏和广东，这些省份 20 世纪 90 年代以来的经济增长速度领跑全国，非农部门积累了大量资本，金融业和房地产业发达，而农业转移人口市民化则在很大程度上受到户籍制度的抑制，因此会存在非农部门的要素配置扭曲；第三类包括广西、贵州、云南和甘肃，这些省份的工业化和城镇化进程在全国排名靠后，民营经济发育水平较低，非农部门难以为农村劳动力提供充足的就业岗位，农村人口大量流向东部沿海地区，因此这些省份的非农部门会存在要素配置扭曲问题。

从省级层面农业部门要素错配系数的测算结果来看，各省份的系数值差异较大且变化趋势不尽相同，我们接下来对其作重点分析。基于农业部门要素错配系数的测算结果，表 4-3 给出了省级层面代表性年份的农业部门要素配置状态排名及变化情况。根据表 4-3 可知，1996 年农业部门要素配置状态由优到劣前 10 位依次是云南、安徽、上海、黑龙江、新疆、山西、湖北、福建、贵州、江西，包括 2 个东部省份、4 个中部省份、3 个西部省份和 1 个东北省份①；排名第 11~20 位的是浙江、河北、陕西、河南、湖南、天津、北京、青海、吉林、广西，包括 4 个东部省份、2 个中部省份、3 个西部省份和 1 个东北省份；排名第 21~29 位的是内蒙古、江苏、山东、宁夏、甘肃、西藏、辽宁、四川（重庆）、广东，包括 3 个东部省份、5 个西部省份和 1 个东北省份。

① 东部包括北京、天津、河北、上海、江苏、浙江、福建、山东和广东 9 个省份，中部包括安徽、江西、河南、山西、湖北和湖南 6 个省份，西部包括内蒙古、广西、四川（重庆）、贵州、云南、西藏、陕西、甘肃、青海、宁夏和新疆 11 个省份，东北包括辽宁、吉林、黑龙江 3 个省份。

表 4-3 省级层面代表性年份的农业部门要素配置状态排名及变化

省份	1996 年	2002 年	2008 年	2013 年	2016 年
北京	17	24（−7）	10（+14）	2（+8）	1（+1）
天津	16	19（−3）	11（+8）	3（+8）	3（0）
河北	12	10（+2）	8（+2）	11（−3）	11（0）
山西	6	14（−8）	15（−1）	10（+5）	6（+4）
内蒙古	21	11（+10）	18（−7）	14（+4）	14（0）
辽宁	27	18（+9）	21（−3）	21（0）	23（−2）
吉林	19	25（−6）	6（+19）	6（0）	7（−1）
黑龙江	4	4（0）	1（+3）	5（−4）	4（+1）
上海	3	1（+2）	2（−1）	1（+1）	2（−1）
江苏	22	23（−1）	12（+11）	12（0）	13（−1）
浙江	11	8（+3）	7（+1）	8（−1）	10（−2）
安徽	2	9（−7）	13（−4）	16（−3）	15（+1）
福建	8	2（+6）	5（−3）	9（−4）	9（0）
江西	10	12（−2）	16（−4）	13（+3）	12（+1）
山东	23	20（+3）	24（−4）	25（−1）	26（−1）
河南	14	7（+7）	14（−7）	17（−3）	18（−1）
湖北	7	3（+4）	3（0）	4（−1）	5（−1）
湖南	15	17（−2）	22（−5）	23（−1）	22（+1）
广东	29	29（0）	28（+1）	27（+1）	27（0）
广西	20	15（+5）	19（−4）	20（−1）	19（+1）
四川（重庆）	28	22（+6）	23（−1）	15（+8）	16（−1）
贵州	9	21（−12）	26（−5）	28（−2）	28（0）
云南	1	5（−4）	4（+1）	7（−3）	8（−1）
西藏	26	27（−1）	27（0）	26（+1）	24（+2）
陕西	13	13（0）	20（−7）	19（+1）	17（+2）
甘肃	25	28（−3）	29（−1）	29（0）	29（0）
青海	18	26（−8）	25（+1）	24（+1）	25（−1）
宁夏	24	16（+8）	17（−1）	22（−5）	21（+1）
新疆	5	6（−1）	9（−3）	18（−9）	20（−2）

注：括号内的数值，代表各省份相关年份的农业部门要素配置状态排名相对于前一代表性年份的变化，其中正值表示排名上升，负值表示排名下降。需要指出的是，省级层面的要素错配系数是以各省总体作为基准部门进行测算的，因此各省份在全国的排名只是一种相对排序，地区层面和粮食功能区层面的测算结果及排名亦是如此

从 1996 年到 2016 年，省级层面的农业部门要素配置状态发生了较大变动。

1996 年排名靠前的安徽（2）[①]、新疆（5）和贵州（9），2016 年分别下降到第 15、第 20 和第 28 位；1996 年排名中游的北京（17）、天津（16）和吉林（19），2016 年分别提升至第 1、第 3 和第 7 位。2016 年的农业部门要素配置状态由优到劣前 10 位依次是北京、上海、天津、黑龙江、湖北、山西、吉林、云南、福建、浙江，包括 5 个东部省份、2 个中部省份、1 个西部省份和 2 个东北省份；排名第 11~20 位的是河北、江西、江苏、内蒙古、安徽、四川（重庆）、陕西、河南、广西、新疆，包括 2 个东部省份、3 个中部省份和 5 个西部省份；排名第 21~29 位的是宁夏、湖南、辽宁、西藏、青海、山东、广东、贵州、甘肃，包括 2 个东部省份、1 个中部省份、5 个西部省份和 1 个东北省份。从排名变动来看，2016 年东部省份的农业部门要素配置状态排名大多处于中上游，农业部门要素配置状态整体上得到优化，这同东部省份改革开放以来工业化和城镇化快速推进，农村劳动力转移较为顺畅、农业资本深化水平较高密切相关；东北三省近年来的农业部门要素配置状态变动不明显，农业现代化总体处于较高水平，但辽宁的农业部门要素配置仍有待继续优化；中部省份的农业部门要素错配相对较为严重，多数省份的排名从上游滑落到中游，西部大多数省份也排名靠后，这同中西部地区相对滞后的工业化和城镇化密切相关，启示相关省份应加快农村劳动力转移，同时吸引更多资本进入农业部门。

在对省级层面的农业部门要素错配系数进行进一步分析发现，2002 年和 2013 年是一些省份农业部门要素配置状态的转折点。在 2002 年，北京、天津、吉林等省份的农业部门要素错配系数达到最大值，之后的年份呈现波动下降趋势；在 2013 年，陕西、甘肃、贵州等省份的农业部门要素错配系数开始下降，农业部门要素配置状态趋于优化。总体而言，东部和东北省份的农业部门要素配置状态优于中西部省份，要素配置状态趋好的时间节点也较之于中西部省份更早到来，这可能同东部和东北省份的农村劳动力转移更为顺畅、农业资本深化水平更高、现代农业发展进程更快有关。

4.4.2　地区层面

由于省级层面许多相同地区省份的城乡要素配置状态及其变动趋势具有相似性，为进一步探究城乡部门要素配置状态的空间变动规律，我们把东部、中部、西部和东北地区分别作为整体，研究地区层面城乡要素配置状态的空间差异。基于前面的研究我们发现，农业部门的要素错配更为严重，为简化分析和突出重点，我们着重对地区层面的农业部门要素配置状态进行分析。在测算四

① 括号内的数字表示该省份当年的全国排名。

个地区农业部门的要素错配系数时，我们考虑了两种方法：一是直接对省级原始数据取均值；二是把各地区的省级原始数据分别加总。由于各省区的固定资本存量和就业人口数都是绝对数值，本质上这两种方法没有区别。但是技术进步水平却是相对数值，由于各省份的人口基数不一致，直接求均值会错误估计各地区的第三产业占比。基于此，我们选择将各地区所包括的省级层面数据分别加总，得到各地区的数据，把各地区的总体视为基准部门，进而测算得到四个地区的城乡部门要素错配系数。表 4-4 给出了各地区代表性年份的农业部门要素错配系数及排名变化。

表 4-4　地区层面代表性年份的农业部门要素错配系数及排名变化

地区	1996 年		2002 年		2008 年		2013 年		2016 年	
	φ_1	排名	φ_1	排名及变化	φ_1	排名及变化	φ_1	排名及变化	φ_1	排名及变化
东部	1.435	2	1.536	2（0）	0.837	1（+1）	0.797	1（0）	0.886	1（0）
西部	1.607	3	2.100	3（0）	3.579	3（0）	4.452	3（0）	4.348	3（0）
中部	7.309	4	10.090	4（0）	16.355	4（0）	20.406	4（0）	18.889	4（0）
东北	1.135	1	1.237	1（0）	1.169	2（−1）	1.634	2（0）	1.484	2（0）

由表 4-4 可知，东北地区 1996 年的农业部门要素配置状态相对处于最高水平，其地区排名在2008年被东部地区超过，1996~2016年农业部门要素错配系数在 1.1~1.7①波动，要素配置状态相对较好。东部地区的农业部门要素错配系数从1996年的1.435增至2002年的1.536，此后降至1之下，要素配置状态趋于优化。西部地区的农业部门要素错配系数呈现增大趋势，由 1996 年的 1.607 增至 2013 年的4.452，此后小幅下降至2016年的4.348，要素配置状态不佳，地区排名始终位居第三。中部地区的农业部门要素错配程度相对最为严重，要素错配系数由1996年的7.309增至2013年的20.406，此后小幅下降至18.889，农业部门要素配置状态亟须优化。

4.4.3　粮食功能区层面

农业部门要素配置状态同该地区的产业结构密切相关，尤其是可能同农业在国民经济结构中的比重高低有很大关系。基于上述逻辑，我们接下来从粮食功能

① 需要说明的是，地区层面的农业部门要素错配系数是一个相对值，反映的是相对于各地区的总体而言的农业部门要素配置状态，因此不能将这个数值同全国层面、省级层面和粮食功能区层面的数值做直接比较。

区角度，分析粮食主产区、粮食主销区和粮食产销平衡区[①]的农业部门要素配置状态差异。按照地区层面数据的计算方法，我们把各粮食功能区的省级数据分别加总，并以各粮食功能区的总体作为基准部门，测算得到各粮食功能区的城乡要素错配系数。为简化分析和突出重点，表 4-5 给出了各粮食功能区代表性年份的农业部门要素错配系数及排名变化。

由表 4-5 可知，粮食产销平衡区在 1996 年和 2002 年农业部门要素错配系数小于且接近于 1，呈现“过多资本和过少劳动力”的情况，但在之后的代表性年份农业部门要素错配系数超过 1 且有增大趋势，表明农业部门要素配置状态趋于恶化。粮食主销区的农业部门要素错配系数在 0.7~1.4 波动，表明农业部门要素配置状态较好，这同该类地区的城镇化和工业化水平较高有很大关系。粮食主产区的农业部门要素错配较为严重，1996~2016 年代表性年份的农业部门要素错配系数均大于 1.6。总体而言，粮食主产区和粮食产销平衡区均配置了“过多劳动力和过少资本”，要优化这些地区的城乡要素配置，必须加快转移农村劳动力，吸引资本进入农业部门，提升农业现代化水平。

表 4-5　粮食功能区层面代表性年份的农业部门要素错配系数及排名变化

粮食功能区	1996 年		2002 年		2008 年		2013 年		2016 年	
	φ_1	排名	φ_1	排名及变化	φ_1	排名及变化	φ_1	排名及变化	φ_1	排名及变化
粮食主产区	1.651	3	2.171	3（0）	1.739	3（0）	2.089	2（1）	2.472	3（−1）
粮食主销区	1.268	2	1.206	2（0）	1.337	1（+1）	0.877	1（0）	0.784	1（0）
粮食产销平衡区	0.690	1	0.958	1（0）	1.631	2（−1）	2.163	3（−1）	2.123	2（+1）

本章在构建城乡要素配置状态测算框架的基础上，对中国城乡要素配置状态的时序变化和空间差异进行了较为系统的分析。基于研究结论，我们提出以下促进城乡劳动力和资本要素优化配置的建议。

第一，在城镇化和建设现代化经济体系过程中不断增加非农部门就业机会，加快转移农业部门劳动力，优化城乡劳动力要素配置。中国要在 21 世纪中叶建成社会主义现代化强国，今后仍须有数以亿计的农村人口转移至城镇就业和生活，城镇非农产业应继续为大量农业转移人员提供更多就业机会。为此，应加快健全城乡统一的劳动力市场，防范并解决近年来出现的“过度去工业化”问题

① 根据《国家粮食安全中长期规划纲要（2008—2020 年）》，粮食主产区包括河北、内蒙古、辽宁、吉林、黑龙江、山东、河南、江苏、安徽、江西、湖北、湖南和四川 13 个省份，粮食产销平衡区包括广西、重庆、贵州、云南、西藏、陕西、甘肃、青海、宁夏、新疆和福建 11 个省份，粮食主销区包括北京、天津、上海、浙江、福建、广东和海南 7 个省份。本章把四川和重庆作为整体进行分析，但由于四川、重庆分属于不同的粮食功能区，因此在此部分将四川和重庆不纳入讨论范围。

（魏后凯和王颂吉，2019），引导农村劳动力有序转移至城镇非农部门就业。城镇化的本质与核心是人的城镇化，大城市尤其是特大城市应加大户籍制度改革力度，有序推进在城镇稳定就业的农业转移人员顺利实现市民化。与此同时，应为优秀人才进入农村创业提供激励和便利，让农业就业成为体面的职业，加快培育新型职业农民，从而为推进农业现代化提供强有力的人力资本保障。

第二，提高财政和金融支农资金使用效率，合理引导城镇工商资本进入农业部门，优化城乡资本要素配置。农业现代化离不开高水平的财政和金融支持，今后应在财政支农资金稳定增加、农村金融服务体系持续完善的基础上，着力优化涉农财政支出结构、提高财政和金融支农资金的使用效率（温涛等，2018），更好地促进农业现代化和乡村全面振兴。城镇工商资本入乡是解决农村资本不足问题、促进城乡融合发展的必要条件，应在确保农地农用、保护农村集体利益和农户合法权益的前提下，引导城镇工商资本投资于现代农业，促进农业部门的资本深化。需要指出的是，提高农业投资回报率是工商资本持续入乡的重要前提，为此应在农地确权和“三权分置”的基础上加快农地经营权有序流转，稳步推进农业适度规模经营，使工商资本有意愿、可持续地进入农业部门，助力农业现代化进程。此外，结合新修订施行的《中华人民共和国土地管理法》关于“集体经营性建设用地入市”的相关规定，应引导城镇工商资本在集体经营性建设用地入市的过程中发挥积极作用，提高农村集体经营性建设用地和工商资本的配置效率，增加村级集体收益和农民财产性收入，通过资本有序流动促进城乡融合发展。

第三，加快构建农业科技创新体系，提升农业部门 TFP。农业现代化的持续推进，须从过去的“要素投入驱动型”转变为“科技进步驱动型”，其关键在于构建完善的农业科技创新体系。从发达国家的实践经验来看，发达国家均把提升农业科技创新能力作为农业可持续发展的重要支撑（王丹等，2018），并从政策法规、协同机制、资金投入等方面健全农业科技创新体系。尽管中国各级政府长期以来重视农业科技创新问题，并形成了较为完整的农业科技创新组织架构，但在农业科技创新的管理体制、资金投入、人才队伍建设、科技成果转化的激励机制和利益分享机制等方面仍存在一些不足，今后应在这些层面加快改革。通过构建完善的农业科技创新体系，持续提升农业部门的创新能力、TFP 和市场竞争力，进一步优化农业部门的既有要素配置效率和回报率，降低农业生产经营成本，促进农业持续增效和农民持续增收。

基于对城乡要素配置状态的空间差异分析，我们进一步从空间层面提出优化城乡要素配置的政策建议。中西部省份相对较差的农业部门要素配置状态，同其较低的工业化、城镇化水平密切相关，因此中西部省份应在加强同发达地区经济合作的基础上，有序推进工业化、城镇化进程，引导劳动力、资本要素在省域内部、省际和地区之间实现优化配置。具体而言，目前东部发达省份已进入工业化后期或后工业化阶段，但中西部省份大多尚处于工业化中期（黄群慧，2013），受较低的工业化发展水平的制约，中西部大多数省份的城镇化率低于全国平均水平。因此大力发展工业经济仍是中西部省份推进城镇化、转移农业劳动力、实现农业农村现代化和城乡融合发展的重要支撑。中西部省份应同东部发达地区建立更为有效的要素-产业空间联动发展机制，一方面，引导劳动力要素向东部发达地区和中西部大城市自由流动，充分发挥东部地区、中心城市的要素和产业集聚效应，带动中西部地区可持续发展（陆铭等，2019）；另一方面，中西部省份应积极承接东部先进要素和产业转移，加快发展符合自身比较优势的产业体系，通过空间联动逐步实现省域内部、省际和地区之间的要素优化配置。在粮食功能区层面，对于农业部门要素错配较为严重的粮食主产区和粮食产销平衡区，相关省份应加快推进工业化和城镇化，在此过程中同步推进以适度规模经营为特征的农业现代化，逐步优化城乡部门的要素配置。

第 5 章　农业绿色 TFP 测算

发展绿色农业需要准确而全面地掌握农业绿色发展现状，因此测算农业绿色TFP 成为一项重要的基础性研究工作。本章在综合借鉴已有文献的基础上，对农业的投入和产出指标进行重塑，着重分析了碳排放作为非期望产出的现实基础，利用基于 SBM-DDF 方法的 Luenberger 指数对 2001~2015 年中国省级层面的农业绿色 TFP 进行测度，并分析其时空演变和收敛性。研究发现，第一，中国农业平均碳排放强度从 2001 年开始经历了小幅上升期和平衡期，并在 2006 年之后呈现显著下降趋势，中部地区农业碳排放强度最高，西部地区最低。第二，碳排放的无效率和机械动力投入的无效率是各省份农业绿色无效率的主要来源；与东部地区相比，中西部地区劳动投入的无效率性显著，尤其西部地区应该加快农业劳动力的非农转移。第三，中国农业绿色 TFP 年均增长率为 1.56%，增长率在东中西部地区依次递减，在粮食主产区、主销区和产销平衡区依次下降。第四，除粮食主销区存在绝对 β 收敛外，全国、东中西部地区、其余粮食功能区均不存在绝对 β 收敛和 σ 收敛；但全国及各区域均存在显著的条件 β 收敛。由此可见，依靠提升绿色 TFP 来促进中国农业绿色发展尚有很大空间；农业绿色 TFP 较低的省份应加强与“前沿省份”的交流与合作，通过引进先进农业生产技术和农业管理经验，逐步缩小与“前沿省份”的差距。

发展绿色农业是实现农业可持续发展的必由之路，同时也是落实“绿色”发展理念和推进农业供给侧结构性改革的题中之意。绿色农业是指合理运用先进技术、先进经验，以促进农业生态安全、农业资源安全、农业产品安全为目标，实现农业综合经济效益提高和农业可持续发展的新型农业发展模式（胡雪萍和董红涛，2015）。发展绿色农业可以有效解决农业资源的长期透支和过度开发问题，使农业由“高碳性”粗放式发展向绿色集约式发展转型，加快农业现代化。由于中国各地农业资源禀赋不同，各地区的农业生产表现出显著的差异性，掌握绿色农业发展现状成为发展绿色农业的前提。增长理论认为 TFP 是衡量经济发展的核心指标，其增长差异是造成不同国家和地区间经济差异的根本原因（Hall and Jones，1999）。农业现代化在很大程度上就是 TFP 对农业经济增长的贡献度持续提升的过程（Coelli and Rao，2005）。但是，传统的农业 TFP 核算基于要素投入和期望产出，对非期望产出不予考虑。随着农药、农膜、化肥、农用机械等现代农业生产资料使用量的不断增加，在提高农业产出的同时，农业碳排放总量也与日俱增，导致中国农业呈现出“高碳性”。发展绿色农业需要把环境与资源约束纳入分析框架，如果忽略农业生产所造成的环境代价，势必扭曲农业绿色发展现状，夸大农业绿色发展绩效，提出误导农业绿色发展的政策措施（Hailu and Veeman，2000）。因此，对农业绿色发展现状的分析，需要考虑农业生产过程中的非期望产出，即在传统的农业 TFP 理论基础上把环境资源约束纳入分析框架，由此得到农业绿色 TFP。农业绿色 TFP 是衡量农业绿色发展质量的核心指标，对农业绿色 TFP 进行科学的系统性分析，可以更好地评估中国绿色农业的发展现状（张林等，2015）。

从已有研究来看，有关中国农业绿色 TFP 的文献较少，但所得结论却存在较大差异。一是核算出的农业绿色 TFP 增长率差别较大，较高的有年均 5.61%的增长率（王奇等，2012），较低的年均仅增长 0.44%（李谷成等，2011）；二是对农业绿色 TFP 的驱动力量有分歧，有的结论发现农业绿色 TFP 由技术进步单独驱动（张林等，2015；王奇等，2012；韩海彬和赵丽芬，2013；杜江，2014；李谷成，2014；叶初升和惠利，2016；杜江等，2016），有的认为由技术进步和技术效率双重驱动（李谷成等，2011；潘丹和应瑞瑶，2013；杨璐嘉，2013）；三是对农业绿色 TFP 增长率的空间分析存在不同结论，有的认为东中西部农业绿色 TFP 增长率依次递减（潘丹和应瑞瑶，2013），有的则得出东部最高、中部最低的结论（杜江，2014；杜江等，2016；田伟等，2014）。已有文献之所以结论迥异，主要原因在于农业投入产出变量、样本大小、研究起始时间的选择上存在差异。在样本选择方面，有的文献剔除了直辖市和西藏，而有的文献则包括全部省级行政单位；有的文献选择广义农业，而有的文献而以狭义农业为对象。基于 DEA 方法实现的绿色 TFP 测度，以各个样本为生产决策单位，从而构建生产前沿面；样本选择的差异会构建出不同的生产前沿面，进而导致测算结果的不同。除此之外，已有文献对投入产出指标的选择也大不相同。根据经典的 C-D 生产函数，生产过程中的投入要素包括劳动力和资本。农业的资本投入难以衡量，因此学者们大都以物化资本表示资本要素投入。相比其他部门基本不变的要素投入，中国农业自改革开放以来的投入要素变化显著，其中最为明显的是动力要素由人力畜力为主向半机械化和机械化转变。本章在综合借鉴现有文献的基础上，依据中国农业发展现实，从投入产出指标甄选、样本和研究时间选取、测算方法选择等三方面对测算前的基础性工作进行改进，从而更为准确地测算中国农业绿色 TFP 的时空演进和收敛性。

5.1　指标重塑与方法选择

农业绿色TFP测算前的基础性工作包括投入和产出变量的甄选、样本范围的选取以及测算方法选择。通过梳理研究农业绿色TFP的已有文献，从农业生产现状出发，提出更为准确地测算农业绿色TFP的方案，见表5-1。

表 5-1　中国农业绿色 TFP 研究文献汇总

文献	时段	样本	期望产出	非期望产出		投入变量
				污染单元	污染元素	
李谷成等（2011）	1978~2008年	剔除西藏	第一产业总产值	化肥、秸秆、牲畜、水产养殖	TN、TP、COD_{Cr}	劳动力、土地、机械、化肥、役畜、灌溉
杨俊和陈怡（2011）	1999~2008年	剔除西藏	第一产业总产值	化肥、牲畜	TN、TP、COD_{Cr}	劳动力和机械
王奇等（2012）	1992~2010年	31个省份	农业增加值	化肥	TN、TP	劳动力和估算的资本
韩海彬和赵丽芬（2013）	1993~2010年	剔除西藏	第一产业总产值	化肥、秸秆、牲畜、农村生活	TN、TP	劳动力、土地、机械、化肥和灌溉
潘丹和应瑞瑶（2013）	1998~2009年	剔除西藏	第一产业总产值	化肥、秸秆、牲畜、水产养殖	TN、TP、COD_{Cr}	劳动力、土地、化肥、机械、役畜、农业用水
杨璐嘉（2013）	2002~2011年	主产粮区	农业产值	化肥、农药、农膜、柴油、翻耕、灌溉	CO_2	劳动力、土地、机械、化肥
崔晓和张屹山（2014）	1990~2011年	31个省份	第一产业总产值	土壤、农药、化肥	TN、TP	劳动力、土地、机械、化肥、农药
杜江（2014）	1991~2011年	剔除西藏	农业增加值	化肥、秸秆、农药、农膜	TN、TP、COD_{Cr}	劳动力、土地、机械、化肥、灌溉
李谷成（2014）	1978~2008年	剔除西藏	第一产业总产值	化肥、秸秆、牲畜、水产养殖	TN、TP、COD_{Cr}	劳动力、土地、机械、化肥、役畜、灌溉
田伟等（2014）	2002~2012年	剔除西藏和直辖市	农业产值	化肥、农药、农膜、柴油、翻耕、灌溉	CO_2	劳动力、土地、机械、化肥
韩海彬和张莉（2015）	2002~2010年	剔除西藏	第一产业总产值	化肥、秸秆、牲畜、农村生活	TN、TP	劳动力、土地、机械、化肥和灌溉
张林等（2015）	1993~2013年	31个省份	第一产业总产值	化肥、农药、农膜、柴油、翻耕、灌溉	CO_2	劳动力、土地、机械、化肥、役畜、灌溉
沈能和张斌（2015）	2000~2012年	剔除西藏和海南	第一产业增加值	农药	农药	劳动力、土地、机械、化肥、役畜、灌溉
叶初升和惠利（2016）	1995~2013年	剔除西藏	农业产值	化肥、秸秆、农药、农膜	TN、TP、COD_{Cr}及农药农膜污染	劳动力、土地、机械、灌溉、化肥、农药和农膜
杜江等（2016）	1991~2013年	剔除西藏	农业产值	化肥、秸秆、农药、农膜	TN、TP、COD_{Cr}及农药农膜污染	劳动力、土地、机械、化肥、役畜、灌溉

5.1.1 争议分析

通过表 5-1 可以发现，已有文献对农业绿色 TFP 测算过程中的投入产出指标、研究起始时间和样本范围选取存在差异。具体如下。

第一，测算农业绿色 TFP 的关键性投入产出变量尚未形成统一认识。其一，对于投入要素，有的文献把农业生产中的投入要素理解为劳动力、土地、机械、化肥、役畜、灌溉等，有的文献仅取劳动力和机械动力。灌溉要素针对“水”这一自然资源，有的文献使用灌溉面积来表示农业用水，有的文献则直接使用农业用水量来表示。随着农业的发展，有的文献指出役畜不应该成为农业的投入要素，理由在于当前大型役畜更多体现在食用功能而非提供农业动力；有的文献认为农药和农膜应该作为农业投入要素加以分析。除此之外，现有文献对同一投入变量存在不同的计算方式，有的文献用耕地面积来代表土地投入，有的文献则以播种总面积来代表。劳动力和机械动力等要素也存在上述类似问题。其二，对于期望产出，一般用农业总产值或农业增加值来表示，但在口径上也存在着广义农业和狭义农业之别。其三，对于非期望产出，依据赖斯芸等（2004）和陈敏鹏等（2006）的研究，认为农业污染主要指农田化肥、畜禽养殖、农田有机固体废弃物和农村生活等产生的化学需氧量、总氮量和总磷量。化肥产生的氮磷污染不存在争议，但是其他方面是否被视作污染存在争议。一是畜禽养殖产生的粪便一般被作为其他农业生产的有机肥料，这被当成污染物显然不合理。二是农作物秸秆被视作污染物不合理。对比赖斯芸等（2004）和陈敏鹏等（2006）的研究，发现化学需氧量的估算结果差异较大。为此，陈敏鹏等（2006）的解释为，对农田有机固体废物（秸秆等）的COD_{Cr}产污强度系数进行了重大调整。由此可见，农业秸秆的产污系数随时间而变动，而且农作物秸秆产生COD_{Cr}的前提在于秸秆肥料的“直接弃置”。在农业机械化之前，秸秆长期作为农村主要的燃料来源，不存在弃置现象；在农业机械化之后，伴随农民生活水平的提高及农村燃气的推行，秸秆一般是在农田被焚烧或被二次利用，“直接弃置”的现象较少发生。因此把秸秆作为农田有机固体废物不合适，由此计算的COD_{Cr}污染也不合理。三是农村生活产生的废弃物被界定为农业生产的污染物也不合理。人类生活必然产生污染物，不管在城市还是在农村均是如此，因此民众生活产生的污染物被看作一个部门生产的污染物显然不科学。薛建良和李秉龙（2011）认为，依据不同的环境污染价值损失评估法，会得到不同的农业绿色 TFP，当前对农业的环境污染价值评估方法需要进一步的探索，否则无法准确判断农业绿色 TFP 的现状。基于上述问题，学术界根据联合国政府间气候变化专门委员会（Intergovernmental Panel on Climate Change，IPCC）的一系列报告及气候变化的现实，重新审视农业的非期望产出，并把农业生产过程中产生的碳排放作为农业生产的非期望产出，这一思路在学术界的认可度不断提升。

第二，样本选择存在时间和空间上的差异。从时间维度看，农业投入产出随着时间而变化显著。例如，农业动力从依靠役畜动力到半机械动力再到机械化动力不断演进，而且不同时期的农业机械也不相同。从空间维度看，样本的空间选择直接影响测算结果。有的学者以中国 31 个省份为研究对象；有的则剔除西藏的数据；有的还剔除了直辖市和海南的数据。对于 DEA 方法，一个样本即一个生产决策单元，样本的不同会使得 DEA 方法构建出不同的生产前沿界面，从而导致农业 TFP 测算结果的差异。无理由地剔除样本原始数据，会造成测算的“人为选择”，影响结论的客观性。我们认为，既然研究中国农业的绿色 TFP，则应以全国所有省份为样本进行计算。

5.1.2　指标重塑

在综合分析已有文献的基础上，本章基于农业绿色 TFP 理论和农业发展现实，对农业投入产出指标进行重塑。此外，由于狭义农业与林业、牧业、渔业对投入要素的需求不同，各产品生长周期差异很大。基于研究目的，本章选取狭义农业作为研究对象。

第一，投入指标的选择。本章选取劳动力、土地、机械动力、化肥、农膜、农药和农业用水作为农业投入要素。较之于已有文献，我们剔除了役畜、灌溉面积两个投入要素。剔除役畜的原因在于，进入 21 世纪以后，中国农业的机械化进程显著加快，直接导致役畜利用程度显著下降，且用统计年鉴中“大牲畜”标度“役畜”，难以剔除部分牲畜的食用功能。剔除灌溉面积，直接使用农业用水量来表示水资源投入的原因在于，农业的灌溉投入要素与土地投入显著正相关，同时使用二者表示农业的土地投入和农业用水投入显然不合理；而且，由于中国不同地区的农业耕作方式、作物种类差异性明显，单位灌溉面积的用水权重不同，以灌溉面积投入来表示农业用水，并不能真正反映水资源的投入量（高帆，2015）。

第二，非期望产出的界定。本章选取农业生产中的碳排放量作为非期望产出。IPCC 认为，使用碳排放作为农业生产的非期望产出是合理的，并且准确给出了农业生产中的碳排放源和各自的排放系数，排放源包括农田、耕作、畜禽养殖、化肥、农药、机械动力等（IPCC，2007）。首先，碳排放是造成全球气候变化的元凶，控温减排已经成为全人类共同的目标，这与中国提倡的发展绿色低碳农业目标相一致。其次，碳排放中不包含氮、磷等营养物质，属于“真正的污染物”，须对其产出进行控制。最后，农业生产过程中的各种污染，均可使用碳排放量代理度量。例如，农药的过度使用引发的食品安全问题、化肥的过度使用造成的土地盐碱化问题、不合理的耕作方式引发的土地肥力下降等问题，这些均为农业的非期望产出，但量化起来却困难重重。但是，换个角度使用代理变量进行度量，农药、化肥和不合理的耕作均会产生大量的温室气体，以碳排放作为农业生产的非期望产出可以间接量化农业生产中的各种问题（IPCC，2007）。

第三，期望产出的选取。本章选取农业增加值作为农业期望产出。当前研究中，对期望产出指标的选择分为农业总产值和农业增加值两种；使用总产值代表农业产出会受“中间消耗”的影响而不能反映真实产出。因此，使用增加值代表产出更加合理（高帆，2015）。

5.1.3　样本和研究时间选取

本章的研究样本包括国内 31 个省份（未包括港澳台地区），研究的时间范围是 2001~2015 年。已有文献均基于省域数据测算中国农业绿色 TFP，有的学者认为西藏、海南和 4 个直辖市的数据存在异常，但查阅统计年鉴发现西藏、海南和 4 个直辖市的农业数据无明显异常值，轻率剔除样本会影响测算结论的客观性，因此应把 31 个省份都纳入研究范围。数据显示，在 2000 年以后中国农业机械化程度明显加快，以牲畜为动力的农业生产逐渐退出，选择 2001 年为研究起点，可以较为客观地评判农业生产的动力投入。基于此，本章选择研究的起始时间为 2001 年。

5.1.4　测算方法选择

当前对中国农业绿色 TFP 的研究，把非期望产出引入农业生产，均运用 DDF 来实现（张林等，2015；李谷成等，2011；韩海彬和赵丽芬，2013；潘丹和应瑞瑶，2013；杨俊和陈怡，2011）；然后，均运用径向的、角度的 DEA 方法计算 DDF；但当投入要素过度或产出不足时，即投入或产出存在非零松弛时，角度的 DEA 效率测算会忽略投入或产出的某方面，而径向的 DEA 效率测算结果则会高估决策单元的效率，由此导致效率测算结果的偏误。为克服这两个缺陷，非径向、非角度的基于松弛变量的方向性距离函数（SBM-DDF）被引入（Cooper et al.，2001）。在 TFP 测算和分解方法上，Boussemart 等（2003）从理论和实证上均得出 Luenberger 生产率指数的测算结果与现实更接近，而且与 Malmquist 指数相比，Luenberger 指数的测算结果更符合现实（李小胜和张焕明，2016）。当前仅有王兵等（2011）使用 SBM-Luenberger 指数对中国农业TFP 进行测算，但并未考虑非期望产出。为此，我们使用基于 SBM-DDF 的Luenberger 生产率指数，引入非期望产出，对中国农业绿色 TFP 进行测算。

1. SBM-DDF

SBM 测算方法与 CCR（规模收益不变）、BCC 等模型有密切关系，当且仅当一个决策单元是 SBM 的有效值时，它也是在 CCR 和 BCC 下的有效值。SBM 在估计方面近似于 Russell 测算函数，但二者最大的区别在于 Russell 没有明确的对偶规划，并且很难从经济意义上去理解，而 SBM-DDF 可以对这些方面进行较好的解释。

参考 Fukuyama 和 Weber（2009）的模型，我们设定 SBM-DDF 如下：

$$\vec{S}_V^t\left(x^{t,k'},y^{t,k'},b^{t,k'};g^x,g^y,g^b\right)=\underset{s^x,s^y,s^b,\lambda}{\mathrm{Max}}\left\{\frac{\frac{1}{M}\sum_{m=1}^{M}\frac{s_m^x}{g_m^x}+\frac{1}{N+L}\left(\sum_{n=1}^{N}\frac{s_n^y}{g_n^y}+\sum_{l=1}^{L}\frac{s_l^b}{g_l^b}\right)}{2}:\right.$$

$$x_{k'm}^t=\sum_{k=1}^{K}\lambda_k^t x_{km}^t+s_m^x,\forall m;y_{k'n}^t=\sum_{k=1}^{K}\lambda_k^t y_{kn}^t-s_n^y,\forall n; \tag{5-1}$$

$$\left.b_{k'l}^t=\sum_{k=1}^{K}\lambda_k^t b_{kl}^t+s_l^b,\forall l;\sum_{k=1}^{K}\lambda_k^t=1,\lambda_k^t\geqslant 0,\forall k;s_n^x\geqslant 0,\forall n;s_m^y\geqslant 0,\forall m;s_l^b\geqslant 0,\forall l\right\}$$

在以上的规划求解式中，$\vec{S}_V^t$ 表示规模报酬可变（variable returns to scale，VRS）下的 DDF，若去掉权重变量和为 1 的约束条件，则使用$\vec{S}_C^t$ 表示规模报酬不变（constant returns to scale，CRS）下的 DDF。（$x^{t,k'},y^{t,k'},b^{t,k'}$）表示每个地区农业生产 k' 的投入和产出向量，（$g^x\in R_m^+,g^y\in R_n^+,g^b\in R_l^+$）分别表示投入压缩、期望产出扩张和非期望产出压缩的正方向向量，（s_m^x,s_n^y,s_l^b）表示投入和产出的松弛变量。松弛变量存在的意义在于，只有当松弛变量各元素皆为 0 时，其观测点才是最优的，反之则存在有待改进的地方。于是，当（s_m^x,s_n^y,s_l^b）均大于 0 时，表示期望产出小于前沿面的期望产出，投入大于前沿边界的投入，非期望产出大于前沿边界的非期望产出。松弛变量可以测度出观测点距离最优点的偏离程度，所以（s_m^x,s_n^y,s_l^b）中的松弛变量越大，其代表的投入冗余量、期望产出生产不足量和非期望产出生产过度量就越大。

SBM-DDF 与传统的 DDF 一样，其值越大，代表的效率水平就越低，所以其

计算所得值表示生产决策单元的无效率值。按照 Cooper 等（2001）的思路，无效率值可分解为

投入无效率：

$$\mathrm{IE}_x = \frac{1}{2M}\sum_{m=1}^{M}\frac{s_m^x}{g_m^x} \tag{5-2}$$

期望产出无效率：

$$\mathrm{IE}_y = \frac{1}{2(N+L)}\sum_{n=1}^{N}\frac{s_n^y}{g_n^y} \tag{5-3}$$

非期望产出无效率：

$$\mathrm{IE}_b = \frac{1}{2(N+L)}\sum_{l=1}^{L}\frac{s_l^b}{g_l^b} \tag{5-4}$$

2. Luenberger 生产率指数

按照 Chambers 等（1996）的理论，一个跨期的 Luenberger 生产率指数，反映在 t 期和 t+1 期的技术条件下 TFP 变动的算术平均值如下：

$$\begin{aligned}\mathrm{TFP}_t^{t+1} = \frac{1}{2}\Big[\Big\{&\vec{S}_C^t\left(x^t,y^t,b^t;g\right)-\vec{S}_C^t\left(x^{t+1},y^{t+1},b^{t+1};g\right)\Big]\\&+\Big[\vec{S}_C^{t+1}\left(x^t,y^t,b^t;g\right)-\vec{S}_C^{t+1}\left(x^{t+1},y^{t+1},b^{t+1};g\right)\Big]\Big\}\end{aligned} \tag{5-5}$$

并且根据 Grosskopf（2003）和王兵等（2010）的做法，我们将 Luenberger 生产率指数分解为纯技术效率（GPEC）、纯技术进步（GPTC）、规模效率（GSEC）和技术规模（GSTC）4 个因子：

$$\mathrm{GTFP=GPEC+GPTC+GSEC+GSTC} \tag{5-6}$$

$$\mathrm{GPEC}_t^{t+1} = \vec{S}_V^t\left(x^t,y^t,b^t;g\right)-\vec{S}_V^{t+1}\left(x^{t+1},y^{t+1},b^{t+1};g\right) \tag{5-7}$$

$$\mathrm{GPTC}_t^{t+1} = \frac{1}{2}\Big\{\Big[\vec{S}_V^{t+1}\left(x^t,y^t,b^t;g\right)-\vec{S}_V^t\left(x^t,y^t,b^t;g\right)\Big]+\Big[\vec{S}_V^{t+1}\left(x^{t+1},y^{t+1},b^{t+1};g\right)-\vec{S}_V^t\left(x^{t+1},y^{t+1},b^{t+1};g\right)\Big]\Big\} \tag{5-8}$$

$$\mathrm{GSEC}_t^{t+1} = \Big[\vec{S}_C^t\left(x^t,y^t,b^t;g\right)-\vec{S}_V^t\left(x^t,y^t,b^t;g\right)\Big]-\Big[\vec{S}_C^{t+1}\left(x^{t+1},y^{t+1},b^{t+1};g\right)-\vec{S}_V^{t+1}\left(x^{t+1},y^{t+1},b^{t+1};g\right)\Big] \tag{5-9}$$

$$\begin{aligned}\mathrm{GSTC}_t^{t+1} = \frac{1}{2}\Big\{&[(\vec{S}_C^{t+1}(x^t,y^t,b^t;g)-\vec{S}_V^{t+1}(x^t,y^t,b^t;g))-(\vec{S}_C^t(x^t,y^t,b^t;g)-\vec{S}_V^t(x^t,y^t,b^t;g))]+\\&[(\vec{S}_C^{t+1}(x^{t+1},y^{t+1},b^{t+1};g)-\vec{S}_V^{t+1}(x^{t+1},y^{t+1},b^{t+1};g))-(\vec{S}_C^t(x^{t+1},y^{t+1},b^{t+1};g)-\vec{S}_V^t(x^{t+1},y^{t+1},b^{t+1};g))]\Big\}\end{aligned} \tag{5-10}$$

上述距离函数中的下标 V 和 C 分别表示 VRS 假设和 CRS 假设。通过以上生产率分解的表达式，Luenberger 生产率指数的分解一共需要使用 8 个方向性距离函数，其中 4 个属于 CRS 假设，其余 4 个则为 VRS 假设。在 CRS 假设中，两个方向性距离函数利用同期的技术和投入产出值；而另外两个则是混合方向性距离函数，利用跨期的技术和投入产出值。VRS 假设中的方向性距离函数也与之类似。此外，如果 GTFP、GPEC、GPTC、GSEC、GSTC 的测量结果大于 0，代表 TFP 提高、纯技术效率改善、技术进步、规模效率提高和技术偏离 CRS。

5.2 非期望产出的计算与分析

根据 5.1 节的分析，要测算农业绿色 TFP，首先需要计算农业生产中的非期望产出，本章以农业生产过程中的碳排放作为非期望产出。关于农业碳排放量的计算，借鉴 IPCC（2007）和李波等（2011）的测算方法，碳源包括化肥、农药、农膜、柴油、翻耕、灌溉等，这几乎囊括了农业生产中的全部碳排放。本章假设农作物在生长期内，通过光合作用吸收的碳量与死亡后以各种方式排放到大气中的碳量相等，还假设农作物死亡后即完全腐烂，其含碳量全部释放；虽然本期的农作物死亡后经一定时期后，才会完全腐烂，但由于农业生产具有连续性，本期释放的碳量也包含前期作物，因此假设具有合理性。农业各碳源的描述性统计详见表 5-2。

表 5-2 农业碳源的描述性统计

变量名称	含义及单位	均值	中位数	标准差	最大值	最小值
化肥	农用化肥施用量/万吨	168.748	132.650	138.282	716.100	3.000
农药	农药使用量/万吨	5.167	4.619	4.361	17.346	0.058
农膜	农用塑料薄膜使用量/万吨	6.506	4.895	6.271	34.119	0.029
灌溉	农业有效灌溉面积/万公顷	18.910	15.024	14.701	55.308	1.374
翻耕	农业翻耕用地面积/万公顷	17.450	10.917	18.961	110.694	0.000
柴油	农用柴油使用量/万吨	61.934	45.400	67.892	487.000	0.500

农业碳排放量计算公式表达如下：

$$E=\sum E_i=\sum T_i\times\delta_i \tag{5-11}$$

其中，E 表示农业生产的碳排放总量；E_i 表示碳源 i 的碳排放量；T_i 表示化肥、农药、农膜和柴油的投入量，或翻耕和灌溉面积；δ_i 表示各类碳源的碳排放系数，化肥、农药、农膜、柴油、翻耕和灌溉的碳排放系数依次为：0.895 6 千克/千克、4.934 1 千克/千克、5.18 千克/千克、0.592 7 千克/千克、3.126 千克/公顷和 20.476 千克/公顷（李波等，2011）。

碳排放强度的下降，意味着在碳排放约束下农业生产效率的提高。在计算各省碳排放量的基础上，使用碳排放强度可以有效对比分析各省碳排放量和农业产值的关系，便于初步了解各省农业绿色发展的现状。通过估算农业碳排放具体数值，并以 2001 年为基期对农业增加值进行平减，我们计算出中国农业 2001~2015 年的碳排放强度。图 5-1 展示了全国和东中西部的农业平均碳排放强度走势。从图 5-1 可以看出，全国农业平均碳排放强度从 2001 年开始经历了小幅上升期和平衡期，并在 2006 年之后呈现出显著下降趋势。从区域层面来看，东中西部农业碳排放强度走势与全国平均水平基本一致，中部的农业碳排放强度最高，东部居中，西部最低①。

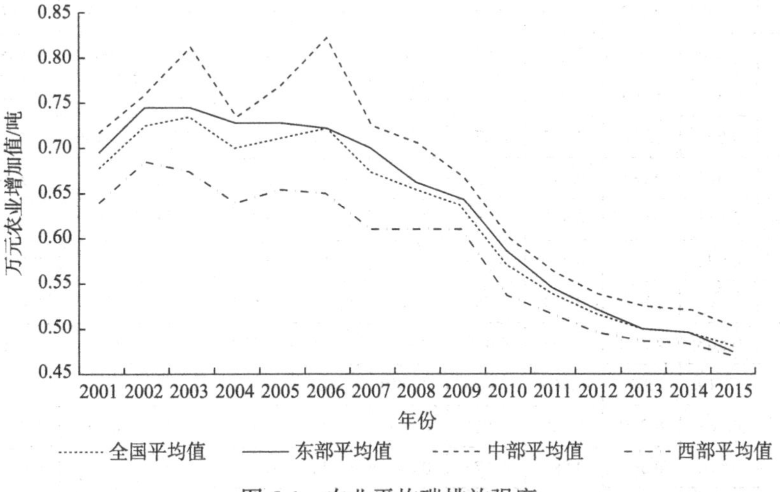

图 5-1　农业平均碳排放强度

表 5-3 给出了重点年份 31 个省份的农业碳排放强度。分省来看，2001 年农业碳排放强度排名最高的 3 个省份为山西、宁夏和上海；碳排放强度最低的 3 个省份为西藏、海南和贵州。到 2015 年，碳排放强度最高的 3 个省份为上海、新疆和内蒙古；最低的 3 个省份是贵州、四川和湖南。对比各省 2015 年碳排放强度和 2001 年碳排放强度发现，除西藏、内蒙古、吉林和海南以外，其余各省份碳排放强度均有着不同程度的下降，下降最快的 3 个省份是江苏、山西和贵州，下降

①东部包括北京、天津、河北、上海、江苏、浙江、福建、山东、广东、海南、辽宁、吉林、黑龙江 13 个省份，中部包括安徽、江西、河南、山西、湖北和湖南 6 个省份，西部包括内蒙古、广西、四川、重庆、贵州、云南、西藏、陕西、甘肃、青海、宁夏和新疆 12 个省份。

率分别为 52.56%、48.56%和 47.51%。

表 5-3 部分年份中国省级层面的农业碳排放强度

省份	2001	2003	2005	2007	2009	2010	2011	2012	2013	2014	2015
北京	0.571	0.694	0.605	0.640	0.566	0.520	0.518	0.524	0.506	0.523	0.480
天津	0.790	0.803	1.015	0.958	0.923	0.794	0.751	0.722	0.672	0.640	0.580
河北	0.860	0.859	0.953	0.835	0.643	0.540	0.496	0.475	0.446	0.470	0.470
山西	1.084	0.958	1.071	1.066	0.791	0.635	0.603	0.589	0.566	0.555	0.557
内蒙古	0.597	0.676	0.650	0.617	0.740	0.660	0.579	0.592	0.585	0.628	0.649
辽宁	0.664	0.753	0.682	0.647	0.706	0.626	0.571	0.517	0.504	0.509	0.435
吉林	0.603	0.655	0.682	0.670	0.693	0.683	0.649	0.626	0.624	0.634	0.622
黑龙江	0.676	0.702	0.667	0.629	0.627	0.624	0.526	0.453	0.390	0.394	0.410
上海	0.989	0.921	0.917	0.859	0.767	0.797	0.751	0.697	0.714	0.727	0.792
江苏	0.690	0.712	0.609	0.567	0.513	0.468	0.420	0.389	0.376	0.368	0.327
浙江	0.634	0.690	0.658	0.670	0.610	0.542	0.514	0.508	0.490	0.488	0.472
安徽	0.821	1.067	0.944	0.855	0.792	0.709	0.687	0.669	0.662	0.654	0.639
福建	0.626	0.726	0.673	0.673	0.622	0.552	0.498	0.469	0.449	0.426	0.405
江西	0.575	0.685	0.698	0.654	0.641	0.636	0.584	0.567	0.555	0.540	0.475
山东	0.843	0.927	0.850	0.753	0.624	0.578	0.570	0.575	0.521	0.503	0.479
河南	0.692	0.962	0.739	0.714	0.688	0.599	0.634	0.612	0.613	0.603	0.591
湖北	0.811	0.877	0.804	0.754	0.703	0.571	0.502	0.491	0.472	0.473	0.452
湖南	0.505	0.598	0.536	0.468	0.422	0.366	0.330	0.325	0.331	0.326	0.309
广东	0.519	0.527	0.460	0.445	0.449	0.423	0.393	0.380	0.357	0.356	0.340
广西	0.682	0.729	0.628	0.566	0.559	0.514	0.461	0.456	0.448	0.446	0.419
海南	0.420	0.560	0.587	0.675	0.643	0.611	0.529	0.484	0.503	0.455	0.433
重庆	0.493	0.499	0.462	0.503	0.465	0.412	0.371	0.351	0.345	0.342	0.321
四川	0.493	0.532	0.489	0.461	0.400	0.372	0.335	0.315	0.312	0.306	0.285
贵州	0.432	0.546	0.531	0.530	0.514	0.441	0.456	0.386	0.350	0.286	0.227
云南	0.621	0.749	0.729	0.701	0.669	0.704	0.653	0.580	0.534	0.524	0.525
西藏	0.195	0.200	0.495	0.303	0.345	0.384	0.414	0.431	0.477	0.431	0.442
陕西	0.797	0.937	0.770	0.683	0.693	0.560	0.506	0.528	0.501	0.463	0.460
甘肃	0.779	0.829	0.787	0.750	0.712	0.645	0.677	0.643	0.625	0.635	0.613
青海	0.666	0.668	0.606	0.526	0.530	0.416	0.411	0.401	0.377	0.381	0.392
宁夏	1.071	1.113	1.085	0.974	0.920	0.785	0.732	0.736	0.705	0.707	0.626
新疆	0.845	0.620	0.641	0.693	0.765	0.560	0.610	0.574	0.596	0.686	0.699
均值	0.679	0.735	0.710	0.672	0.637	0.572	0.540	0.518	0.503	0.499	0.482

5.3　测算过程及时空变动

我们利用 2001~2015 年中国 31 个省份的农业数据，以劳动力、土地、机械动力、化肥、农药、农膜及农业用水为投入指标，农业增加值为期望产出，碳排放量为非期望产出，测算并分析农业绿色 TFP 的变动情况。

5.3.1　变量与数据说明

农业投入要素的各变量计算方法如下：劳动力投入使用农业从业人数表示，由于农业从业人数在各统计年鉴中并未明确给出，可以通过公式间接得出：农业从业人数=第一产业从业人数−林业从业人数−（全牧区从业人数+半牧区从业人数/2）−渔业从业人数。土地投入指标有耕地面积和播种总面积，我们使用播种总面积来衡量土地投入；因为一方面耕地面积统计存在时间间隔，而且部分耕地存在弃耕现象；另一方面为了反映补种改种、移植作物和复种套种等情况，使用播种总面积可以最大限度地减少自然条件差异带来的土地投入误差。农业机械动力投入指标的处理方式同农业从业人数类似，统计年鉴中没有明确给出农业的机械总动力投入，可以根据公式间接得出：农业机械总动力=第一产业机械总动力−林业机械动力−畜牧业机械动力−渔业机械动力。化肥、农药、农膜和农业用水等变量在统计年鉴中可以直接获取。

本章所使用的数据均源于统计年鉴。其中，农业增加值取自历年的《中国农村统计年鉴》，农业机械总动力、农作物播种总面积、农用化肥总施用量、第一产业从业人数均来源于《中国统计年鉴》及各省份的统计年鉴，林业从业人数来源于《中国林业统计年鉴》，牧业从业人数来源于《中国畜牧业年鉴》，渔业从业人数来源于《中国农业统计资料》。为剔除价格的影响，相关数据均换算成了以 2001 年为基期的不变价格。各变量的含义及描述性统计分析结果见表 5-4。

表 5-4　中国农业有关变量的描述性统计分析

变量名称	含义及单位	均值	中位数	标准差	最大值	最小值
农业产值	农业增加值/亿元	435.618	359.175	353.191	1 575.999	11.446
劳动力	农业从业人数/万人	908.885	698.816	732.576	3 440.139	17.471
土地	农作物播种总面积/万公顷	51.078	46.877	35.842	144.250	1.737
机械动力	农用机械总动力/兆瓦	25 716.713	18 085.600	26 666.234	129 827.400	699.900
农业用水	农业用水总量/10^8 米^3	117.482	98.000	99.586	561.700	6.400

注：化肥、农药和农膜的描述性统计见表 5-2

5.3.2　中国农业的绿色无效率及其分解测算

基于 SBM-DDF 和 Luenberger 生产率指数，利用 Matlab 7.0 测算中国农业的绿色 TFP。首先得到静态的农业绿色无效率值，在此基础上进一步得出农业绿色 TFP 的动态变动值。

农业绿色无效率指农业实际投入产出变量集与有效生产边界的差距。我们分别测算了在 CRS 和 VRS 假设下的中国农业绿色无效率值，同时对农业绿色无效率总值进行分解，以便分析导致农业绿色无效率产生的根源。CRS 假设以全部地区的农业都在最优规模条件下进行生产为前提，而 VRS 假设则放松了这个假设前提，因此若 CRS 和 VRS 假设下的值不同，则可被视作规模效率的差异。

表 5-5 给出了在 CRS 假设下，农业绿色无效率最高的 10 个省份以及全国平均、东中西部平均的无效率值。在 CRS 假设下，全国的农业绿色无效率值是 0.116。从各投入和产出指标来看，中国农业平均可以通过减少 4.029%的碳排放、1.564%的机械动力投入、1.359%的农膜使用量、1.024%的农药量、1.019%的化肥施用量、0.995%的播种面积、0.846%的农业用水和 0.715%的劳动投入来达到完全有效率。分区域看，中部地区的农业绿色无效率值最高为 0.214，其中碳排放的无效率值为 0.073、机械动力为 0.031、农药为 0.026；西部地区农业绿色无效率值为 0.107，东部地区为 0.055，无效率主要来源于碳排放、农膜投入和机械动力投入。农业生产的绿色无效率排名前 10 位的省份依次是山西、甘肃、安徽、江西、云南、宁夏、湖北、河南、广西和天津，碳排放和机械动力成为各省份无效率的主要来源。

表 5-5　CRS 假设下中国农业绿色无效率及其分解均值

地区	总值	劳动	机械动力	播种面积	化肥	农药	农业用水	农膜	农业产值	碳排放
山西	0.363	0.026	0.055	0.031	0.034	0.032	0.030	0.034	0.000	0.122
甘肃	0.354	0.027	0.038	0.026	0.017	0.032	0.035	0.057	0.000	0.123
安徽	0.323	0.016	0.044	0.024	0.034	0.039	0.030	0.020	0.000	0.116
江西	0.289	0.017	0.040	0.038	0.018	0.037	0.023	0.037	0.000	0.078
云南	0.282	0.032	0.024	0.020	0.023	0.020	0.030	0.034	0.000	0.098
宁夏	0.249	0.007	0.027	0.024	0.020	0.005	0.037	0.028	0.020	0.082
湖北	0.220	0.013	0.023	0.020	0.026	0.036	0.003	0.017	0.000	0.082
河南	0.217	0.009	0.041	0.006	0.030	0.023	0.013	0.003	0.000	0.091
广西	0.153	0.021	0.019	0.022	0.018	0.006	0.010	0.007	0.000	0.050
天津	0.138	0.002	0.027	0.002	0.014	0.002	0.006	0.021	0.000	0.064

续表

地区	总值	劳动	机械动力	播种面积	化肥	农药	农业用水	农膜	农业产值	碳排放
全国	0.116	0.007	0.016	0.010	0.010	0.010	0.008	0.014	0.001	0.040
东部	0.055	0.002	0.009	0.002	0.005	0.004	0.001	0.012	0.000	0.021
中部	0.214	0.012	0.031	0.021	0.020	0.026	0.014	0.018	0.000	0.073
西部	0.107	0.009	0.012	0.010	0.008	0.006	0.011	0.013	0.002	0.036

在 VRS 假设下，农业绿色无效率项均有不同程度的缓和，由于在 VRS 假设下未考虑规模效率的影响，所以在 VRS 假设下得到的有效率值要大于在 CRS 下的有效率值，反过来就是在 VRS 假设下无效率值要小于 CRS 下的无效率值。表 5-6 报告了在 VRS 假设下的农业绿色无效率情况。在全国层面，无效率值为 0.078，对无效率进行分解后发现，碳排放依旧为最大的无效率来源，占到 2.6%，其次为机械动力、农膜和播种面积。在区域层面上，中部最无效率，而东部最有效率。在省级层面上，农业绿色无效率从大到小前 10 位依次为山西、甘肃、安徽、江西、云南、湖北、宁夏、广西、辽宁和吉林。相比 CRS 下的排名，我们发现在不考虑规模效率以后，河南的无效率值有了显著下降，这说明作为产粮大省的河南存在着规模效率损失。

表 5-6　VRS 假设下中国农业绿色无效率及其分解均值

地区	总值	劳动	机械动力	播种面积	化肥	农药	农业用水	农膜	农业产值	碳排放
山西	0.348	0.027	0.053	0.031	0.033	0.030	0.029	0.029	0.000	0.116
甘肃	0.330	0.024	0.038	0.023	0.012	0.029	0.042	0.054	0.000	0.109
安徽	0.309	0.018	0.042	0.026	0.033	0.037	0.019	0.021	0.000	0.113
江西	0.272	0.012	0.035	0.035	0.018	0.039	0.024	0.032	0.000	0.077
云南	0.268	0.029	0.025	0.019	0.021	0.018	0.034	0.030	0.000	0.091
湖北	0.164	0.008	0.015	0.016	0.021	0.025	0.000	0.012	0.000	0.068
宁夏	0.125	0.009	0.010	0.012	0.014	0.000	0.015	0.015	0.000	0.050
广西	0.102	0.014	0.017	0.016	0.011	0.001	0.013	0.001	0.000	0.030
辽宁	0.101	0.000	0.012	0.008	0.008	0.009	0.001	0.034	0.000	0.029
吉林	0.092	0.001	0.011	0.012	0.013	0.011	0.000	0.005	0.000	0.039
全国	0.078	0.005	0.010	0.008	0.007	0.007	0.006	0.009	0.000	0.026
东部	0.011	0.000	0.002	0.001	0.001	0.001	0.000	0.003	0.000	0.004
中部	0.166	0.009	0.023	0.019	0.015	0.020	0.010	0.014	0.000	0.055
西部	0.081	0.007	0.009	0.008	0.006	0.004	0.009	0.010	0.000	0.028

5.3.3 时空变动

1. 时序变化

表 5-7 给出了 2001~2015 年中国农业绿色 TFP 及其四个分解因子的变动情况，从中可以发现：①中国农业绿色 TFP 整体呈现增长态势，年均增长率为 1.560%，15 年平均累计增长了 24.032%。与其他研究（叶初升和惠利，2016；高帆，2015）相比，我们所得出的农业绿色 TFP 增长率的数值较低，原因在于以往研究存在期望产出过高、非期望产出和投入要素数据过低的问题；例如，使用未剔除中间消耗品的总产值代表产出变量，会使产出值大于真实值；用仅包含农业的投入要素衡量第一产业的要素投入情况，而忽略林业、渔业、牧业的投入要素，会使投入量小于真实值；如果不考虑非期望产出，或非期望产出估算不合理等，也会使结论出现差异。②中国农业的纯技术进步年均增长率为 1.469%，增长速度较快；技术规模年均增长 0.248%，增长较为缓慢。③技术效率呈现缓慢下降，年均下降率为 0.016%；其中纯技术效率年均下降 0.066%，规模效率年均下降 0.092%，技术效率的缓慢下降是纯技术效率和规模效率两方面下降的合力结果。

表 5-7　中国农业绿色 TFP 的时间演进　　单位：%

年份	绿色 TFP	纯技术效率	纯技术进步	规模效率	技术规模
2001~2002 年	−4.715	0.587	−3.503	−1.413	−0.386
2002~2003 年	−0.728	−1.125	−0.009	0.274	0.132
2003~2004 年	3.803	2.721	0.828	3.106	−2.852
2004~2005 年	1.009	−1.405	1.549	0.778	0.087
2005~2006 年	0.158	0.268	0.369	−0.374	−0.105
2006~2007 年	4.218	0.025	3.074	0.997	0.122
2007~2008 年	1.894	−0.316	1.891	−0.654	0.972
2008~2009 年	2.060	1.194	0.311	0.497	0.058
2009~2010 年	5.385	−0.866	5.021	0.259	0.971
2010~2011 年	2.397	−0.664	3.470	−2.505	2.096
2011~2012 年	1.933	−0.544	2.243	−0.117	0.350
2012~2013 年	1.860	0.044	1.453	0.460	−0.098
2013~2014 年	0.221	−0.679	0.881	−0.328	0.347
2014~2015 年	2.341	−0.166	2.992	−2.268	1.781
平均值	1.560	−0.066	1.469	−0.092	0.248

通过分析农业绿色 TFP 及其四个分解因子的变动可知，样本期内中国农业所取得的绿色 TFP 增长主要依靠纯技术进步的增长，其次为技术规模的增长，这与中国农业推广实施新的生产技术，逐步实现机械化生产经营密切相关。纯技术效率对绿色 TFP 的增长起到抑制作用，说明在一定技术条件下，中国农业相同投入要素所带来的期望产出处于逐年减少的状态。从技术层面总结，2001 年以来，中国农业绿色 TFP 的增长主要依赖生产前沿面的外扩，而非源于各生产决策单位向生产前沿边界的靠近。

图 5-2 更直观地展示了中国农业绿色 TFP 及其四个分解因子的变动情况，农业绿色 TFP 呈现明显的波动性，波峰分别出现在 2003~2004 年、2006~2007 年、2009~2010 年；而纯技术效率、规模效率、技术规模在大多数时间表现出与绿色 TFP 相反方向的波动性；纯技术进步与绿色 TFP 波动形状类似。

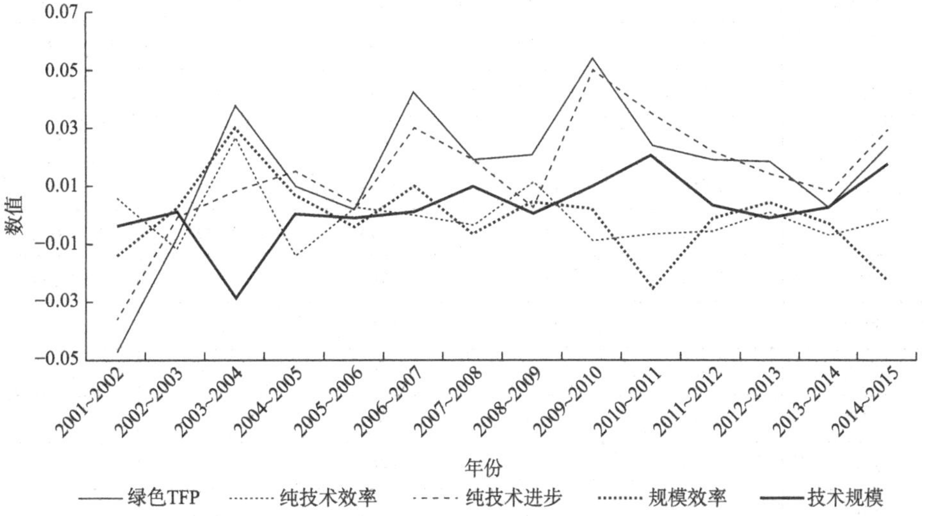

图 5-2　中国农业绿色 TFP 及分解项变动情况

2. 空间差异

考虑到不同省份及区域在农业发展水平和资源禀赋上的差异，表 5-8 给出了 31 个省份和不同区域 2001~2015 年的农业绿色 TFP 及其分解因子的平均变动情况。

表 5-8　中国农业绿色 TFP 的空间变动　　单位：%

地区	绿色 TFP	纯技术效率	纯技术进步	规模效率	技术规模
山东	4.280	0.000	0.937	0.588	2.755
河北	3.920	1.398	1.762	−0.165	0.925

续表

地区	绿色 TFP	纯技术效率	纯技术进步	规模效率	技术规模
广西	3.160	0.292	2.364	1.117	−0.614
贵州	2.834	0.000	2.623	0.000	0.210
湖北	2.797	0.375	2.559	0.745	−0.883
辽宁	2.617	0.000	3.106	0.025	−0.514
黑龙江	2.571	−1.251	4.202	1.208	−1.588
青海	2.437	3.472	−2.495	0.013	1.446
天津	2.313	0.000	1.906	−1.875	2.282
宁夏	2.240	2.942	1.081	−1.330	−0.454
福建	2.210	0.000	2.394	0.000	−0.184
北京	2.122	0.000	0.589	0.000	1.534
湖南	2.100	0.597	1.781	0.643	−0.921
山西	2.074	0.450	1.463	−0.078	0.239
海南	1.756	0.000	0.819	0.000	0.937
陕西	1.662	0.000	1.714	0.000	−0.052
江苏	1.333	0.000	1.707	0.000	−0.374
重庆	1.283	0.000	0.757	0.000	0.526
广东	1.087	0.000	0.784	1.245	−0.941
甘肃	0.985	−0.534	1.391	0.766	−0.638
浙江	0.924	0.000	0.862	0.000	0.063
河南	0.797	0.000	1.249	−2.106	1.654
新疆	0.778	0.000	1.466	0.000	−0.688
吉林	0.736	−2.059	2.388	−0.072	0.479
云南	0.654	−1.115	1.679	0.467	−0.377
四川	0.504	0.000	1.005	0.000	−0.501
内蒙古	0.426	−2.313	2.480	−0.077	0.335
安徽	−0.065	−2.748	1.663	−0.032	1.053
江西	−0.166	−1.552	1.560	0.272	−0.445
上海	−0.240	0.000	0.125	−2.335	1.970
西藏	−1.781	0.000	−0.372	−1.867	0.458

续表

地区	绿色 TFP	纯技术效率	纯技术进步	规模效率	技术规模
全国	1.560	−0.066	1.469	−0.092	0.248
东部	2.029	0.127	1.363	−0.229	0.768
中部	1.356	−0.774	2.108	0.072	−0.052
西部	1.265	0.229	1.141	−0.076	−0.029
粮食主产区	1.681	−0.581	2.031	0.079	0.152
粮食主销区	1.453	0.000	1.068	−0.424	0.809
粮食产销平衡区	1.484	0.501	1.061	−0.083	0.005

（1）省际层面。除上海、安徽、江西和西藏以外，其余各省份的农业绿色 TFP 均有所增长。绿色 TFP 增长最高的 5 个省份为山东、河北、广西、贵州和湖北；纯技术效率增长排名前 5 位的省份是青海、宁夏、河北、湖南和山西，大多数省份的纯技术效率都表现为零增长或下降；纯技术进步最高的 5 个省份为黑龙江、辽宁、贵州、湖北和内蒙古，除西藏和青海以外其余省份的纯技术进步都表现出增长；规模效率增长最高的 5 个省份为广东、黑龙江、广西、甘肃和湖北；技术规模排名前 5 位的省份为山东、天津、上海、河南和北京。

（2）东中西区域。东中西三个地区的绿色 TFP 均为正值，其中东部地区农业绿色 TFP 增长率最高（2.029%），中部地区居中（1.356%），西部地区最低（1.265%）。三大区域从因子分解来看，东部地区的纯技术进步和技术规模是农业绿色 TFP 增长的主要动力，虽然纯技术效率对农业绿色 TFP 的促进作用非常微弱，但没有产生拖累作用，规模效率存在一定的拖累作用；中部地区主要依靠纯技术进步来推进农业绿色 TFP 增长，规模效率也发挥正向作用，但是纯技术效率对农业绿色 TFP 的拖累作用非常显著，技术规模对农业绿色 TFP 的增长也起到抑制作用；对西部地区来说，纯技术进步是农业绿色 TFP 的主要推动力，其次为纯技术效率，而规模效率和技术规模对西部地区的绿色农业 TFP 均有着拖累作用。总体来说，中部地区的农业有着最快的纯技术进步率，但是在农业科技投入的同时，却忽略了农业投入产出效率，并且使得技术规模向不变规模报酬技术移动。西部地区有着最高的纯技术效率，说明西部地区在对农业资源优化配置方面提升较快。东部地区农业有着最高的技术规模，说明东部农业在技术进步的同时，技术规模也偏离规模报酬不同时的技术。

（3）粮食功能区。从农业产业出发，我们借鉴高鸣和宋洪远（2014）的研究，把中国农业划分为粮食主产区、粮食主销区和粮食产销平衡区，分析三类粮食功能区的农业绿色 TFP 变动情况。从表 5-8 可以看出，粮食主产区的农业绿色

TFP 年均增长率为 1.681%，大于粮食主销区的 1.453%和粮食产销平衡区的 1.484%，说明粮食主产区作为中国农业生产的主要基地，不仅有资源禀赋上的优势，也有农业绿色生产率上的优势。但从省域层面分析，粮食主产区内各省份的农业绿色TFP差异显著，江苏、河南、吉林、四川、内蒙古、安徽和江西的农业绿色TFP年均增长率在全国处于下游水平，尤其是江西和安徽的绿色TFP呈下降趋势，这些省份今后需加快提升农业绿色TFP。从农业绿色TFP的因子分解来看，粮食主产区有着最高的纯技术进步和规模效率，粮食主销区有着最高的技术规模，而粮食产销平衡区则有着最高的纯技术效率。

5.4　收敛性分析

我国农业绿色 TFP 表现出显著的区域差异性。那么，各区域农业绿色 TFP 的差异性是会持续扩大，还是会逐渐收敛呢？考察各地区农业绿色 TFP 的收敛性，可以更好地制定分地区的农业政策，有利于各区域的农业绿色发展。首先，对农业绿色TFP进行绝对收敛检验，分析全国及分区域的差异是否会随着时间推移自动消失。其次，进行条件收敛检验，分析全国及分区域农业绿色TFP是否会根据各自特定条件而收敛。检验方法具体为，绝对β收敛、σ收敛、条件β收敛。绝对β收敛指落后地区比发达地区增长得更快；σ收敛指不同地区产出水平的方差在不断缩小，用以描述特定区域内某一变量值的差异程度；条件β收敛指各区域的农业绿色 TFP 会收敛于自身的稳态水平。

5.4.1　农业绿色 TFP 的绝对收敛检验

1. 绝对β收敛

农业绿色 TFP 的绝对β收敛意味着，农业落后地区比农业发达地区有着更快的增长率，它用来描述农业绿色TFP的增长率与地区初始绿色TFP水平之间的负相关关系。

参考 Barro 和 Martin（1992）提出的绝对β收敛的检验回归方程，我们定义农业绿色 TFP 绝对β收敛检验模型为

$$\frac{1}{T}\ln\left(\frac{\mathrm{GTFP}_{it}}{\mathrm{GTFP}_{i0}}\right)=\alpha+\beta\ln\mathrm{GTFP}_{i0}+u \tag{5-12}$$

其中，GTFP_{i0}和GTFP_{it}分别表示地区 i 在基期和 t 期的农业绿色 TFP，待估参

数 β 如果统计上显著并且其值小于 0，则表明存在绝对 β 收敛；如果待估参考 β 在统计上具有显著性，并且其值大于 0，说明农业绿色 TFP 不存在绝对 β 收敛。为了消除农业生产波动对收敛性的影响，我们把考察期一分为二，并对前 7 年（2001~2007 年）和后 8 年（2008~2015 年）分别求平均数。前 7 年的平均数作为基期的 TFP，后 8 年的平均数作为末期的 TFP，因为基期和末期相差 8 年，所以 T=8，并利用普通最小二乘法（OLS）对式（5-12）进行估计，估计结果见表 5-9。

表 5-9　中国农业绿色 TFP 的绝对 β 收敛检验

变量	全国	东部	中部	西部	粮食主产区	粮食主销区	粮食产销平衡区
α	0.410** （5.71）	0.382*** （2.54）	0.459*** （3.35）	0.475*** （5.08）	0.518*** （5.44）	−0.360*** （−2.57）	0.487*** （5.47）
β	0.133*** （3.93）	0.110** （2.46）	0.136* （2.36）	0.185*** （4.11）	0.163*** （3.87）	−0.236** （−3.42）	0.187*** （4.29）
R^2	0.348	0.191	0.481	0.629	0.577	0.701	0.671

***、**、*分别表示统计值在 1%、5%、10%的显著性水平下显著

注：括号内为 t 统计量

除粮食主销区的 β 值显著为负数以外，其余各回归结果的 β 值均显著为正。这说明中国农业绿色 TFP 在全国、东中西区域、粮食主产区和粮食产销平衡区均不存在绝对 β 收敛，只有粮食主销区有着绝对 β 收敛。表明除粮食主销区以外，各地区的农业绿色 TFP 均表现出显著的差异性。

2. σ 收敛

如果不同地区农业绿色 TFP 的方差不断缩小，则认为这些地区的农业绿色 TFP 存在 σ 收敛。根据曾先峰和李国平（2008）的研究，我们将 σ 收敛定义为

$$\sigma_t=\left\{\frac{1}{N}\sum_{i=1}^{N}\left[\mathrm{GTFP}_i(t)-\left(\frac{1}{N}\sum_{j=1}^{N}\mathrm{GTFP}_j(t)\right)\right]^2\right\}^{\frac{1}{2}} \tag{5-13}$$

其中，$\mathrm{GTFP}_i(t)$ 表示第 i 个地区在时期 t 的农业绿色 TFP，根据式（5-13）可计算得出 σ_t 值，如果 $\sigma_{t+T}<\sigma_t$，认为这 N 个经济体存在农业绿色 TFP 的收敛，反之则存在发散。

表 5-10 报告了样本期内年全国、东中西部、不同粮食功能区的 σ_t 值，图 5-3 直观展示了全国和各区域 σ_t 值的走势。从中可以看出，农业绿色 TFP 的累计增长率呈现出显著的发散性，并未随时间变化而出现收敛性。全国的发散性和东中西部三大区域的发散性趋势基本一致，全国的 σ_t 值从 2002 年的 0.045 增长到 2015 年的 0.213，东部地区的 σ_t 值从 2002 年的 0.049 增长到 2015 年的 0.226，中部地区的

σ_t 值则从 2002 年的 0.052 提高到 2015 年的 0.181，西部地区相应的变化为从 0.035 到 0.197。就东中西三大区域之间的累计 TFP 增长率来说，如图 5-3（b）所示，样本期内东部/全国、中部/全国和西部/全国虽然大致上都在 1 左右徘徊，但西部/全国的值基本都处于 1 以下，呈现出逐步偏离 1 的微弱趋势，而东部/全国、中部/全国则始终在 1 上下波动。在时间点上，2002~2005 年三大区域差距较大，随后差距逐步缩小，2006~2011 年东中西区域基本与全国整体走势相同。

表 5-10　中国农业绿色 TFP 累计增长率的 σ 收敛值

年份	全国	东部	中部	西部	粮食主产区	粮食主销区	粮食产销平衡区
2002	0.045	0.049	0.052	0.035	0.042	0.052	0.038
2003	0.072	0.065	0.097	0.037	0.082	0.047	0.044
2004	0.082	0.070	0.093	0.080	0.089	0.044	0.088
2005	0.106	0.101	0.084	0.111	0.116	0.052	0.114
2006	0.100	0.098	0.085	0.093	0.121	0.046	0.096
2007	0.119	0.126	0.101	0.114	0.143	0.058	0.116
2008	0.131	0.133	0.117	0.125	0.160	0.038	0.129
2009	0.146	0.158	0.138	0.131	0.186	0.040	0.133
2010	0.174	0.182	0.165	0.165	0.215	0.047	0.170
2011	0.186	0.182	0.187	0.176	0.224	0.055	0.186
2012	0.188	0.188	0.202	0.159	0.238	0.060	0.168
2013	0.204	0.213	0.202	0.177	0.258	0.067	0.184
2014	0.209	0.225	0.197	0.182	0.259	0.100	0.188
2015	0.213	0.226	0.181	0.197	0.254	0.132	0.198

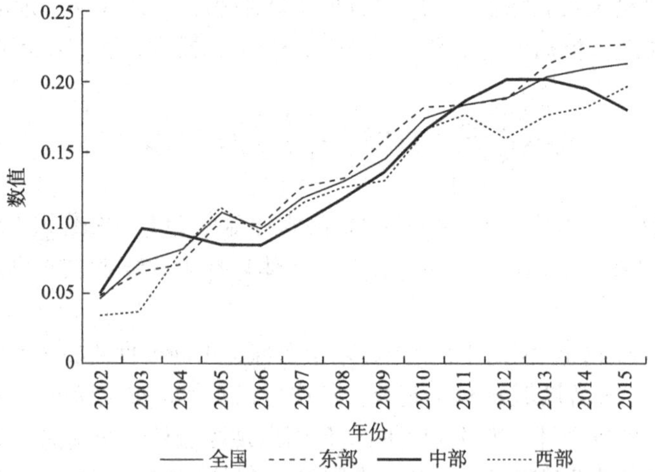

（a）全国和东中西

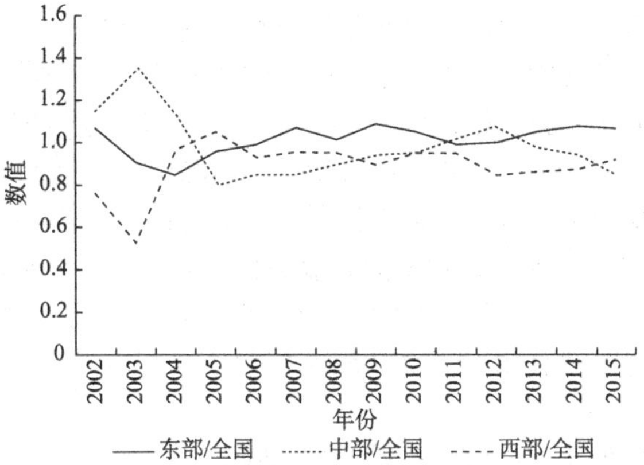

（b）东中西与全国比值

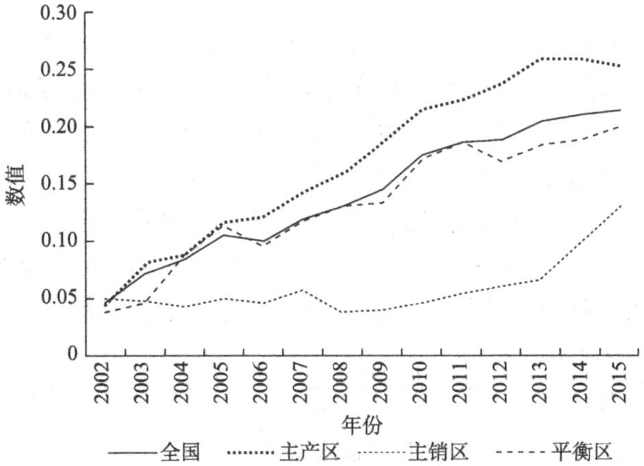

（c）全国和各粮食区

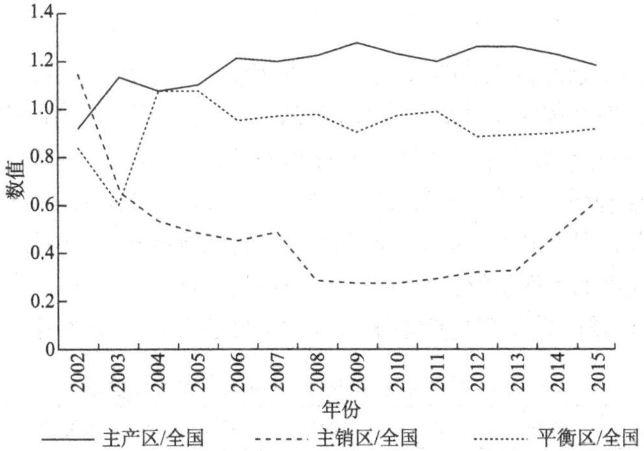

（d）各粮食区与全国比值

图 5-3　中国农业绿色 TFP 累计增长率的 σ 收敛

相比全国与东中西三大区域的收敛性走势，各粮食功能区在敛散性上表现出更大的差异化。在考察期内，粮食主产区的收敛值从 0.042 增长到 0.254，粮食产销平衡区的收敛值从 0.038 增长到 0.198，粮食主销区的收敛值则从 0.052 增长到 0.132。农业绿色 TFP 累计增长率在粮食主产区和粮食产销平衡区呈现出显著的发散特性，而在粮食主销区则表现出较弱的发散特性。粮食主产区的发散性最强烈，说明在粮食主产区内，各省份的农业绿色 TFP 增长差距非常大。从图 5-3（c）直观地看出，粮食主产区在 2002 年时其敛散性与全国一致，随着时间的推移，其发散性与全国发散性之间的偏离越来越大。

5.4.2　农业绿色 TFP 的条件收敛检验

基于彭国华（2005）的研究，我们使用面板数据的双向固定效应模型进行条件 β 收敛检验。选取的控制影响农业绿色 TFP 的变量包括：①耕地质量（CLQ），用有效灌溉面积占耕地面积的比重表示；②第一产业内结构（FIS），用农业增加值占第一产业增加值的比重表示；③农业户籍比重（RS），用农业户籍人口占比来量化；④经济发展水平（ED），用人均 GDP 并求自然对数表示；⑤产业结构（IS），用第二产业占 GDP 比重衡量；⑥交通便利度（TC），用公路里程和铁路里程之和除以地区面积表示。

$$\ln\left(\frac{\mathrm{GTFP}_{it}}{\mathrm{GTFP}_{it-1}}\right)=\alpha+\beta\ln \mathrm{GTFP}_{it-1}+\phi_1\mathrm{CLQ}_{it}+\phi_2\mathrm{FIS}_{it}+\phi_3\mathrm{RS}_{it}+\phi_4\mathrm{ED}_{it}+\phi_5\mathrm{IS}_{it}+\phi_6\mathrm{TC}_{it}+u \tag{5-14}$$

如果式（5-14）中 β 显著为负，则表明存在条件 β 收敛；否则，不存在条件 β 收敛。

表 5-11 报告了条件 β 收敛的估计结果，在控制一系列变量以后，我们发现全国及各区域农业绿色 TFP 都存在明显的条件 β 收敛。在全国范围内，第一产业内结构、农业户籍比重、经济发展水平和交通便利度对农业绿色 TFP 的收敛均有显著影响，其中交通便利度有利于收敛，而其余变量则不利于收敛。耕地质量和产业结构对条件收敛性影响为负，但不显著。从东中西部角度，耕地质量不利于中部的条件收敛；产业结构不利于东部的条件收敛，但对中部的条件收敛有着积极意义。从粮食功能区角度，耕地质量显著促进着粮食产销平衡区的条件收敛，其余各变量与全国类似。

表 5-11　中国农业绿色 TFP 的条件 β 收敛检验

变量	全国	东部	中部	西部	粮食主产区	粮食主销区	粮食产销平衡区
α	-0.762^{***} （−9.28）	-1.128^{***} （−7.52）	-1.197^{***} （−4.51）	-0.949^{***} （−5.37）	-0.657^{***} （−3.88）	-1.121^{***} （−5.35）	-0.611^{***} （−6.44）

续表

变量	全国	东部	中部	西部	粮食主产区	粮食主销区	粮食产销平衡区
β	−0.311*** （−10.25）	−0.291*** （−6.14）	−0.514*** （−7.82）	−0.408*** （−7.30）	−0.302*** （−6.48）	−0.323*** （−3.84）	−0.223*** （−7.98）
CLQ	−0.014 （−0.56）	−0.051 （−1.25）	0.113** （1.99）	−0.058 （−1.45）	0.037 （0.74）	−0.025 （−0.58）	−0.047** （−2.25）
FIS	0.241*** （3.28）	0.245** （2.05）	0.326** （2.05）	0.483*** （4.17）	0.104 （0.89）	0.276 （1.64）	0.300*** （4.91）
RS	0.083* （1.78）	0.035 （0.73）	0.076 （0.29）	0.234* （1.91）	−0.051 （−0.36）	0.054 （1.02）	0.162*** （2.63）
ED	0.064*** （10.44）	0.085*** （7.55）	0.106*** （6.99）	0.064*** （6.00）	0.070*** （5.97）	0.085*** （4.57）	0.040*** （6.93）
IS	−0.052 （−0.90）	0.375*** （3.68）	−0.261** （−2.34）	−0.144 （−1.37）	−0.119 （−1.18）	0.304** （2.33）	−0.062 （−1.23）
TC	−0.011*** （−2.71）	−0.008** （−2.20）	−0.005 （−0.20）	−0.018 （−1.02）	−0.007 （−1.60）	−0.024 （−1.37）	−0.015 （−1.46）
R^2	0.283	0.365	0.489	0.334	0.347	0.275	0.390

***、**、*分别表示统计值在 1%、5%、10%的显著性水平下显著

注：括号内为 t 统计量

发展绿色低碳农业是实现农业可持续发展的必由之路，科学系统地对农业绿色 TFP 进行测算具有重要价值。本章测算了中国省级层面的农业绿色 TFP，并分析了其时空变动和收敛性。总体而言，中国绿色农业的发展速度较为缓慢，从“高碳性”的农业发展模式向绿色农业发展方式转型任重道远。基于研究结论，我们提出以下政策建议。第一，依靠提升绿色 TFP 来实现中国农业绿色发展尚有很大空间。目前，中国农业绿色 TFP 的增长有着坚实的技术进步基础，今后在保持技术进步推动的同时，一方面要注重技术效率的提升，实现农业资源的优化配置；另一方面要鼓励农业土地流转，逐步实现农业规模化经营，提高农业生产的规模效率。第二，中西部地区应通过提升农业绿色 TFP 来促进现代农业发展。当前中部地区农业技术效率较低，而西部地区农业技术进步滞后，中西部一些省份农业绿色 TFP 的低增长已成为制约农业发展的重要障碍。今后，中西部地区应加快转移农业劳动力，提高农业劳动投入的效率，并在农业技术进步和技术效率两方面追赶农业发达地区，依托农业绿色 TFP 的提升来发展现代农业，助力全面建成小康社会。第三，农业绿色 TFP 增长较低的省份应加快向“前沿省份”收敛。目前除粮食主销区外，其余地区农业绿色 TFP 均不存在绝对收敛性；尤其在粮食主产区内，各省份间呈现出明显的两极分化现象。农业绿色 TFP 较低的省份应加强与“前沿省份”的交流与合作，通过引进先进农业生产技术和农业管理经验，逐步缩小与“前沿省份”的差距。

第 6 章　农业现代化发展水平评价

农业现代化是解决“三农”问题、实现乡村振兴和城乡融合发展的必由之路，是中国建设社会主义现代化强国的重要内容，科学评价农业现代化水平具有重要意义。本章在界定农业现代化概念的基础上，构建农业现代化水平评价指标体系，利用主成分分析法对指标进行赋权，进而评价中国农业现代化发展水平的时序变化和空间差异。从时序变化来看，中国农业现代化水平在 1992~2015 年不断上升，根据变动趋势可细分为四个发展阶段。从空间差异来看，东部省份的农业现代化发展速度最快，中西部省份次之，东北省份较为缓慢；粮食主销区的农业现代化水平高于粮食主产区和粮食产销平衡区。从国际比较来看，中国的农业劳动生产率不仅远低于地广人稀的美国和澳大利亚，而且低于人口稠密的日本和韩国；中国的农业土地生产率高于美国和澳大利亚，但远低于日本和韩国。从研究结论出发，本章从农业投入、产出和生态现代化角度，提出了加快推进中国农业现代化进程的政策建议。

改造传统农业、实现农业现代化，不仅是发展中国家构建现代化经济体系的重要内容，而且是一国经济持续增长的助推器（舒尔茨，2009）。改革开放之初，以家庭联产承包责任制为核心的农业经营体制改革在中国农村广泛展开，有效解决了农业生产过程中的激励问题，农业产出随之快速提升。但家庭联产承包责任制改革红利释放之后，农业小规模经营的弊端也逐渐显现（王国敏和赵波，2011）。受户籍制度改革滞后、农地流转市场和农村金融市场发育不完善等因素的影响，中国农业现代化水平长期落后于工业化、城镇化和信息化，成为影响全面建成小康社会和建设社会主义现代化强国的“短板”。相关研究认为，中国农业现代化水平整体偏低，各地区的农业现代化发展存在非均衡性特征（王国敏和周庆元，2012）。中国的农业耕作机械使用率、农业中的科技贡献率和拥有高中学历的农业劳动者等指标均远低于美国等发达国家水平（王欢，2017）。长期以来，中国农业生产过程中的化肥和农药大量使用带来了严重的耕地污染，小农生产和粗放式经营导致农业劳动生产率低下，大量农村青年劳动力的流出引起农业从业人员质量下降……中国的农业现代化进程存在诸多复杂问题，这些问题对新时代的农业现代化提出了挑战。党的十九大强调农业农村优先发展，并进一步部署实施乡村振兴战略，要求加快推进农业现代化。在此背景下，科学评价中国农业现代化水平的时序变化与空间差异，准确认识中国农业现代化在国际范围内所处的位置，就具有重要意义。

准确界定农业现代化的概念，是科学评价农业现代化水平的前提。国内学者对农业现代化的内涵尚未达成共识，代表性的观点如下：高芸和蒋和平（2016）认为农业现代化是在提高资源利用效率和农村生态环境质量的过程中，实现农业持续、高效率发展。龙冬平等（2014）认为农业现代化是反映人地关系的综合动态演进过程，旨在实现农业结构调整、农业科技推广、农业生产能力提升和“四化”协同发展等四个目标。张航和李标（2016）突出了农业现代化的时空特征，强调农业现代化是发生在农村地域，借助现代资本改造传统农业生产经营方式的升级过程。我们借鉴学术界已有成果，认为农业现代化是通过要素投入、组织形式和服务设施等农业生产过程的不断优化，以农业经济活动的集约化、市场化和生态化为主要特征，实现农业经济和生态环境协调发展的动态过程。

对于农业现代化水平的测算方法，学术界近年来顺应时代发展，不断进行拓展，为农业现代化的水平评价提供了新的切入角度。例如，郭冰阳（2006）针对农业现代化水平测算多输入、多输出及较难确定指标权重等特点，提出采用 DEA 方法对中国农业现代化水平进行测算。韩雨程和冯鑫明（2016）针对以往文献忽视农业现代化水平测算过程中关于“人”的内容，运用 WRS 系统方法论，将农业劳动力的素质技能和道德观念等内容纳入测算体系之中。此外，张治会和李全新（2016）基于人本的发展视角建立指标体系，对农业现代化指标进行拓展，测算了农业现代化发展水平。以上文献，对于我们科学测算农业现代化水平提供了借鉴。

一些学者在构建农业现代化评价指标体系的基础上，对中国农业现代化发展水平的时序变化和地区差异进行比较分析，这部分文献也是农业现代化评价领域较为集中的研究成果。例如，蒋和平和黄德林（2006）以劳均农业投入额、有效灌溉率等指标为基础建立评价体系，对中国 1980~2003 年的农业现代化发展水平进行测算，结果显示中国农业现代化水平呈现东部最高、中部次之、西部最低的区域差异特征。但张航和李标（2016）通过主成分分析方法对中国农业现代化发展水平进行测算，得出了中西部农业现代化发展水平显著高于东部地区的结论，并认为原因在于东部地区非农产业比重较高，挤占了农业现代化发展所必需要素的使用空间。龙冬平等（2014）以地理学视角为切入点，从投入水平、产出水平、社会发展水平和可持续发展水平等四个维度出发，探讨了中国农业现代化发展水平的空间分异特征，对各地区农业现代化发展存在的问题和未来发展方向进行了阐述，指出各地域的农业现代化水平在不同维度具有一定的差异化。辛岭等（2014）在对县域农业现代化水平进行测算之后，发现中国县域农业现代化整体水平不高，而且各县发展不平衡。

以上文献从多个角度出发，对中国农业现代化的发展水平和具体特征进行了分析，对中国农业现代化建设过程中的内在机制也有涉及，但仍存在许多不足：一是关于 2010 年之后的农业现代化水平研究成果较少；二是已有文献在设计农业现代化评价指标时，过于关注社会性以及其他关联性不强的指标，而对农业现代化直接相关的农业发展指标有所忽视；三是许多文献尽管分析了农业现代化的时空格局，但实际上往往忽视其中一个方面，很难将一个整体的农业现代化发展的立体格局呈现出来；四是已有文献对中国农业现代化水平的国际比较研究不足。在综合借鉴已有文献的基础上，本章在以下方面做了改进：首先，我们把研究的时间范围确定为 1992~2015 年，尽可能呈现农业现代化水平演进的长期图景；其次，我们侧重于对农业现代化的经济指标和部分生态指标进行分析，未纳入社会性指标，从而避免由于纳入过多的社会性指标而对农业现代化水平测算产生干扰；再次，我们不仅对农业现代化水平的时序变化进行分析，而且讨论了农业现代化水平的空间差异；最后，我们对中国和代表性国家的农业劳动生产率、农业土地生产率做了比较分析。

6.1　评价指标体系构建与赋权

本章接下来在界定农业现代化概念的基础上，构建农业现代化水平评价指标体系，进而对基础指标的数值进行无量纲标准化处理，最后采用主成分分析法对各级指标进行赋权。

6.1.1　概念界定与评价指标体系构建

我们认为，农业现代化是通过要素投入、组织形式和服务设施等农业生产过程的不断优化，以农业经济活动的集约化、市场化和生态化为主要特征，实现农业经济和生态环境协调发展的动态过程。这一定义包括三方面内容：一是农业生产过程涉及生产要素科技化、组织形式专业化和服务设施系统化；二是农业经济活动特征涉及农业生产的集约化、农业产出的高效化和农业环境的生态化；三是农业现代化发展目标涉及实现农业投入产出高效化，以及农业经济与生态环境的协调发展。这一定义融合了农业活动初期的投入过程、中期的组织过程和后期的生产过程，同时提出了农业现代化的核心目标，为准确把握农业现代化的内涵提供了一个多角度的综合探究视角。

依据上述定义，遵循科学性、代表性、动态性和系统性的原则，基于数据可得性，我们构建了较为系统的农业现代化水平评价指标体系（表 6-1）。具体而言，农业现代化水平评价指标体系包含投入现代化、产出现代化和生态现代化 3 个一级指标，每个一级指标包含若干二级指标。其中，投入现代化反映农业现代化过程中的要素投入结构和规模，具体包含机械化水平、劳动力投入水平、资本投入水平、劳动力受教育水平、农用化肥施用量、有效灌溉率和科技人员配置率 7 个二级指标；产出现代化反映农业投入产出效率，具体包含劳动生产率、土地生产率和资本生产率 3 个二级指标；生态现代化反映农业现代化过程中的生态环境保护和整治力度，具体包含农业成灾率和水土流失治理程度 2 个二级指标。

表 6-1　农业现代化水平评价指标体系及赋权结果

一级指标	权重	二级指标	计算方法	权重
投入现代化	0.326 9	机械化水平	农机总动力/耕地面积	0.141 4
		劳动力投入水平	第一产业从业人数/耕地面积	0.137 4
		资本投入水平	农村居民家庭拥有农业生产性固定资产/耕地面积	0.142 2
		劳动力受教育水平	农村劳动力初中及以上文化程度人数/劳动力人数	0.140 7
		农用化肥施用量	农用化肥施用量（按折纯法计算）/耕地面积	0.116 4
		有效灌溉率	耕地有效灌溉面积/耕地面积	−0.090 2
		科技人员配置率	农业科技人员数/农业总人口	0.142 2
产出现代化	0.304 6	劳动生产率	第一产业增加值/第一产业从业人数	0.327 9
		土地生产率	第一产业增加值/耕地面积	0.320 9
		资本生产率	第一产业增加值/农村居民家庭拥有农业生产性固定资产	0.291 9
生态现代化	0.313 4	农业成灾率	农业成灾面积/耕地面积	0.418 5
		水土流失治理程度	水土流失治理面积/耕地面积	0.418 5

注：各指标权重根据全国层面的数据计算所得

6.1.2　评价方法选择

我们采用主成分分析法对各级指标进行赋权。主成分分析法的核心思想是降维，使用少数几个指标代替原来的多项指标。利用主成分分析法对指标进行赋权可以保证主成分总方差不变，使第一主成分的方差最大，第二主成分的方差次之，并且和第一主成分不相关，依次类推。在使用主成分分析法对评价指标进行赋权时，最多可以得到与初始指标数量相同的主成分。因此，主成分分析法既可以有效避免主观赋权法产生的主观性过强问题，又能够有效消除各评价指标之间的相互影响，并且通过降维，利用少数变量代替原有变量，实现简化计算的目的。

6.1.3　数据来源及标准化处理

本章研究全国及省级层面的农业现代化水平，受数据可得性限制，考察时间范围是 1992~2015 年，且未包括港澳台地区及西藏自治区。本章所选用指标的原始数据来源于《中国统计年鉴》《中国农村统计年鉴》《中国固定资产投资统计年鉴》《新中国 60 年统计资料汇编》以及省级层面的统计年鉴。由于原始数据存在数据单位和属性不统一的问题，因此在对指标进行赋权之前，必须对原始数据进行无量纲化处理和趋同性处理，从而消除量纲和数据趋向不同对评价结果的影响。我们采用极值法对数据进行标准化处理，具体方法如下：

$$N_{ij} = \frac{m_{ij} - m_{i,\min}}{m_{i,\max} - m_{i,\min}}\text{，为正作用指标标准化}$$

$$N_{ij} = \frac{m_{i,\max} - m_{ij}}{m_{i,\max} - m_{i,\min}}\text{，为负作用指标标准化}$$

其中，N_{ij} 为各指标标准化后的数值；m_{ij} 为 i 省份或 j 年份相关指标无量纲化前的数值；$m_{i,\max}$ 和 $m_{i,\min}$ 分别为 i 省份该指标的最大值及最小值。

6.1.4　指标权重确定

我们运用 Stata 软件，通过主成分分析法对评价体系中的各级指标进行赋权。农业现代化评价体系包含投入现代化、产出现代化和生态现代化三个维度，即三个一级指标，因此我们首先从三个维度对二级指标进行分类，并对各二级指标的权重分别进行测算。在此基础上，我们利用测算得到的二级指标权重，同各基础指标的标准化数值相乘并加总，计算得出各相关一级指标指数，并采用主成分分析法对各一级指标指数进行处理，从而测算出各一级指标的权重。这一赋权方法，一方面考虑了各项指标在指标体系中的贡献率大小；另一方面能够反映各维度由于二级指标数量的不同，对整个指标评价体系产生的影响强度差异。表 6-1 给出了一级指标和二级指标的具体权重。

6.2 时序变化

我们把全国层面的基础指标标准化数值，同采用主成分分析法得出的二级指标权重相乘并加总，即可得到全国层面各维度 1992~2015 年的指数；然后把各维度标准化后的指数同相应权重相乘并加总，就可以得到全国层面 1992~2015 年的农业现代化水平得分（表 6-2 和图 6-1）。

表 6-2　1992~2015 年中国整体及分维度的农业现代化发展水平

年份	投入维度	产出维度	生态维度	农业现代化
1992	−0.065 3	0.102 3	0.121 1	0.047 8
1993	−0.013 3	0.076 5	0.203 2	0.082 6
1994	0.038 8	0.166 2	0.092 1	0.092 2
1995	0.084 5	0.259 7	0.299 2	0.200 5
1996	0.141 3	0.213 0	0.346 4	0.219 6
1997	0.183 5	0.235 8	0.219 2	0.200 5
1998	0.202 2	0.228 1	0.347 2	0.244 4
1999	0.220 0	0.193 8	0.298 3	0.224 4
2000	0.256 9	0.152 7	0.242 1	0.206 4
2001	0.278 5	0.149 9	0.299 2	0.230 5
2002	0.303 8	0.152 7	0.436 2	0.282 5
2003	0.342 4	0.144 5	0.420 5	0.287 7
2004	0.393 0	0.261 5	0.720 2	0.433 8
2005	0.454 3	0.245 7	0.650 2	0.427 1
2006	0.491 8	0.256 8	0.622 4	0.434 0
2007	0.535 0	0.354 0	0.632 0	0.480 8
2008	0.566 3	0.455 9	0.669 4	0.533 8
2009	0.605 8	0.439 5	0.630 7	0.529 6
2010	0.624 9	0.521 4	0.586 5	0.546 9
2011	0.646 1	0.701 1	0.683 9	0.639 1
2012	0.660 5	0.824 9	0.716 9	0.691 8
2013	0.726 3	0.832 8	0.637 7	0.690 9
2014	0.745 2	0.877 6	0.702 4	0.731 0
2015	0.760 3	0.910 1	0.754 3	0.762 1

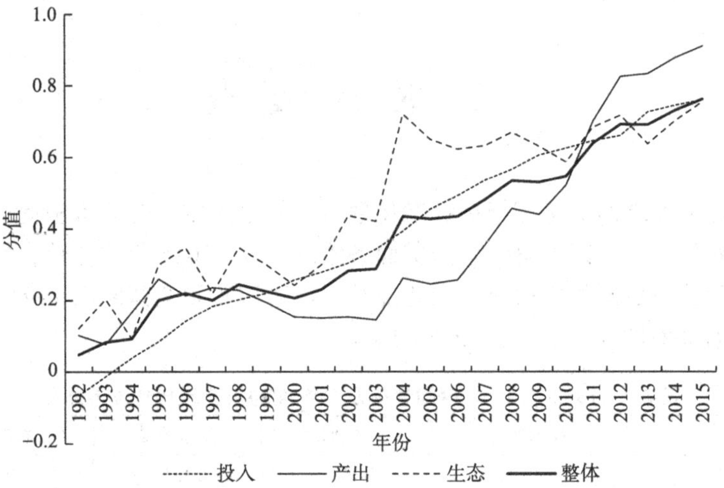

图 6-1　1992~2015 年中国整体及分维度农业现代化水平变动趋势

由表 6-2 和图 6-1 可以看出，1992~2015 年全国层面的农业现代化发展水平不断提高，得分从 1992 年的 0.047 8 提高到 2015 年的 0.762 1。在不同时期，受农业政策和宏观经济的影响，农业现代化水平变动呈现不同特征。根据数值变动趋势，我们把考察期分为四个阶段，进一步分析不同阶段的农业现代化发展特征。

1992~1996 年，中国农业现代化水平增速较快，投入、产出和生态现代化三个维度指数都得到大幅提升。这一成绩的取得主要有以下原因。一是粮食收购改革的深化。1993 年颁布的《中华人民共和国农业法》规定了对粮食及其他重要农产品进行价格保护的原则，同年颁布的国务院 12 号文件和《粮食风险基金管理办法》对粮食价格保护、实施方式及资金来源进行了规定和重申，以提高粮食价格和规避粮食生产风险，1996 年底粮食价格保护政策得到全面实施。二是农业生产资料价格改革的推进。1993 年起，中央政府逐步推行农产品与平价生产资料挂钩改革，对合同定购部分的农产品实行价外补贴以提高农民收入水平。1995 年中央政府将其调控的化肥以规定的低价格与粮棉收购挂钩供应给农民，同时对市场自由流通的化肥实行最高限价，以降低农业生产资料投入成本。政府对农业生产资料的补贴调动了农民的生产积极性，农业生产投资不断增加。1992~1996 年，中国农业机械化水平从 3.18 千瓦/公顷增至 4.10 千瓦/公顷，化肥使用量从 0.31 吨/公顷增至 0.40 吨/公顷。三是农村劳动力开始加速向外转移。农村劳动力转移就业逐步突破地域限制，向城镇的跨区域流动成为农村劳动力转移的重要方式。1992~1996 年，农村每年转出劳动力超过 800 万人，劳动和土地生产率的年均增长率分别达到 26%和 24%，农业产出效率明显提升。

1997~2003 年，中国农业现代化水平上升趋势放缓，具体表现为投入现代化和生态现代化水平提高，产出现代化水平降低。原因如下。一是农村剩余劳动力转移速度趋缓。这一时期乡镇企业的就业吸纳能力趋于饱和，城镇国有企业改革处于脱困攻坚阶段，导致农村劳动力转移不够顺畅。这一时期农业劳动投入由 1997 年的 3.55 人/公顷减少至 2003 年的 3.29 人/公顷，下降幅度不大，农业规模化经营受到限制。二是农业化肥使用量和灌溉规模增速下降，土地和资本生产率增速明显放缓。在这期间，土地生产率的年均增长率为 2.37%，资本生产率的年均增长率降到−2.62%，与前一阶段相比均出现大幅下滑，农地等资源的有效利用率降低。三是 1997 年爆发的亚洲金融危机所引发的宏观经济波动和市场需求疲软，对农业经济也产生了一定的冲击（李伟克和刘桂才，1998）。与 1997 年相比，1998 年中国农产品进出口分别下降 6.58%和 7.22%（牛宝俊等，2000），农产品国际市场环境恶化。

2004~2010 年，中国农业现代化增速有所回升，农业投入和产出现代化水平都有显著提升，生态现代化变动不明显。原因如下。一是种粮直补等政策的实施。2004 年全国落实种粮直补政策，中央和地方政府对粮食主产区和非主产区粮食主产县的种粮农民进行直接补贴，并对良种和农机具等农用生产资料进行专项补贴，此后补贴规模持续扩大，年补贴额超过数百亿元。二是中央政府从 2004 年开始取消农业特产税，并在 2006 年全面取消农业税，农业经营成本进一步降低。补贴规模的扩大和农业经营成本的降低，极大调动了农民种粮积极性，农业生产投资增加。2004~2010 年，单位面积的农机总动力从 5.94 千瓦增加至 6.86 千瓦，生产性固定资产从 0.91 万元增至 1.29 万元，增速较快。三是农村劳动力进入新的转移“高峰期”。这一时期，中央政府积极引导农村劳动力转移就业。2006 年国务院颁布的《国务院关于解决农民工问题的若干意见》，明确“既要积极引导农民进城务工，又要大力发展乡镇企业和县域经济，扩大农村劳动力在当地就业”。这一阶段农村劳动力转移速度明显加快，数以亿计的农民工进入城市就业。剩余劳动力的减少提高了农业劳动力利用效率，这一阶段劳动投入水平和农业产出率年增长率分别达 6%和 9%，农业现代化水平也实现快速提升。四是“入世”效应进一步释放。2001 年中国加入世界贸易组织，随着中国国内市场与国际市场的联系不断密切，农产品市场不断融入世界市场，市场化程度进一步增强。而 2008 年金融危机的出现，引发了世界经济增速放缓，国内和国际农产品市场需求萎缩，因此，2008~2010 年中国农业现代化发展速度略有下降。

2011~2015 年，中国农业现代化增速进一步加快，农业投入、产出和生态现代化水平都有较大幅度提升。原因如下。一是十八大以来中央提倡农业农村优先发展，进一步实施了一系列“惠农”政策。中央政府对农业部门的良种和农机补贴规模进一步扩大，2015 年中央财政拨付农机购置补贴 221.8 亿元，补贴农机具

356.7万台[①]，农业机械化水平的提高有效提升了农业生产效率。因此，这一阶段中国的农业现代化呈现出加速发展的趋势。二是农业合作化水平提升。中央积极引导农民专业合作社的组织和发展，2015 年全国各类专业合作社和产业化组织分别为 153.1 万和 38.6 万个，较 2010 年分别增加了 115.2 万和 13.1 万个，2015 年全国省级以上龙头企业农业技术推广服务人员 24.7 万人[②]，公有企事业农业技术人员67.3万人。农业规模化和集约化的进一步发展，以及农业科技人员数量的增加，提高了农业劳动力、土地和资本的产出效率。

6.3 空间差异

为了更为全面地把握中国农业现代化发展水平的变动特征，我们进一步从省份、地区和粮食功能区层面，研究农业现代化发展水平的空间差异。

6.3.1 省级层面

根据全国层面农业现代化水平的测算方法，我们利用省级层面的基础指标标准化数值和相应权重，分别测算得到 1992~2015 年省级层面的农业现代化各维度指数和整体得分。

表 6-3 列出了代表性年份省级层面的农业现代化发展水平得分。1992~2015 年各省份的农业现代化发展水平都得到明显提升，但各省份之间的农业现代化水平发展速度[③]存在一定差异。1992~2015 年发展速度居于前 10 位的省份是重庆、贵州、福建、四川、江西、浙江、江苏、山东、湖南和海南，包含 5 个东部省份、2 个中部省份和 3 个西部省份[④]。排名第 11~20 位的省份是广西、河北、河南、广东、湖北、云南、陕西、安徽、青海和上海，包含 3 个东部省份、3 个中部省份和 4 个西部省份。排名第 21~30 位的省份是吉林、天津、宁夏、黑龙江、内蒙古、山西、辽宁、甘肃、北京和新疆，包含 2 个东部省份、1 个中部省份、4 个西部省份和 3 个东北省份。由此可见，1992~2015 年东部省份的农业现代化发

① 数据来源于《中国农业年鉴（2015）》。

② 数据来源于《中国农业年鉴（2010）》和《中国农业年鉴（2015）》。

③ 本章以农业现代化水平的年均增长率代表农业现代化水平的发展速度。

④ 东部包括北京、天津、河北、上海、江苏、浙江、福建、山东、广东和海南 10 个省份，中部包括安徽、江西、河南、山西、湖北和湖南 6 个省份，西部包括内蒙古、广西、四川、重庆、贵州、云南、陕西、甘肃、青海、宁夏和新疆 11 个省份，东北包括辽宁、吉林、黑龙江 3 个省份。

展速度相对较快，中西部省份次之，东北省份较为缓慢。

表 6-3　代表性年份中国省级层面的农业现代化发展水平

省份	1992 年	1996 年	2000 年	2003 年	2006 年	2009 年	2012 年	2015 年
北京	0.425	0.436	0.451	0.538	0.490	0.533	0.560	0.603
天津	0.291	0.297	0.304	0.336	0.375	0.397	0.409	0.460
河北	0.245	0.284	0.307	0.323	0.367	0.390	0.438	0.445
山西	0.259	0.289	0.268	0.313	0.315	0.315	0.364	0.380
内蒙古	0.255	0.282	0.265	0.290	0.311	0.350	0.382	0.387
辽宁	0.282	0.326	0.280	0.338	0.360	0.382	0.429	0.412
吉林	0.234	0.283	0.230	0.302	0.309	0.318	0.366	0.378
黑龙江	0.248	0.276	0.252	0.230	0.276	0.294	0.352	0.385
上海	0.352	0.355	0.369	0.420	0.402	0.470	0.616	0.576
江苏	0.248	0.305	0.264	0.287	0.337	0.395	0.458	0.500
浙江	0.252	0.333	0.356	0.384	0.435	0.437	0.483	0.534
安徽	0.221	0.266	0.224	0.232	0.328	0.336	0.355	0.383
福建	0.255	0.306	0.335	0.332	0.348	0.433	0.500	0.593
江西	0.206	0.278	0.288	0.291	0.385	0.385	0.432	0.448
山东	0.228	0.287	0.292	0.335	0.365	0.391	0.433	0.459
河南	0.231	0.265	0.263	0.272	0.336	0.359	0.396	0.417
湖北	0.238	0.252	0.252	0.276	0.310	0.351	0.374	0.424
湖南	0.226	0.229	0.281	0.261	0.310	0.373	0.413	0.444
广东	0.250	0.295	0.314	0.310	0.328	0.376	0.437	0.447
广西	0.197	0.231	0.251	0.250	0.284	0.316	0.346	0.380
海南	0.240	0.200	0.230	0.287	0.356	0.351	0.464	0.463
重庆	0.136	0.190	0.246	0.249	0.248	0.322	0.350	0.400
四川	0.182	0.210	0.216	0.256	0.363	0.343	0.347	0.405
贵州	0.134	0.194	0.230	0.231	0.271	0.265	0.294	0.359
云南	0.197	0.231	0.237	0.239	0.256	0.283	0.314	0.347
陕西	0.249	0.308	0.314	0.341	0.391	0.380	0.444	0.432
甘肃	0.237	0.268	0.262	0.302	0.290	0.315	0.336	0.346
青海	0.230	0.254	0.208	0.278	0.276	0.361	0.379	0.377
宁夏	0.249	0.293	0.260	0.321	0.340	0.384	0.368	0.388
新疆	0.304	0.305	0.322	0.336	0.354	0.359	0.388	0.414

表 6-4 列出了代表性年份省级层面的农业现代化发展水平排名变化情况。从 1992 年各省份的排名来看，东部地区排名全国前 10 位的省份有北京（1）[①]、上海（2）、天津（4）、福建（7）、浙江（9）和广东（10），除了山东（22）之外其他省份排名均在全国第 11~20 位；中部地区排名全国前 10 位的仅有山西（6），除湖北（17）外，其他中部省份排名均在全国第 20 位之后；西部地区排名全国前 10 位的省份是新疆（3）和内蒙古（8），除陕西（11）和宁夏（12）之外，其他西部省份的排名均在第20位之后；东北地区的辽宁排名全国第5位，黑龙江排名第 13 位，吉林排名第 19 位。总体来看，1992 年中国农业现代化发展水平较高的省份基本分布在东部和东北地区，而中西部省份的农业现代化排名大多在第 20 位之后，整体水平相对较低。

表 6-4　代表性年份中国省级层面的农业现代化发展水平排名及变动

省份	1992 年	1996 年	2000 年	2003 年	2006 年	2009 年	2012 年	2015 年
北京	1	1（0）	1（0）	1（0）	1（0）	1（0）	2（−1）	1（+1）
天津	4	9（−5）	9（0）	6（+3）	6（0）	5（+1）	14（−9）	7（+7）
河北	15	14（+1）	8（+6）	9（−1）	7（+2）	8（−1）	8（0）	11（−3）
山西	6	12（−6）	14（−2）	12（+2）	19（−7）	26（−7）	22（+4）	25（−3）
内蒙古	8	16（−8）	15（+1）	17（−2）	20（−3）	20（0）	17（+3）	21（−4）
辽宁	5	4（−1）	13（−9）	5（+8）	10（−5）	11（−1）	12（−1）	17（−5）
吉林	19	15（+4）	27（−12）	15（+12）	23（−8）	24（−1）	21（+3）	26（−5）
黑龙江	13	18（−5）	21（−3）	30（−9）	27（+3）	28（−1）	24（+4）	22（+2）
上海	2	2（0）	2（0）	2（0）	3（−1）	2（+1）	1（+1）	3（−2）
江苏	14	7（+7）	16（−9）	18（−2）	15（+3）	6（+9）	6（0）	5（+1）
浙江	9	3（+6）	3（0）	3（0）	2（+1）	3（−1）	4（−1）	4（0）
安徽	24	20（+4）	28（−8）	28（0）	17（+11）	22（−5）	23（−1）	23（0）
福建	7	6（+1）	4（+2）	10（−6）	13（−3）	4（+9）	3（+1）	2（+1）
江西	25	17（+8）	11（+6）	16（−5）	5（+11）	9（−4）	11（−2）	9（+2）
山东	22	13（+9）	10（+3）	8（+2）	8（0）	7（+1）	10（−3）	8（+2）
河南	20	21（−1）	17（+4）	22（−5）	16（+6）	17（−1）	15（+2）	15（0）
湖北	17	24（−7）	20（+4）	21（−1）	22（−1）	19（+3）	19（0）	13（+6）
湖南	23	26（−3）	12（+14）	23（−11）	21（+2）	14（+7）	13（+1）	12（+1）
广东	10	10（0）	7（+3）	13（−6）	18（−5）	13（+5）	9（−4）	10（−1）
广西	27	25（+2）	22（+3）	25（−3）	25（0）	25（0）	27（−2）	24（+3）
海南	16	28（−12）	25（+3）	19（+6）	11（+8）	18（−7）	5（+13）	6（−1）
重庆	29	30（−1）	23（+7）	26（−3）	30（−4）	23（+7）	25（−2）	19（+6）

① 括号内的数字表示该省份当年的全国排名。

续表

省份	1992 年	1996 年	2000 年	2003 年	2006 年	2009 年	2012 年	2015 年
四川	28	27（+1）	29（−2）	24（+5）	9（+15）	21（−12）	26（−5）	18（+8）
贵州	30	29（+1）	26（+3）	29（−3）	28（+1）	30（−2）	30（0）	28（+2）
云南	26	22（+4）	24（−2）	27（−3）	29（−2）	29（0）	29（0）	29（0）
陕西	11	5（+6）	6（−1）	4（+2）	4（0）	12（−8）	7（+5）	14（−7）
甘肃	18	19（−1）	18（+1）	14（+4）	24（−10）	27（−3）	28（−1）	30（−2）
青海	21	23（−2）	30（−7）	20（+10）	26（−6）	15（+11）	18（−3）	27（−9）
宁夏	12	11（+1）	19（−8）	11（+8）	14（−3）	10（+4）	20（−10）	20（0）
新疆	3	8（−5）	5（+3）	7（−2）	12（−5）	16（−4）	16（0）	16（0）

注：括号内的数值代表各省份相关年份的农业现代化水平排名相对于前一代表性年份的变化，其中正值表示排名上升，负值表示排名下降

1992~2015 年各省份的排名变化呈现明显差异，除了北京和上海等少数省份的排名保持稳定外，早期排名靠前的山西、内蒙古和辽宁在 2015 年下降至第 15 位之后，而江苏、山东和江西等排名靠后的省份在 2015 年则上升到前 10 位。2015 年东部地区除河北（11）之外，其他省份排名均进入全国前 10 位；中部省份排名全国前 10 位的仅有江西（9），湖南、湖北、河南排名第 11~15 位，安徽和山西排在全国第 20 位之后；西部省份仅陕西、新疆、四川和重庆位排在第 11~20 位，其他省份排在全国第 20 位之后；东北三省的排名都在全国第 15 位之后，且下降幅度较大。总体而言，2015 年中国农业现代化发展水平较高的省份基本分布在东部地区，中部地区次之，而东北和西部省份的农业现代化排名较为靠后，发展水平较低。

6.3.2　地区层面

我们接下来分别以东部、中部、西部和东北地区为研究对象，探究不同地区农业现代化水平得分的时序变化和空间差异。在测算方法上，我们首先对各地区的省级基础数据进行加总，得到各地区的基础指标数值，随后根据全国层面的测算原则，对各地区基础指标的标准化数值和相应权重相乘加总，从而得出各地区的农业现代化各维度指数及整体得分。

图 6-2 给出了 1992~2015 年各地区的农业现代化发展水平变动趋势，从图中可以看出，农业现代化发展水平的地区分布格局由 1992 年的“东北>西部>中部>东部”，转变为 2015 年的“东部>西部>中部>东北”；而农业现代化发展速度的空间差异则呈现出“东部>西部>中部>东北”的地域差异特征。总体来看，各个地区的农业现代化水平均呈现提升态势。

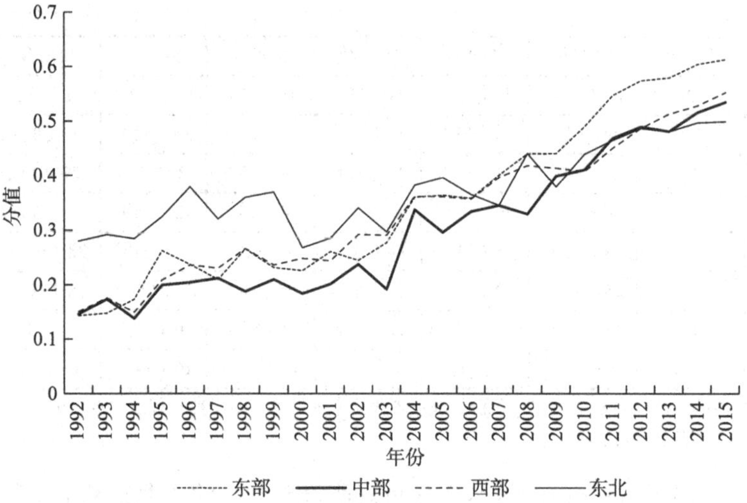

图 6-2　1992~2015 年中国各地区的农业现代化发展水平

东部地区的农业现代化增速快于其他地区，得分从 1992 年的 0.143 提升至 2015 年的 0.613。东部地区农业现代化的快速发展得益于以下因素。一是农产品市场体系较为完善。改革开放以来，东部地区的市场化改革进程与其他地区相比更为迅速，推动了农产品市场的完善，并扩大了农产品的市场交易。二是产业升级进程更快。随着东部地区工业化的快速推进，第二和第三产业逐渐在经济结构中占据主导地位，先进的工业和制造业部门为东部地区农业机械化水平的提高创造了条件，也推动了农业劳动力转移和城市化水平的提升。2015 年东部地区城市化水平达到 64.8%①，第一产业就业人员所占比重大幅下降，农业规模化和集约化水平随之提高。三是东部地区拥有更为丰富的教育和科技资源，特别是北京、上海等经济发达地区，农业从业人员受教育水平较高，农业科技力量雄厚。1992 年东部地区接受初中及以上教育程度的农业劳动力比重为 49.6%，低于东北地区，2015 年东部地区该比例上升到 84.7%，远高于其他地区，农业劳动力质量得到明显提升。四是东部地区的持续快速经济增长使地方财政收入较为充裕，这为农业基础设施的完善和农业生态保护提供了条件。2015 年，东部地区的第一产业人均农林水财政支出为 8 007 元，人均环保支出为 363 元，人均教育支出为 2 071 元，高于其他三个地区②。农业财政补贴和教育支出的增加，提高了东部地区的生产资料投入水平及劳动力质量。

中部地区农业现代化的发展速度略低于东部地区，得分从 1992 年的 0.145 提

① 数据来源于《中国统计年鉴（2015）》。

② 数据来源于《中国财政年鉴（2015）》和《中国统计年鉴（2015）》。

升至 2015 年的 0.535。中部地区除山西之外，其余五省都是中国重要的粮食主产区，农业生产条件优越。中部地区的机械化水平和农用化肥施用量的增长率，以及农业成灾率的降低率都明显高于其余地区，土地生产率的增长速度仅低于东部地区。但受经济发展水平的制约，中部同东部相比，在涉农财政投入和农业基础设施完善程度上存在一定差距，2015 年中部地区第一产业人均农林水财政支出为 3 918 元，远低于其余三个地区①，这就在一定程度上限制了中部地区农业现代化水平的提高。

西部地区的农业现代化水平得分从 1992 年的 0.150 提升至 2015 年的 0.552，增速仅次于东部地区。农业劳动力跨区域转移、西部大开发政策扶持和生态环境治理力度加强，是西部地区农业现代化水平较快提升的重要原因。一是在市场力量的驱动下，20 世纪八九十年代以来西部大量农村劳动力向东部沿海地区转移，西部地区的农业规模经营水平不断提升，农业人均产出也随之提高。西部地区劳动力投入水平从 1992 年的 4.01 人/公顷降至 2015 年的 1.92 人/公顷，增速高于其余三个地区。二是西部大开发战略实施以来，中央在产业发展、基础设施建设、公共服务供给及生态环境保护等方面给予西部地区大力扶持，这在一定程度上推动了西部地区农业现代化水平的提升。1992~2015 年，西部地区的农业机械化水平、农业化肥施用量和科技人员配置量都出现明显增加。三是政府 21 世纪以来加大了西部地区生态环境保护力度，西部农业生产环境明显改善，农业灾害预防和水土流失治理成绩显著，西部农业成灾减少率和水土流失治理增长率处于较高水平。以上因素共同作用，推动了西部地区农业现代化水平的较快提升。

东北地区的农业现代化水平得分从 1992 年的 0.280 提升至 2015 年的 0.499，增速相对较慢，东北地区早期具备的农业现代化领先优势逐渐被其他地区超越。东北地区的农业生产拥有优越的自然地理条件、雄厚的重工业基础以及国家政策的大力支持，国有农场普遍进行规模化和机械化经营。1992 年，东北地区劳动力投入水平为 1.1 人/公顷，远低于其余地区，科技人员配置率和劳动生产率等指标则高于其余地区，因此东北地区是 20 世纪 90 年代中期之前中国农业现代化水平最高的地区。但随着改革开放进程的不断推进，东北地区农业生产在资金投入和生态环境保护方面同其他地区的差距日益扩大，各投入要素的生产率也远低于其他地区，农业现代化发展速度有所减缓。

6.3.3　粮食功能区层面

农业政策作用的不同是粮食生产呈现区域化特征的重要原因（高鸣和宋洪

①数据来源于《中国财政年鉴（2015）》。

远，2014），因而我们进一步从粮食功能区层面，分别测算粮食主产区、粮食产销平衡区和粮食主销区的农业现代化水平得分，并分析各粮食功能区农业现代化水平得分的时序变化和空间差异。2008 年中央政府颁布了《国家粮食安全中长期规划纲要（2008—2020 年）》，旨在提升我国粮食综合生产能力，保障国家粮食安全，其中对粮食主产区、粮食产销平衡区和粮食主销区所涵盖的省份进行了清晰界定①。根据地区层面农业现代化水平的测算原则和方法，我们对各粮食功能区的省级基础数据进行加总，从而得出各粮食功能区的基础指标数值，最后测算得出各粮食功能区的农业现代化水平得分。

图 6-3 给出了 1992~2015 年各粮食功能区的农业现代化水平得分，从图中可以看出，1992~2015 年粮食主销区的农业现代化水平始终高于粮食主产区和粮食产销平衡区（1993 年低于粮食产销平衡区），且增速不断加快，较之于其他两类地区的领先优势不断扩大。粮食主销区农业现代化发展水平更高的主要原因在于其经济发展水平高于其他功能区，粮食主销区主要是东部经济发达省份，农产品市场体系、工业化水平、农业科技教育水平及财政环保投入长期保持较高水平，这对于提高粮食主销区的农产品市场交易水平、农业机械化水平和农业生态环保水平都具有重要作用，有助于提高粮食主销区的农业现代化水平。

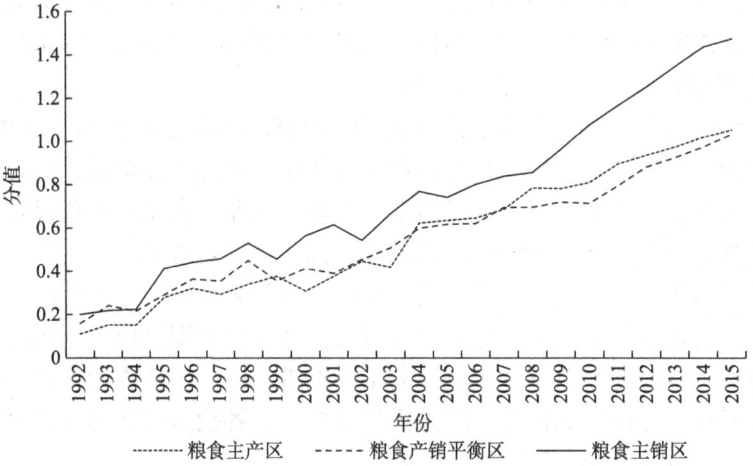

图 6-3　1992~2015 年中国各粮食功能区的农业现代化发展水平

1992~2015 年，粮食产销平衡区和粮食主产区的农业现代化水平差异较小，

① 本章的粮食主产区包括河北、内蒙古、辽宁、吉林、黑龙江、山东、河南、江苏、安徽、江西、湖北、湖南和四川 13 个省份，粮食产销平衡区包括山西、广西、重庆、贵州、云南、陕西、甘肃、青海、宁夏和新疆 10 个省份，粮食主销区包括北京、天津、上海、浙江、福建、广东和海南 7 个省份。

并同时保持较慢的发展速度。根据测算结果，从具体维度来看，粮食主产区的投入现代化和产出现代化水平均高于粮食产销平衡区，而生态现代化水平则低于粮食产销平衡区。与粮食主产区相比，粮食产销平衡区由于发展水平较低、农业生产条件较差和生态环境脆弱，农业机械、科技等要素投入相对不足，而且产出效率较低，农业投入和产出现代化水平长期处于较低水平；但粮食产销平衡区在农业生态保护，特别在水土流失治理方面表现得更好，因而粮食产销平衡区和粮食主产区的农业现代化水平整体差异较小。

6.4 国际比较

农业由传统向现代化转型是一个世界性课题，对于中国农业现代化发展水平的讨论，应将其置于世界农业现代化发展过程中进行比较分析。受各国统计数据口径差异以及数据可得性的限制，我们选用土地生产率和劳动生产率两个指标，选取美国、澳大利亚、日本、韩国等代表性国家，对中国同代表性国家的农业现代化发展水平进行比较分析。

美国和澳大利亚的农业现代化模式呈现“大型机械化、化学化和农场化”的特征。第一，美国和澳大利亚地广人稀，农业现代化过程中非常重视采用大型农业机械，以最大限度代替农业劳动力，提高农业劳动生产率。第二，在技术层面，美国和澳大利亚重视化肥投入，提高土地肥力和产出效率，而对生物技术引入、耕地投入和培育却有所忽视。第三，在组织层面，美国和澳大利亚的农业经营模式一直坚持大规模经营，随着科技的不断发展和农业劳动力向非农产业转移，农业生产快速向大农场模式发展。

日本和韩国的农业现代化模式呈现“小型机械化、生物化和农协化”的特征。第一，日本和韩国地狭人稠，耕地资源贫乏，故而重视发展农业生物技术，大力培育新型作物品种以提高单产，增加粮食产出。第二，小型机械化适合日本和韩国多山地、少平原的地理特征，以及水稻等农作物的耕作，利于提高作业效率。第三，日本的农业组织主要是农协，通过农协的设立为农户融资和技术学习提供便利，并在农户与市场之间建立联系，将分散的农户组织起来形成有组织化的市场主体，克服小生产的局限性，发挥规模经营的高效性。韩国也建立了相应的农技教育机构，以及通过中间商将农民与市场联系起来的联动机制，加强对农民的技术教育，提高农业生产经营效率。

6.4.1　农业劳动生产率的国际比较

从五国农业劳动生产率的比较来看（图 6-4），澳大利亚和美国的农业劳动生产率在 1997~2015 年始终保持较高水平，且呈现上升趋势；日本和韩国的农业劳动生产率相对较低，但均高于中国。具体而言，澳大利亚的农业劳动生产率由 1997 年的 3.001 万美元/人增至 2015 年的 9.615 万美元/人，美国同期由 3.080 万美元/人上升到 7.249 万美元/人。日本和韩国的农业劳动生产率在考察期变动不明显，提升速度较慢，2015 年分别为 2.024 万美元/人和 2.027 万美元/人，长期处于较低水平。在此期间，中国的农业劳动生产率由 1997 年的 0.051 万美元/人上升到 2015 年的 0.635 万美元/人，虽有较为明显的提升，但同代表性国家仍存在很大差距。

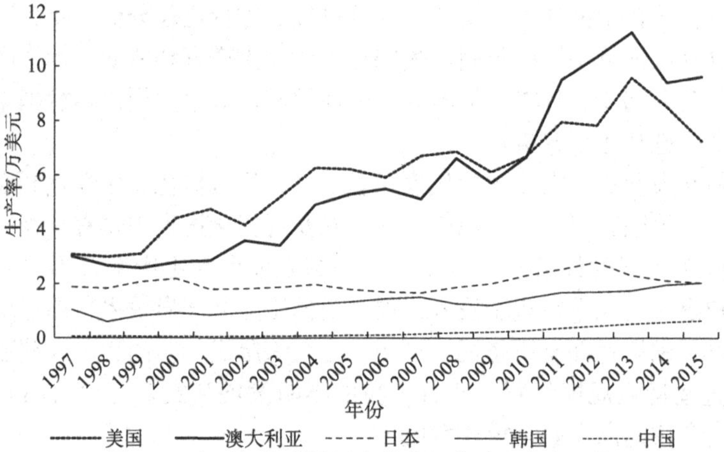

图 6-4　中国与代表性国家的农业劳动生产率比较

资料来源：世界银行数据库

日本和韩国的农业劳动生产率相对较低，这同东亚地区地狭人稠的农业资源禀赋特征有一定关系。同美国和澳大利亚相比，日本与韩国的农业经营主体所能支配的农地规模相对较小，因此日本、韩国的农业生产倾向于采用小型机械精耕细作，而美国、澳大利亚的农业生产则倾向于采用大型机械。同小型机械化相比，大型机械化对农业劳动力的替代效果更加明显，因此美国和澳大利亚可以有效提高农业劳动生产率。

中国的农业劳动生产率变动在 1997~2015 年经历了两个阶段：1997~2006 年农业劳动生产率增速较慢，仅由 0.051 万美元/人提高到 0.113 万美元/人；2007~2015 年增长速度有所提升，由 0.151 万美元/人提高到 0.635 万美元/人。

2007 年以来，中国农业部门的增加值规模迅速扩大，同时农村劳动力向城镇非农产业转移的速度加快，这对中国农业劳动生产率水平的提高发挥了重要作用。但总体而言，中国的农业生产率水平不仅同日本、韩国存在很大差距，同美国、澳大利亚更是存在更大差距，这同大量农村劳动力长期滞留在农业部门有很大关系。随着工业化进程的不断推进，工业和服务业已成为中国国民经济的主体，2015 年第一产业增加值所占比重为 8.9%。但受户籍制度改革滞后等因素的影响，进城农民工难以平等享受市民化待遇，农村劳动力转移不够顺畅，2015 年第一产业就业人员所占比重仍高达 28.3%，城镇化率仅为 56.1%，与发达国家水平存在较大差距，这导致劳动力在城乡之间和产业之间存在配置扭曲，很大程度上制约了农业劳动生产率水平的提升。在劳动力要素自由流动的机制下，劳动力可以根据要素报酬率自由选择向预期收益率更高的城市地区和现代产业部门转移，从而通过合理配置劳动力要素提高其利用效率，最终实现劳动力要素收益率在城乡和产业间的均衡。但中国城乡间的户籍管理制度抑制了劳动力在城乡和产业部门间的自由流动，统一有效的劳动力要素市场在城乡和产业部门之间未能构建起来，要素价格机制难以引导劳动力要素实现合理配置，劳动力要素的错配问题难以得到根本解决。由此可见，加快户籍制度改革，促进农村劳动力转移，是提高农业劳动生产率的必由之路。

6.4.2　农业土地生产率的国际比较

从五国农业土地生产率的比较来看（图 6-5），日本和韩国的农业土地生产率长期居于较高水平，近年来基本保持在 120 万美元/平方千米左右，其中韩国的农业土地生产率呈现不断上升的发展趋势，高水平的农业土地生产率是日本和韩国农业现代化的重要特征。与此相比，澳大利亚和美国的农业土地生产率水平相对较低，美国的农业土地生产率不到 6 万美元/平方千米，澳大利亚则不到 1 万美元/平方千米。中国的农业土地生产率呈上升趋势，数值高于美国和澳大利亚，但远低于日本和韩国。

美国和澳大利亚农地资源丰富，因此对农地生产率不够重视；日本和韩国历来崇尚精耕细作，生物技术的应用及优良作物的广泛种植提升了日本和韩国的农业土地生产率。中国农业土地生产率在 1997~2006 年增长较为缓慢，2007~2015 年增长速度提升，但同日本和韩国仍存在很大差距。中国的农业土地生产率相对较低的原因可归结为以下方面。第一，中国农业长期以“增产”为主要目标，过度依赖化学肥料和农药，导致耕地资源污染严重，耕地质量不断降低，这在一定程度上影响了农地单产。第二，中国耕地的地域分布相对分散，不同地区的耕地

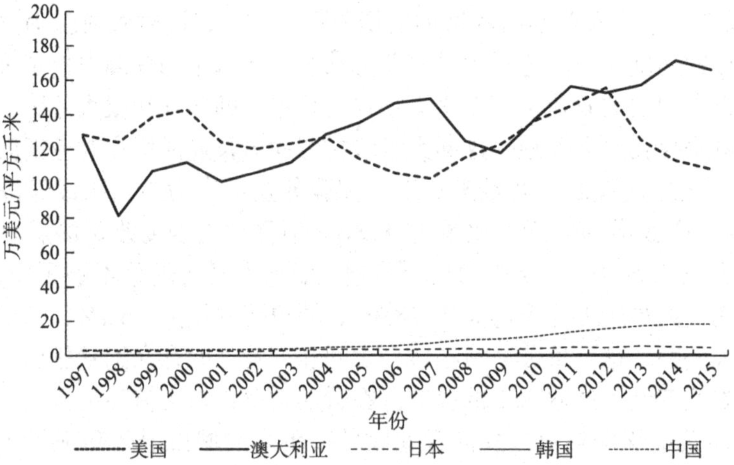

图 6-5 中国与代表性国家的农业土地生产率比较

资料来源：世界银行数据库

资源具有不同的特征，但各地的农业产业结构并非完全因地制宜，这也在一定程度上影响了农业产出效率。第三，农村家庭联产承包责任制导致农地细碎化经营，受户籍制度、农地制度等因素的影响，农地经营权流转和规模化经营发展速度较慢，从而影响了农地生产率提升。

本章在构建农业现代化水平评价指标体系的基础上，对中国农业现代化发展水平的时序变化和空间差异做了分析，并进行了国际比较。基于研究结论，结合近期重点实施的乡村振兴战略，我们从农业投入、产出和生态现代化三个维度，提出加快推进中国农业现代化进程的政策建议。第一，农业科技化是农业投入现代化的重要特征，中国应在推广新型农业机械和良种使用、提高农业从业人员素质等方面进一步做出努力。具体来说，政府应鼓励新型农业机械和良种“入乡”，降低农业投入成本，提高农业机械化和生物化的覆盖率。同时，增加农业专业人员数量，为高素质人才返乡创业提供机会和平台，并对现有农户进行专业培训，提高农业劳动力的专业素质和人力资本水平，这对改善农业投入要素结构和提高农业投入现代化水平具有重要意义。第二，城乡间劳动力、资本和土地要素长期错配是我国农业产出效率低下的重要原因，因此应推进户籍制度和农地管理体制改革，加快要素流动，提高农业产出效率。具体来说，需要逐渐破除分割城乡要素市场的户籍管理制度，构建城乡统一的劳动力市场，有序推进大城市的农业转移人口市民化，进一步转移农业劳动力，提高农业劳动生产率。同时，落实农地“三权分置”改革，加快农地经营权流转，逐步推进农业规模化和集约化经营，为资本进入农业农村创造条件，提高农业土地生产率。第三，实现农业经济和生态环境的协调发展是农业现代化建设的重要目标，因而在农业现代化发展过程中应特别重视对耕地的保护。具体来说，政府部门应积极落实生态环境脆弱地区的水土保持工作，提高耕地质量。同时做好农业灾害的监测和预报工作，降低农业灾害对农业生产所造成的消极影响，提高农业生态现代化水平。

第 7 章　农村基本公共服务供给的制度演进与状态判定

基本公共服务是由政府依据经济社会发展情况，向城乡居民提供的、满足其生存和发展基本需求的公共产品。基本公共服务供给状况与居民切身利益密切相关，为居民提供均等可及的基本公共服务是各级政府的基本职能。随着经济社会发展水平的变动，基本公共服务的标准和范围也随之调整。一般而言，基础教育、医疗卫生、社会保障是城乡居民共同需求的基本公共服务，它们对于居民提升人力资本水平、共享现代化成果具有重要意义。中华人民共和国成立之后到 21 世纪初广泛开展农村税费改革之前，基本公共服务供给中存在严重的城市偏向问题，农村居民所能享受的基本公共服务水平远低于城市居民。21 世纪初以来，公共财政对农村公共服务供给的支持力度不断加大，基本公共服务供给逐步由“城市偏向”转变为“城乡均等化”。本章着重研究以下三个问题：一是中华人民共和国成立以来，基本公共服务供给由“城市偏向”到“城乡均等化”的演进逻辑及过程；二是中华人民共和国成立到农村税费改革之前，基本公共服务供给的城市偏向及其表现形式；三是农村税费改革以来，城乡基本公共服务均等化状态的变动趋势。

新制度经济学认为，国家可以推进强制性制度变迁，并且历史在很大程度上就是一个渐进的制度变迁过程。借鉴新制度经济学的国家和制度变迁理论，我们认为国家在不同时期的发展战略导致了农村基本公共服务供给制度的变迁，公共服务供给制度的变迁决定了农村基本公共服务的供给状态。

中华人民共和国成立之后，在重工业优先发展的赶超型战略下，政府实施城乡分割的户籍管理制度，把公民分割成“农业户口”和“非农业户口”两大群体。以户籍制度为基础，进一步衍生出了城乡有别的公共服务供给制度。具体而言，政府在城市通过公有制企事业单位，为市民构建了一整套“从摇篮到坟墓”的公共服务供给制度，财政资金在城市公共服务供给中发挥主导作用，城市公共服务体系较为完备，城市居民能够享受较好的基本公共服务。在人民公社体制下，农村公共服务供给所需的资金和劳动力主要来源于生产队（农户），财政所起的作用不大，农村公共服务总体上采取的是“制度外筹资”和“制度外供给”形式。在城市偏向的公共服务供给制度下，农村公共服务供给不足，城乡居民所能享受的基本公共服务存在很大差异，由此形成了严重的社会问题。借鉴发展经济学的“二元经济结构”理论，郭书田和刘纯彬（1990）把城乡有别的教育制度、医疗制度、养老保险制度等 14 种不合理制度归结为城乡二元社会结构，并且认为城乡二元社会结构固化了城乡二元经济结构。

改革开放之后，在以经济建设为中心的发展战略下，各级地方政府以推动辖区经济增长为主要施政目标，最大限度地压缩公共服务供给支出，并且仍把有限的公共服务资源优先配置在城市。这样，政府把户籍制度作为限制农民进城、阻碍农民工获得城市公共服务的重要工具，户籍制度改革进展缓慢。农村在 20 世纪 80 年代初普遍实施了家庭联产承包责任制改革，乡镇政府、村委会成为农村公共服务供给的主体。延续人民公社时期农村公共服务的“制度外筹资”和“制度外供给”形式，制度外收入是农村公共服务供给的主要资金来源（孙潭镇和朱钢，1993；樊纲，1995；林万龙，2002）。在此背景下，农民除了按照法律规定上缴农业税和承担农产品定购任务之外，还必须承担村提留和乡统筹（俗称“三提五统”）以及义务工和劳动积累工，并且交纳各种临时摊派集资和行政事业性收费，这导致农民负担日益沉重。20 世纪 90 年代之后，随着国有企业改革的推进，政府对城市公共服务供给体制进行了调整，城市基本公共服务供给逐步采取了市场化形式，但城市居民享受的公共服务水平仍明显高于农村居民，城乡基本公共服务供给仍然存在严重的城市偏向问题。

21 世纪以来，中央在“构建和谐社会”的战略任务下提出了“城乡基本公共服务均等化”命题，推动了城乡公共服务供给制度的变迁。在此过程中，为解决农民负担沉重和农村公共服务供给不足的问题，中央于 20 世纪末开始实施农村税费改革。农村税费改革在很大程度上改变了农村公共服务的筹资方式和供给体制，财政覆盖农村公共服务的范围不断增大。在这项改革实施之后，乡镇范围内的公共服务主要由政府财政安排解决，村级范围内的公共服务主要通过村民大会“一事一议”来筹资投劳，政府财政对村级范围内的公共服务给予适当补助，公共财政支持下的农村基础教育、医疗卫生、社会保障体系也不断完善。党的十八大以来，农村基本公共服务供给力度进一步加强，农村居民享受的公共服务水平不断提升，基本公共服务供给由“城市偏向”向“城乡均等化”转变。

7.1 制度演进

中华人民共和国成立以来，农村基本公共服务供给制度随着国家发展战略和农村管理体制的调整而变迁，大致可分为以下四个阶段：一是中华人民共和国成立初期的农村公共服务供给阶段（1949~1957 年）；二是人民公社时期的农村公共服务供给阶段（1958~1982 年）；三是家庭承包经营背景下的农村公共服务供给阶段（1983~2001 年）；四是税费改革之后的农村公共服务供给阶段（2002 年至今）。中华人民共和国成立初期的农村公共服务供给阶段时间相对较短，经历了由农户自我供给为主向农村合作经济组织供给的转变；1958~2001 年的农村公共服务总体上采取的是"制度外供给"的形式，政府财政对农村公共服务供给的支持力度不大，农民所能享受的公共服务水平远低于城市居民；2002 年大范围推行农村税费改革以来，财政对农村公共服务供给的支持力度日益加大，推动了农村公共服务由"制度外供给"向"制度内供给"转变，城乡基本公共服务均等化水平不断提升，但由于农村公共服务欠账过多，城乡基本公共服务均等化仍任重道远。

7.1.1 中华人民共和国成立初期的农村公共服务供给制度

中华人民共和国成立之初，农村公共服务以农户自我供给为主；随着农业合作化运动的开展，农业合作经济组织成为农村公共服务供给的主体。1950 年 12 月 8 日，政务院第六十二次政务会议通过了《乡（行政村）人民代表会议组织通则》和《乡（行政村）人民政府组织通则》。按照这些法令，全国农村地区普遍建立起了区、乡（行政村）人民政府。1954 年颁布的中华人民共和国第一部《宪法》规定，县以下的农村行政单位为乡、民族乡、镇，这标志着乡镇政府成为这一阶段农村的基本行政单位。尽管这一时期建立起了农村基层政权，但它们供给农村公共服务的职能尚不完善，农村公共服务仍以农户自我供应为主。

从 1953 年开始，农村开展了轰轰烈烈的农业合作化运动，通过互助组、初级社、高级社等互助合作形式，把以生产资料私有制为基础的个体农业经济，改造为以生产资料公有制为基础的农业合作经济。到 1956 年底，农业合作化运动基本完成，农村合作经济组织成为供给公共服务的基本单位。这一时期，农业合作社组织农民开展了农田水利建设；应农业合作生产的需要，农业合作社还开办了公共食堂，组建了幼儿园、托儿所、中小学、农业技术学校等单位，并且承担了训练民兵的职能，逐步演变为基层政府。

7.1.2　人民公社时期的农村公共服务供给制度

随着农村集体化运动的推进，全国农村于 1958 年普遍建立了人民公社，公社集行政和经济管理职能于一身，实行“政社合一”的组织制度。按照 1962 年中共中央通过的《农村人民公社工作条例修正草案》（又称“农业六十条”）之规定，人民公社实行“三级所有、队为基础”的管理体制，公社、生产大队、生产队负责提供农村公共服务，该体制一直延续到 1983 年公社解散。人民公社体制下提供农村公共服务所需的资金和劳动力主要来源于生产队，政府财政所起的作用不大，农村公共服务总体上采取的是“制度外筹资”和“制度外供给”的形式。对此，郭瑞萍（2008）认为，人民公社时期的农村公共服务供给实际上是一种以政府供给为表象、以农民合作供给为实质的供给制度。

按照《农村人民公社工作条例修正草案》的规定，公社、生产大队、生产队在农村公共服务供给中的分工如下。公社管理委员会负责公社范围内的“生产建设、财政、粮食、贸易、民政、文教卫生、治安、民兵和调解民事纠纷等项工作”①，“兴办全公社范围的，或者几个生产大队、几个生产队共同的水利建设和植树造林、水土保持、土壤改良等基本建设，兴办几个公社共同的水利建设和其他的基本建设”②。为此，公社成立了农业机械管理站、农业技术推广站、畜牧兽医站、水利站、卫生院、文化站、广播站等部门，负责供给相关公共产品。生产大队负责“管理全大队的民政、民兵、治安、文教卫生等项工作”③，“领导兴办和管理全大队范围的或者几个生产队共同的水利建设和其他农田基本建设”④。生产队是人民公社的基本核算单位，实行独立核算、自负盈亏，直接组织生产和收益分配。生产队根据需要，每年从可分配的总收入中扣留 3%~5%的公积金，以及 2%~3%的公益金，用于提供农村各类公共服务。人民公社在成立后逐步建立起公社财政，公社财政对公社一级的某些公共服务项目给予资金支持，但占农村公共服务筹资比重不大。

---

① 引自《农村人民公社工作条例修正草案》（一九六二年九月二十七日中国共产党第八届中央委员会第十次全体会议通过）第二章第九条. 转引自张乐天. 人民公社制度研究. 上海：上海人民出版社，2005：412.

② 引自《农村人民公社工作条例修正草案》（一九六二年九月二十七日中国共产党第八届中央委员会第十次全体会议通过）第二章第十一条. 转引自张乐天. 人民公社制度研究. 上海：上海人民出版社，2005：413.

③ 引自《农村人民公社工作条例修正草案》（一九六二年九月二十七日中国共产党第八届中央委员会第十次全体会议通过）第三章第十九条. 转引自张乐天. 人民公社制度研究. 上海：上海人民出版社，2005：415.

④ 引自《农村人民公社工作条例修正草案》（一九六二年九月二十七日中国共产党第八届中央委员会第十次全体会议通过）第三章第十九条. 转引自张乐天. 人民公社制度研究. 上海：上海人民出版社，2005：415.

在公社财政资金不足的情况下，农村公共服务供给的主要资金来源是生产队，也就是由社员（农民）承担。在人民公社体制下，生产资料全部归集体所有，劳动力集中参加生产劳动，生产队和生产大队的收益分配在扣除当年的生产费用[①]之后，按照以下顺序进行分配：一是国家税收和粮食统购任务；二是管理费，包括差旅费、办公用品、干部补贴以及生产队上交生产大队的管理费；三是集体提留，包括生产队及上交给生产大队的公积金、公益金、贮备基金、生产费基金等，生产大队还要从生产队交纳的公积金中提取一部分交给人民公社，作为公社的公积金，贮备基金主要用于应对自然灾害；四是社员分配，即以工分为权重，按照人口和工分把剩余收益分配给社员（农业部《农民负担问题综合研究》课题组，1993）。财政部汇总27个省（自治区、直辖市）317个公社29 664个生产队的调查材料显示，1965年国家税收占生产队分配总收入的5.73%，集体提留占39.93%，社员分配占54.34%[②]。集体提留除用作生产费基金和贮备基金外，剩余部分主要用于公积金和公益金（约占可分配收入的5%~8%），也就是提供农村公共服务。

公积金和公益金构成了农村公共服务供给的主要资金来源，提供公共服务所需的劳动力则由公社、生产大队和生产队统一调配。其中，公积金主要用于修建农田水利设施，购买农机具和牲畜，修建畜舍、仓库等生产性固定资产，营造树林；公益金主要用于供养五保户，优待军烈属和残废军人，补助困难户，发放集体福利，发展农村教育卫生事业（农业部《农民负担问题综合研究》课题组，1993）。提供农村公共服务所需的劳动力成本，主要通过增加工分数、降低工分值的方式予以分摊。在人民公社时代，劳动代替资本、最大限度使用劳动力是农村公共服务供给的重要特征。总体而言，计划经济时代的农村公共服务供给除少数情况下由政府财政提供支持外，主要依赖于从生产队筹集资金和劳动力，也就是采取了“制度外供给”的形式（叶兴庆，1997；林万龙，2002）。

通过表7-1可以看出，小型农田水利工程、农村基础教育、农村合作医疗、公社范围内的卫生院和卫生所等农村公共服务基本由生产队筹资解决，并且公社社员在供给公共服务过程中承担了大量劳动，国家财政仅对少数公共服务项目提供资金支持。在人民公社体制下，农村公共服务供给水平明显高于中国以往历史上的任何一个时代，但城乡公共服务供给水平存在较大差距，并且农村公共服务的“制度外供给”给生产队带来了沉重负担。

---

① 生产费用包括种子、农药、肥料、排灌费、机耕费、燃料、农机具维修费及小型农具购置费、固定资产折旧、耕畜饲养费等。

② 数据来源：中华人民共和国财政部，《中国农民负担史》编辑委员会. 中国农民负担史（第四卷）. 北京：中国财政经济出版社，1994：276.

表 7-1　人民公社时期的农村公共服务项目和筹资渠道

序号	公共服务项目	筹资渠道
1	小型农田水利工程	凡是社队有能力承担的，由社队自行筹资解决；社队承担有困难的，国家财政给予必要补助
2	农村基础教育	以社队集体承担为主，国家财政给予必要补助，另由学生家庭承担少量学杂费
3	农村合作医疗	由大队（村）统筹全体农民的医疗费用，基本医疗服务费用主要由大队集体承担；国家财政对医务人员的培训经费和穷队办合作医疗给予补助
4	公社（乡镇）卫生院	实行“社办公助”，主要依靠公社集体经济承担
5	大队（村）卫生所	几乎完全靠集体经济投资和维持
6	公社文化和广播事业	以公社资金为主，国家财政给予适当补助
7	公社范围内农业事业单位	国家财政预算内经费和公社社有资金

资料来源：林万龙. 乡村社区公共产品的制度外筹资：历史、现状及改革. 中国农村经济，2002，（7）：27-35

7.1.3　家庭承包经营背景下的农村公共服务供给制度

改革开放之后，全国农村在 20 世纪 80 年代初普遍实施了家庭联产承包责任制改革，由人民公社（包括生产大队、生产队）控制农村经济资源的体制转变为“宜统则统、宜分则分”的家庭经营制度，农户成为生产经营主体，掌握了产品剩余索取权。随着家庭联产承包责任制改革的实施，农村治理结构也随之发生改变。1983 年 10 月 12 日，中共中央、国务院发布《关于实行政社分开建立乡政府的通知》。此后，各地逐步废除人民公社，建立乡镇人民政府，由乡镇政府负责辖区范围内的行政管理工作；取消生产大队，由村民民主选取产生的村民委员会实行村民自治，原来的生产队改为村民小组。截至 1984 年底，全国共建立乡政府 84 340 个，新建村民委员会 822 000 个，有 28 个省（自治区、直辖市）完成了建乡工作，实现政社分开的公社占到公社总数的 98.38%①。

在新的农村治理结构下，乡镇政府取代人民公社、村委会取代生产大队和生产队，成为农村公共服务供给的主体。具体而言，乡镇政府负责“领导本乡的经济、文化和各项社会建设，做好公安、民政、司法、文教卫生、计划生育等工作”②；在乡镇政府之下，设立了一系列提供公共服务的事业单位，如农业技术推广站、畜牧站、水利站、农技站、植保站、卫生院、文化站、中小学、派出所、法庭等。村委会是村民自治组织，负责“办理本村的公共事务和

① 数据来源：罗平汉. 农村人民公社史. 福州：福建人民出版社，2006：399.

② 引自《中共中央、国务院关于实行政社分开建立乡政府的通知》（一九八三年十月十二日）. 转引自张乐天. 人民公社制度研究. 上海：上海人民出版社，2005：428.

公益事业”①。这一时期，农村公共服务仍然采取公社时代的“制度外筹资”和“制度外供给”形式，但随着农业经营方式的改变，筹资对象和筹资方式发生了变化，导致农村公共服务供给出现困境。

随着乡镇政府的建立，乡镇财政和预决算制度也逐步建立。到1997年底，全国建立乡镇财政所43 285个，占建制乡镇总数的95.6%②。表7-2展示了乡镇财政的收入与支出项目。通过表7-2可知，乡镇政府的职能较为宽泛，这需要乡镇政府有充足的财政资金来源。但实际情况是，乡镇财政预算内收入极为有限。林万龙（2003）通过对河北某县的调研显示，乡镇政府供养了大量公职人员，该县乡镇1996年预算内支出的94.1%用于公职人员的工资和福利，形成了“吃饭财政”现象，乡镇财政预算内支出在公共服务筹资中所占比重很小。这种情况下，乡镇政府的制度外收入成为农村公共服务供给的主要资金来源，这被孙潭镇和朱钢（1993）、樊纲（1995）、林万龙（2002）等研究证实。改革开放之后，乡镇政府的制度外收入来源主要包括以下四方面：一是乡镇企业上缴的利润和管理费；二是乡镇统筹资金，包括农户上缴的五项统筹和乡镇政府按国家规定征收的其他收入；三是各种集资、捐赠收入；四是各种罚没收入（林万龙，2002）。

表7-2　乡镇财政的收入与支出项目

收入项目	支出项目
一、乡镇财政预算收入	一、乡镇财政预算支出
1. 工商税收类	1. 支援农业生产支出
2. 农牧业税	2. 农村水利、气象、文教、卫生事业费
3. 耕地占用税	3. 抚恤和社会福利救济费
4. 其他收入	4. 行政管理费
	5. 其他支出，如公检法支出等
二、乡镇财政预算外收入	二、乡镇财政预算外支出
1. 农牧业税附加、农业特产税附加	1. 乡镇企业生产建设支出
2. 城市公用事业附加、教育事业附加等	2. 乡镇行政事业发展支出等
三、乡镇自筹资金收入	三、乡镇自筹资金支出
1. 乡镇企业上缴利润、管理费等	1. 乡镇基本建设、维护费及行政管理费
2. 乡镇事业收入	2. 乡镇农林、文教、卫生、水利事业费
3. 乡镇统筹收入	3. 乡镇福利、救济事业支出
4. 乡镇其他收入	4. 乡镇其他支出，如集体企事业支出等

资料来源：邱兴和. 乡镇财政管理. 上海：上海财经大学出版社，1996. 转引自林万龙. 中国农村社区公共产品供给制度变迁研究. 北京：中国财政经济出版社，2003：127

延续公社时代农村公共服务的“制度外筹资”和“制度外供给”形式，农

① 引自《中共中央、国务院关于实行政社分开建立乡政府的通知》（一九八三年十月十二日）. 转引自张乐天. 人民公社制度研究. 上海：上海人民出版社，2005：429.

② 数据来源：林万龙. 乡村社区公共产品的制度外筹资：历史、现状及改革. 中国农村经济，2002，（7）：27-35.

户在家庭承包经营时期成为农村公共服务资金和劳动力的重要来源。从家庭联产承包责任制改革之后到农村税费改革之前，农民除了按照法律规定上缴农业税和承担农产品定购任务之外，还必须承担占农民人均纯收入 5%以内的村提留和乡统筹（俗称“三提五统”），此外还需交纳各种临时摊派集资和行政事业性收费。村提留包括公积金、公益金和管理费，一般称为“三提”。其中，公积金主要用于农田水利基础设施建设、植树造林、购置生产性固定资产和兴办集体企业；公益金用于五保户供养、特别困难户补助、合作医疗保健及其他集体福利事业；管理费用于村干部报酬和管理开支（林万龙，2002）。乡统筹又称“五统”，主要用于乡村两级办学、计划生育、民兵训练、优抚军烈属、修建乡村道路等“民办公助”事业。此外，每个农村劳动力每年须承担 5~10 个农村义务工（按标准日计算），用于植树造林、道路修建、防汛、校舍修缮等活动；承担 10~20 个劳动积累工，用于农田水利建设、植树造林等活动，或交纳相应的“以资代劳”费用。总体而言，除去少量的财政资金外，乡统筹、村提留、行政事业性收费和各项集资，构成了家庭联产承包责任制之后到农村税费改革之前农村公共服务供给的主要资金来源，农村义务工和农村积累工则是提供这些公共服务的劳动力来源。

改革开放之后乡镇企业蓬勃兴起，在乡镇企业发展迅速的地区，乡镇企业上交的承包费、公积金、公益金等费用成为农村公共服务供给的重要资金来源。张军和蒋维（1998）以浙江省绍兴县为例，对乡镇企业在农村公共服务供给中的作用进行了论证。浙江省绍兴县乡镇企业发达，1995 年工业总产值占工农业总产值的 98.1%，乡镇企业产值占工业总产值的比重为 94.7%。1991~1993 年，浙江省绍兴县村办企业上交的费用占村提留、公积金、公益金的比重由 68%提升到 84%，乡办企业上交的费用占乡镇提留、公积金、公益金的比重由 87%提升到 92%，农户交纳“三提五统”所占的份额则不断下降。由此可见，乡镇企业成为绍兴县供给农村公共服务的主要资金来源。当然，绍兴现象仅限于乡镇企业发展迅速的地区，在乡镇企业欠发达的地区，农户仍然是农村公共服务筹资的主要对象。孙潭镇（1995）调研显示，云南省乡镇企业的上交费用占乡镇制度外收入的 20%，湖南某镇占 29.2%。

农村公共服务的“制度外供给”，导致农村居民所能享受的基本公共服务水平远低于城市居民。表 7-3 给出了 1983~2001 年义务教育阶段城乡生师人数比的变动情况。生师人数比是学生数与教师数的比值，该值越高，表明一个教师负担的学生数越多，教育质量相对较差。城乡生师人数比差异是城镇生师人数比与农村生师人数比的比值，该值小于 1 表明城镇教师资源配置状况优于农村。通过表 7-3 可以发现，考察期内城乡小学生师人数比差异和城乡初中生师人数比差异均小于 1，表明考察期内城镇教师人均负担的学生数少于农村，义务教育阶段的教师资源配置存在较为明显的城市偏向。

表 7-3　1983~2001 年义务教育阶段城乡生师人数比

年份	城镇小学生师人数比	农村小学生师人数比	城乡小学生师人数比差异	城镇初中生师人数比	农村初中生师人数比	城乡初中生师人数比差异
1983	21.08	25.78	0.82	11.47	18.24	0.63
1984	21.46	26.09	0.82	16.71	19.31	0.87
1985	21.16	25.80	0.82	16.55	19.35	0.86
1986	20.85	25.23	0.83	16.56	19.38	0.85
1987	20.58	24.44	0.84	16.01	19.00	0.84
1988	20.28	23.51	0.86	14.95	17.71	0.84
1989	20.28	22.95	0.88	14.28	16.72	0.85
1990	20.06	22.51	0.89	14.16	16.56	0.86
1991	19.95	22.72	0.88	12.74	17.68	0.72
1992	20.15	22.83	0.88	15.04	16.40	0.92
1993	20.59	23.14	0.89	14.48	16.56	0.87
1994	20.99	23.70	0.89	14.93	16.98	0.88
1995	21.17	24.32	0.87	15.55	17.74	0.88
1996	21.43	24.90	0.86	15.89	18.32	0.87
1997	21.87	25.39	0.86	15.75	18.76	0.84
1998	21.84	25.16	0.87	15.88	19.05	0.83
1999	21.16	24.22	0.87	16.51	19.66	0.84
2000	20.67	23.12	0.89	17.48	20.38	0.86
2001	19.64	22.69	0.87	18.43	20.11	0.92

资料来源：依据相关年份《中国教育统计年鉴》和《中国农村统计年鉴》的城乡学生数与教师数计算整理

7.1.4　税费改革之后的农村公共服务供给制度

20 世纪 90 年代之后，乡村政府在供给农村公共服务过程中对农户的集资、摊派数额不断增加，导致农民负担日益沉重，严重影响了农村经济发展和社会稳定，农村税费改革势在必行。1998 年 9 月，国务院成立了由财政部、农业部、中央农村工作领导小组办公室等部门的主要负责人组成的农村税费改革领导小组。2000 年 3 月 2 日，中共中央、国务院发布了《中共中央、国务院关于进行农村税费改革试点工作的通知》，决定在安徽以省为单位开展农村税费改革试点，其他省份根据实际情况选取少数县（市）开展试点。农村税费改革试点的主要内容可以概括为“三个取消、两个调整、一项改革”，即取消乡统筹费、农村教育集资等专门面向农民征收的行政事业性收费和政府性基金、集资，取消屠宰税，取消统一规定的劳动积累工和义务工，调整农业税和农业特产税政策[①]，改革村提留征收使用办法[②]。2001 年江苏全省开始农村税费改革试点，2002 年进一步扩大到内蒙古、河北等 20 个省份。在此基础上，国务院于 2003 年 3 月 27 日发布了《国务院关于全面推进农村税费改革试点工作的意见》，要求在全国范围内全面开展农村税费改革工作。2004 年，时任国务院总理温家宝在政府工作报告中提出“五年内取消农业税”，并取消除烟草以外的农业特产税。2005 年，全国有 28 个省份免征农业税，同时全面取消了牧业税。2005 年 12 月 29 日，十届全国人大常委会十九次会议决定废止农业税条例，这标志着在中国存在 2 600 多年历史的农业税退出历史舞台，农村税费改革任务基本完成。

农村税费改革在很大程度上改变了农村公共服务供给的筹资方式，农村公共服务由“制度外供给”向“制度内供给”转变。在农村税费改革之后，乡镇范围内的公共服务主要由财政资金安排解决，村级范围内的公共服务主要通过村民大会“一事一议”来筹资投劳，财政对村级范围内的公共服务给予适当补助。具体而言，第一，在取消乡统筹费之后，原来由乡统筹费负担的乡村义务教育、优抚、计划生育、民兵训练支出，改由财政安排相应资金；修建村级道路所需的资金由村民大会协商解决，修建乡级道路所需的资金由政府安排；建立合作医疗制度，由政府和农民共同负担农村卫生医疗费用。第二，在取消农村教育集资之后，由县财政统一负责发放农村中小学教师工资，县级财政对农村中小学正常运转所需经费的不足部分给予补助，省级财政从农村税费改革专项转移支付资金中统一安排农村中小学危房改造所需经费。第三，在取消劳动积累工和义务工之后，农田水利建设、村级道路修建、植树造林等集体公益事业所需的劳务，由村民大会通过“一事一议”民主讨论决定。第四，在改革村提留收取办法之后，村干部报酬、村办公经费、五保户供养费的农民上缴部分，采取农业税附加的形式收取，农业税附加不得超过农业税正税的 20%；在取消农业税之后，村干部报酬、村办公经费由村集体和财政共同承担，五保户供养费逐步纳入公共财政；村庄兴办其他集体公益事业所需的费用，由村民大会通过“一事一议”民主讨论决定。

随着农村税费改革的实施，农民负担大为减轻，公共财政覆盖农村的力度和范围不断增大，推动了城乡基本公共服务均等化水平的不断提升。在农村税费改革启动之后，财政部门会同有关部门取消、免收和降低标准的涉农收费项目达到 150 多项，取消了“三提五统”、农村教育集资等收费项目；2006 年全面取消农业税之后，与农村税费改革前的 1999 年相比，全国农民每年减轻负担约 1 250 亿

① 即把原来的农业税附加并入新的农业税，规定农业税税率不超过 7%。新增农业税归乡镇财政，在一定程度上弥补取消乡统筹费所造成的缺口。

② 以农业税正税的 20%为上限征收农业税附加，用以替代原来的村提留。

元。与此同时，公共财政覆盖农村的力度和范围不断增大，从 2006 年起，财政每年安排 1 030 亿元用于巩固和完善农村税费改革[①]，有效提升了农村基本公共服务供给水平。

这一时期，农村基本公共服务供给制度实现明显转变，农村基本公共服务供给得到切实加强：一是建立起农村义务教育经费保障机制，全国农村义务教育阶段的学生逐步实现了“两免一补”，即免学费、免书本费、补助寄宿生生活费；二是全面实施新型农村合作医疗制度，筹资标准逐步提高，有效解决了农民“因病致贫、因病返贫”问题；三是逐步建立起新型农村养老保险制度，农村老年人的基本生活问题得到很大改观；四是农村最低生活保障制度逐步完善，基本实现了应保尽保。

党的十八大以来，基本公共服务供给制度进一步向着“城乡一体化”的方向转变（林万龙，2018）。2014 年 2 月，国务院常务会议决定合并实施新型农村社会养老保险和城镇居民社会养老保险制度，在全国范围内建立统一的城乡居民基本养老保险制度。与此同时，城乡统一的居民基本医疗保险制度稳步推进，农业转移人口平等享受城镇基本公共服务的权利逐步得到保障。2018 年中央“一号文件”《中共中央 国务院关于实施乡村振兴战略的意见》指出，到 2035 年要基本实现城乡基本公共服务均等化，这为城乡基本公共服务均等化明确了“时间节点”。接下来，我们一方面考察农村税费改革之前的公共服务供给“城市偏向”问题，另一方面对农村税费改革以来的城乡基本公共服务供给状态进行评估，从而全面反映中国农村基本公共服务供给的演进及现状。

7.2 公共服务供给的城市偏向

中华人民共和国成立之后到 2002 年大范围开展农村税费改革之前，基本公共服务供给存在严重的城市偏向问题。我们以基础教育、医疗卫生和社会保障为例，对这一时期公共服务供给偏向于城市的具体表现进行考察。

7.2.1 基础教育供给的城市偏向

基础教育是提升国民人力资本水平的重要途径，是保障一国经济持续发展的

① 数据来源：金人庆. 扩大公共财政覆盖农村范围建立支农资金稳定增长机制. 求是，2006，（8）：34-36.

"加速器"。良好的基础教育有利于人的身心健康发展，可以加快社会整合，促进社会公平与进步。鉴于此，政府应作为基础教育的主要供给主体，并尽可能为全体国民提供基本均等的基础教育。中华人民共和国成立以来，由于长期实行城市偏向的基础教育管理体制，教育资源配置在城乡之间存在较大差距。

中华人民共和国成立之后，中国城乡基础教育管理体制存在较为严重的城市偏向问题。在计划经济体制下，受发展战略和可支配财力的制约，国家对于城乡基础教育供给采取了"两条腿走路"的办法，即国家办学和厂矿企业、农村社队办学并举。农村除去少数学校由上级教育部门举办外，其他学校主要由公社和生产大队举办。在教育经费筹措机制上，城镇教育部门所办中小学的经费主要由财政拨付，厂矿企业所办中小学的经费主要由企业承担，农村社队所办中小学的经费主要由生产队承担。1960 年 3 月 21 日，《财政部、教育部关于人民公社社办中、小学经费补助的规定》明确指出："人民公社举办的中、小学应力求自力更生。经费筹措办法可以多种多样。公社可以从公益金中抽出一定比例用来发展中、小学教育事业；也可以结合向学生收取杂费或分摊工分的办法来解决经费开支；对普通中学和农业中学及其他职业中学还可以由公社拨给学校一定土地，用学生参加生产劳动的收入解决经费开支"①。由此可见，人民公社时期的农村基础教育总体采取了"制度外筹资"的形式，城市的基础教育经费则主要由财政承担，由此造成了城乡基础教育发展水平的差异。

改革开放之后为尽快提升城市教育水平，中国在基础教育资源配置中实施了一系列城市偏向政策。1978 年 4 月 22 日，邓小平在全国教育工作会议上指出："为了加速造就人才和带动整个教育水平的提高，必须考虑集中力量加强重点大学和重点中小学的建设"②。一般而言，重点大学和重点中小学往往布局在城市，国家集中力量办重点学校的举措，进一步拉大了城乡教育差距。1980 年 5 月初，中央政治局在讨论教育方面的问题时进一步阐述了相关思想，提出"在一定时期内，要下决心承认不平衡，条件好的地区要把教育搞好，落后地区就不能要求很高。大城市和小城市不同；城市和农村不同；沿海地区和内地不同；先进地区和落后地区不同。要把重点抓好。教育经费的投资和师资要集中，把先进地区先搞上去"②。中央的一系列表态，为基础教育资源配置的城市偏向、延续和扩大城乡基础教育差距提供了政策依据。

1985 年 5 月 27 日，中共中央通过了《中共中央关于教育体制改革的决定》，提出"把发展基础教育的责任交给地方，有步骤地实行九年制义务教

① 引自财政部、教育部关于人民公社社办中、小学经费补助的规定. 中华人民共和国国务院公报，1960，（16）.

② 转引自余秀兰. 城乡二元社会结构的再生产——对 1978 年至 1990 年代末教育政策的分析. 教育发展研究，2005，（2B）：30-33.

育……实行基础教育由地方负责、分级管理的原则”，“除了国家拨款以外，地方机动财力中应有适当比例用于教育，乡财政收入应主要用于教育。地方可以征收教育费附加”。在此之后，农村基础教育开始实施“三级（县乡村）办学、两级（县乡）管理”体制，采取“县办高中、乡办初中、村办小学”的办学模式。这一时期，城市基础教育经费主要由市、区财政承担，农村基础教育的资金来源除去乡镇财政支持外，主要通过乡镇政府向农户和乡镇企业征收教育费附加与教育集资，优质师资也主要配置在城市，这导致城乡基础教育差距进一步扩大。

我们从教育经费和师资配置两个方面，考察中国基础教育资源供给的城市偏向。教育经费是否充足直接关系到基础教育质量。从中华人民共和国成立到农村税费改革之前，城市基础教育经费主要由财政承担，农村基础教育经费则主要由农户（生产队）承担。城乡基础教育经费来源的差异，导致农村基础教育经费长期处于短缺状态。改革开放之后为筹集农村基础教育经费，国务院于 1984 年 12 月 13 日发布了《国务院关于筹措农村学校办学经费的通知》，要求“开辟多种渠道筹措农村学校办学经费。除国家拨给的教育事业费外，乡人民政府可以征收教育事业费附加，并鼓励社会各方面和个人自愿投资在农村办学”[①]，并规定教育事业费附加对农业和乡镇企业都要征收，由乡政府根据本乡经济状况、群众承受能力和发展教育事业的需要确定教育事业费附加率和计征办法。1990 年 6 月 7 日，国务院发布了《国务院关于修改〈征收教育费附加的暂行规定〉》，教育费附加率由 1986 年的 1%增至 1990 年的 2%；1994 年 2 月 7 日，国务院发布了《国务院关于教育费附加征收问题的紧急通知》，进一步将教育费附加率提高到 3%（杨卫安，2010）。通过表 7-4 可以看出，预算外经费（主要包括教育费附加、教育集资和学杂费）是 20 世纪 90 年代农村基础教育经费的重要来源。1994~1999 年的农村义务教育经费构成中，预算外经费所占比重始终在 30%以上，1996 年甚至高达 50%。

表 7-4　1994~1999 年农村义务教育经费构成

年份	总金额/亿元	预算内经费/亿元	教育费附加/亿元	教育集资/亿元	学杂费/亿元	预算外经费/亿元	预算外经费比重
1994	485.5	286.8	79.6	52.6	41.6	173.8	35.8%
1995	611.3	325.1	112.9	99.2	54.9	267.0	43.7%
1996	733.9	385.8	146.6	132.9	87.8	367.3	50.0%
1997	784.9	430.0	158.8	92.9	79.4	331.1	42.2%
1998	812.0	461.0	165.0	64.0	88.6	317.6	39.1%
1999	845.1	511.3	162.5	34.2	93.8	290.5	34.4%

资料来源：根据 1995~1996 年《中国教育经费统计年鉴》、1995~2000 年《中国统计年鉴》整理

① 引自国务院. 国务院关于筹措农村学校办学经费的通知. 中国财政，1985，（2）：11.

我们选取城乡义务教育阶段生均教育经费与生均预算内教育经费指标，来反映基础教育经费配置的城乡差距。通过表 7-5 可以看出，1997~2001 年义务教育阶段城镇生均教育经费始终高于农村，城乡生均教育经费的绝对差距在 276~314 元波动，城乡生均教育经费比率在 1.33~1.44 波动；与此同时，1997~2001 年义务教育阶段城镇生均预算内教育经费也始终高于农村，城乡生均预算内教育经费的绝对差距在 39~103 元波动，城乡生均预算内教育经费比率在 1.06~1.30 波动，这反映了基础教育经费配置的城市偏向。

表 7-5　1997~2001 年义务教育阶段城乡生均教育经费差距

年份	城乡生均教育经费			城乡生均预算内教育经费		
	城镇/元	农村/元	城乡比率	城镇/元	农村/元	城乡比率
1997	904	628	1.44	447	344	1.30
1998	907	649	1.40	452	374	1.21
1999	987	698	1.41	512	432	1.19
2000	1 069	771	1.39	574	506	1.13
2001	1 254	940	1.33	709	670	1.06

资料来源：依据相关年份《中国教育统计年鉴》和《中国统计年鉴》的农村和城镇教育经费与学生数计算整理

教师资源配置直接关系到学生培养质量，基础教育城市偏向的一个重要表现是农村教师资源落后于城市。表 7-6 和图 7-1 反映了 1978~2001 年义务教育阶段城乡生师人数比的变动情况。考察期内除去 1978 年的城乡初中生师人数比差异为 1.07 之外，其余年份的城乡小学生师人数比差异和城乡初中生师人数比差异均小于 1，表明考察期内城镇教师人均负担的学生数少于农村，义务教育阶段教师资源的配置存在较为明显的城市偏向。

表 7-6　1978~2001 年义务教育阶段城乡生师人数比

年份	城镇小学生师人数比	农村小学生师人数比	城乡小学生师人数比差异	城镇初中生师人数比	农村初中生师人数比	城乡初中生师人数比差异
1978	25.26	28.40	0.89	21.65	20.14	1.07
1979	24.48	27.69	0.88	17.95	19.46	0.92
1980	24.06	27.02	0.89	17.76	18.77	0.95
1981	22.11	26.41	0.84	15.41	18.53	0.83
1982	19.85	26.41	0.75	14.52	18.53	0.78
1983	21.08	25.78	0.82	11.47	18.24	0.63
1984	21.46	26.09	0.82	16.71	19.31	0.87
1985	21.16	25.80	0.82	16.55	19.35	0.86
1986	20.85	25.23	0.83	16.56	19.38	0.85

续表

年份	城镇小学生师人数比	农村小学生师人数比	城乡小学生师人数比差异	城镇初中生师人数比	农村初中生师人数比	城乡初中生师人数比差异
1987	20.58	24.44	0.84	16.01	19.00	0.84
1988	20.28	23.51	0.86	14.95	17.71	0.84
1989	20.28	22.95	0.88	14.28	16.72	0.85
1990	20.06	22.51	0.89	14.16	16.56	0.86
1991	19.95	22.72	0.88	12.74	17.68	0.72
1992	20.15	22.83	0.88	15.04	16.40	0.92
1993	20.59	23.14	0.89	14.48	16.56	0.87
1994	20.99	23.70	0.89	14.93	16.98	0.88
1995	21.17	24.32	0.87	15.55	17.74	0.88
1996	21.43	24.90	0.86	15.89	18.32	0.87
1997	21.87	25.39	0.86	15.75	18.76	0.84
1998	21.84	25.16	0.87	15.88	19.05	0.83
1999	21.16	24.22	0.87	16.51	19.66	0.84
2000	20.67	23.12	0.89	17.48	20.38	0.86
2001	19.64	22.69	0.87	18.43	20.11	0.92

资料来源：依据相关年份《中国教育统计年鉴》和《中国农村统计年鉴》的城乡学生数与教师数计算整理

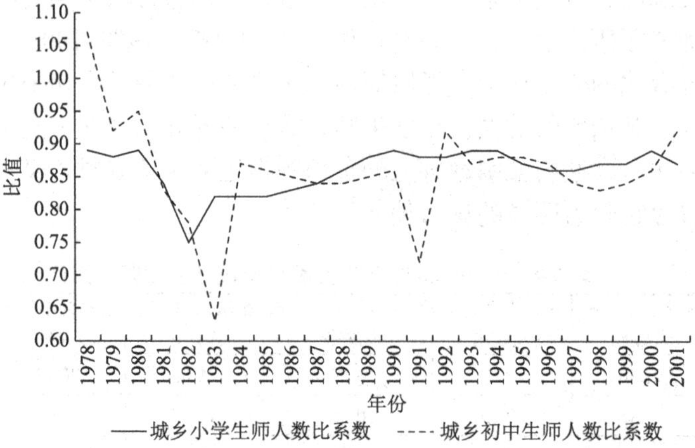

图 7-1　1978~2001 年义务教育阶段城乡生师人数比差异变动情况

由于教育资源配置存在明显的城市偏向，农村基础教育经费投入和师资配置长期落后于城市，导致城乡教育发展水平差异显著。通过表 7-7 可以发现，2000 年乡村小学和初中文化程度的人口比重为 93.021%，城市为 60.910%；乡村大学专科及以上文化程度的人口比重不到 1%，城市为 13.195%，由此可见城市人口的受教育水平明显高于乡村。到 2010 年，乡村小学和初中文化程度的人口比重下降到89.247%，大学专科及以上文化程度的人口比重增加到2.222%，但城市同期这两项指标分别为 52.561%和 23.014%。由此可见，尽管 2000~2010 年乡村人口受教育程度在纵向水平上有所提升，但与城市人口的横向差距有扩大之势。城乡人口受教育程度差距是城乡基础教育质量差距的直接反映，这又进一步影响了农村人口的就业状况、收入水平和生活质量。

表 7-7　全国城市与乡村六岁及六岁以上人口受教育程度对比　单位：%

受教育程度	2000 年		2010 年	
	乡村人口比重	城市人口比重	乡村人口比重	城市人口比重
小学	52.632	23.368	41.307	16.603
初中	40.389	37.542	47.940	35.958
高中	4.998	17.239	8.532	24.425
中专	1.380	8.656	—	—
大学专科	0.514	7.974	1.656	12.079
大学本科	0.084	4.879	0.544	9.822
研究生	0.002	0.342	0.022	1.113
总计	100	100	100	100

注：每个阶段的受教育程度包括在校、毕业、肄业、辍学及其他情况

资料来源：国家统计局. 2000 年第五次全国人口普查公报（第 1 号）. http://www.stats.gov.cn/tjsj/tjgb/rkpcgb/qgrkpcgb/200203/t20020331_30314.html，2001-05-15；国家统计局. 2010 年第六次全国人口普查主要数据公报（第 1 号）. http://www.stats.gov.cn/tjsj/tjgb/rkpcgb/qgrkpcgb/201104/t20110428_30327.html，2011-04-28

7.2.2　医疗卫生供给的城市偏向

基础医疗卫生服务包括公共卫生服务和基础医疗服务，其质量高低直接关系到公民的身体健康状况和整体素质。为城乡居民提供均等、优质、廉价、可及的医疗卫生服务，可以有效提高人力资源质量和国家综合竞争力，因而是政府的基本职能之一。一般而言，公共卫生服务主要包括传染病防控、改进健康行为、改善健康环境等内容，基础医疗服务主要包括对各种常见病的诊疗。中华人民共和国成立以来，由于城乡医疗管理体制的差异和政府医疗卫生资源配置的城市偏向，农村与城市居民所能享受的基础医疗卫生服务存在较大差距。

中华人民共和国成立初期的医疗卫生管理体制存在较为严重的城市偏向。计划经济时期，政府在农村建立了生产大队卫生站、公社卫生院、县人民医院三级医疗组织机构，构建了“赤脚医生”队伍和农村合作医疗制度，社员的医疗费用由生产大队负责统筹，满足了农村居民的基本医疗需求。1965 年毛泽东发表了著名的“六二六”讲话，提出“把医疗卫生工作的重点放到农村去”，促进了农村合作医疗制度的建立和以“赤脚医生”为主体的农村医疗卫生队伍

的建设。20 世纪 60 年代中期到 80 年代初，中国农村实行合作医疗制度，生产大队负责统筹大队全体社员的医疗费用，解决了大约 85%的农民的基本医疗保障问题。“赤脚医生”是来自本生产大队的半脱产人员，他们的收入从大队提留中支取，在经过政府统一培训后负责生产大队全体社员的防疫保健、一般疾病救治和计划生育指导。到 20 世纪 70 年代中期，中国培养了 150 万名“赤脚医生”和 330 万名接受过简单训练的医疗辅助人员，并且有 60%以上的医疗用床布局在农村①。在人民公社强有力的组织领导下，公社卫生院、生产大队卫生站遍布全国农村地区，“赤脚医生”以很低的医疗成本送医送药到千家万户，有效降低了麻疹、血吸虫病、结核、疟疾、霍乱、黑死病等疾病的发病率和死亡率（辛逸，2001）。

在计划经济时期的城市部门，政府建立了市级医院、区级医院、街道门诊组成的三级医疗机构体系，城市三级医疗机构所需经费主要由政府财政拨款，医疗机构的工作人员属于政府公职人员，其工资和福利按照国家政策统一发放。政府在这一时期为城市居民建立了公费医疗与劳保医疗相结合的医疗保障制度，城市居民免费或低价接受门诊及住院服务，其人均医疗经费和医疗软硬件设施优于农村居民。根据世界银行 1997 年的数据，城市劳保医疗与公费医疗制度的受益人群仅占全国人口的 15%，但却占用了三分之二的政府卫生支出②，这表明计划经济时期医疗卫生资源配置偏向于城市。

改革开放之后，政府力量逐步退出农村医疗卫生服务供给，财政拨款在县乡医疗卫生机构经费中所占的比重不断下降，其运行主要通过服务收费来维持。随着家庭联产承包责任制的推行和人民公社的解体，农村合作医疗制度的筹资主体出现了缺失（解垩，2009），自费医疗成为农民就医的主要形式，农民“因病致贫”“因病返贫”现象层出不穷。此外，随着集体经济日渐式微，村卫生室和农村医务人员的经费来源难以保障，20 世纪 90 年代全国大约 50%左右的村卫生室转变为“赤脚医生”私人经营的医疗点③，村卫生室缺医少药，城乡医疗卫生差距不断拉大。随着市场化进程的逐步推进，政府对城市医疗机构的投入在 GDP 中所占的比重也不断下降，厂矿企业兴办的医疗机构逐步被推向市场。到 20 世纪 90 年代末，政府财政补贴占城市医院收入的比重下降到 6%④。与此同时，尽管公职人员的公费医疗制度得以继续维持，但城市职工的劳保医疗制度随着国有

---

① 数据来源：诺顿 B. 中国经济：转型与增长. 安佳译. 上海：上海人民出版社，2010：217-218.

② World Bank. Financing Health Care：Issues and Options for China. Washington：World Bank，1997：28-29. 转引自朱玲. 政府与农村基本医疗保健保障制度选择. 中国社会科学，2000，（4）：89-99.

③ 数据来源：朱玲. 政府与农村基本医疗保健保障制度选择. 中国社会科学，2000，（4）：89-99.

④ 数据来源：王绍光. 政策导向、汲取能力与卫生公平. 中国社会科学，2005，（6）：101-120.

企业改革的推进而日益衰落。卫生部组织的第三次国家卫生服务调查①显示，城市最贫困家庭没有任何医疗保障的比重由 1993 年的 49.89%上升到 1998 年的 71.88%，2003 年进一步提升到 76.03%②。相关研究指出，城镇居民收入在 1989~2003 年增长了 6.72 倍，但治疗和住院费用增加了 12 倍③，这使得城市居民的医疗负担日益加重，城市居民也出现了“因病致贫”现象。但在这一时期，政府开始为城市职工建立个人账户与社会统筹相结合的医疗保险制度，并且由于优质医疗卫生资源主要聚集在城市，财政预算内医疗卫生经费也主要投在城市，因此城市居民所能享受到的医疗卫生服务仍然优于农村居民。

政府在医疗卫生经费投入上长期存在严重的城市偏向。通过表 7-8 和图 7-2 可以看出，尽管 1990~2001 年农村人口远多于城市，但城市卫生经费却高于农村；卫生经费配置的城市偏向在城乡人均卫生经费指标上表现得更为明显。从 1990~2001 年，城市人均医疗卫生费用始终是农村居民的 3 倍以上。

表 7-8　1990~2001 年城乡卫生费用差异

年份	总费用/亿元	城乡卫生费用			城乡人均卫生费用			
		城市/亿元	农村/亿元	城市/农村	平均/元	城市/元	农村/元	城市/农村
1990	747.39	396.00	351.39	1.13	65.40	158.80	38.80	4.09
1991	893.49	482.60	410.89	1.17	77.10	187.60	45.10	4.16
1992	1 096.86	597.30	499.56	1.20	93.60	222.00	54.70	4.06
1993	1 377.78	760.30	617.48	1.23	116.30	268.60	67.60	3.97
1994	1 761.24	991.50	769.74	1.29	146.90	332.60	86.30	3.85
1995	2 155.13	1 239.50	915.63	1.35	177.90	401.30	112.90	3.55
1996	2 709.42	1 494.90	1 214.52	1.23	221.40	467.40	150.70	3.10
1997	3 196.71	1 771.40	1 425.31	1.24	258.60	537.80	177.90	3.02
1998	3 678.72	1 906.92	1 771.80	1.08	294.90	625.90	194.60	3.22
1999	4 047.50	2 193.12	1 854.38	1.18	321.80	702.00	203.20	3.45
2000	4 586.63	2 621.69	1 964.94	1.33	361.90	812.90	214.90	3.78
2001	5 025.93	2 792.95	2 232.98	1.25	393.80	841.20	244.80	3.44

资料来源：根据《中国卫生统计年鉴（2007）》整理

① 国家卫生服务调查由卫生部组织实施，始于 1993 年，此后每 5 年开展一次。2003 年第三次国家卫生服务调查采用多阶段分层整群随机抽样方法，在 31 个省（自治区、直辖市）抽取了 95 个县（市、区）、475 个乡镇（街道）、950 个行政村（居委会）、57 000 户，具有较好的代表性。

② 数据来源：卫生部统计信息中心. 中国卫生服务调查研究：第三次国家卫生服务调查分析报告. 北京：中国协和医科大学出版社，2004：86.

③ 数据来源：王绍光. 政策导向、汲取能力与卫生公平. 中国社会科学，2005，（6）：101-120.

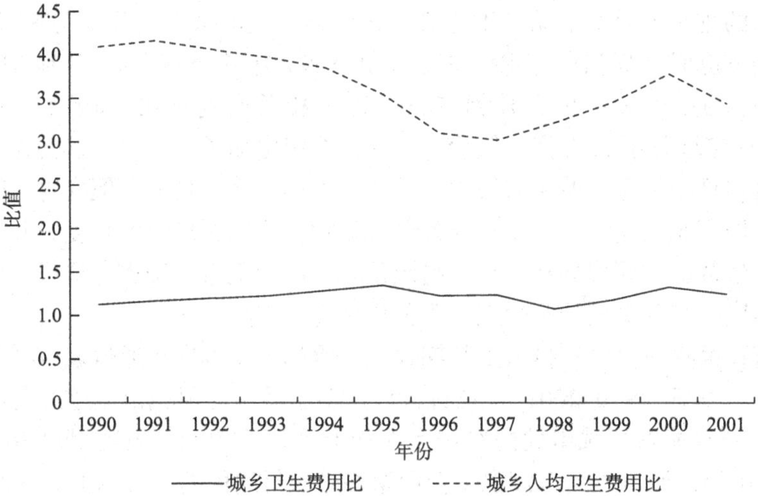

图 7-2　1990~2001 年城乡卫生费用差异变动情况

医疗卫生费用的城市偏向导致了城乡医疗卫生服务硬件及软件的差异。通过表 7-9 可以看出，市级医院在每千人卫生技术人员数、每千人医生数、每千人护士数三项指标上均远高于县级医院，考虑到农民一般在县域范围内就医，由此可见城乡医疗条件的差距。在每千人医院床位数指标上，市级医院优于县级医院，县级医院优于乡镇卫生院，城乡差距也极为明显。

表 7-9　相关年份每千人医护及卫生技术人员数和床位数的城乡差距

年份	每千人卫生技术人员数/个		每千人医生数/个		每千人护士数/个		每千人医院床位数/张		
	市	县	市	县	市	县	市	县	乡镇
1990	6.59	2.15	2.95	0.98	1.91	0.43	4.18	1.55	0.81
1995	5.36	2.32	2.39	1.07	1.59	0.49	3.50	1.59	0.81
2000	5.17	2.41	2.31	1.17	1.64	0.54	3.49	1.50	0.80
2001	5.15	2.38	2.32	1.17	1.65	0.54	3.51	1.48	0.81

注：“乡镇每千人医院床位数”反映的是“每千农业人口乡镇卫生院床位数”

资料来源：根据《中国卫生统计年鉴（2007）》整理

城乡之间除了在医疗硬件和软件上有明显不同，农村与城市居民在医疗卫生服务的可及性上也存在显著差别。按照世界卫生组织制定的标准，如果到最近医疗点的距离在 5 千米以上，就被认定为不能获得及时的医疗服务。卫生部 2003 年组织的第三次国家卫生服务调查显示（表 7-10），受调查地区有 4.8%的农户距离最近的医疗单位超过 5 千米，经济条件越差的农村这一比重越高，四类农村高达 18.0%，而城市仅为 0.5%；受调查地区有 6.8%的农户距最近的医疗单位 30 分钟以上，经济条件越差的农村这一比重越高，四类农村高达 24.5%，而城市仅为 1.0%。这表明，城乡居民在医疗卫生服务可及性上存在明显差别。

表 7-10　2003 年城乡住户距最近医疗单位的距离和时间　　单位：%

距离和时间		城市合计	农村合计	大城市	中城市	小城市	一类农村	二类农村	三类农村	四类农村
距离	不足 1 千米	81.8	61.1	86.2	84.8	73.7	67.6	69.0	57.8	37.9
	1~2 千米	10.4	18.2	9.1	9.7	12.6	19.3	17.2	18.7	17.0
	2~3 千米	4.2	9.2	2.6	3.1	7.3	7.6	7.0	11.2	12.0
	3~4 千米	2.4	4.2	0.9	1.4	5.3	3.2	2.5	5.1	7.7
	4~5 千米	0.7	2.5	0.6	0.6	0.8	0.6	1.3	3.2	7.4
	5 千米及以上	0.5	4.8	0.6	0.4	0.3	1.7	3.0	4.0	18.0
时间	10 分钟以内	81.6	66.9	78.5	84.9	82.3	76.8	74.0	63.1	40.7
	11~20 分钟	14.8	18.5	17.6	13.7	12.4	17.6	16.6	20.4	19.6
	21~30 分钟	2.6	7.8	3.2	1.2	3.3	3.7	6.5	9.2	15.2
	30 分钟以上	1.0	6.8	0.7	0.2	2.0	1.9	2.9	7.3	24.5

注：大、中、小城市是按照人口规模由大到小进行划分；农村是按“社会经济因子得分”由高到低划分为一、二、三、四类地区，一类地区状况最好，四类地区状况最差

资料来源：卫生部统计信息中心. 中国卫生服务调查研究：第三次国家卫生服务调查分析报告. 北京：中国协和医科大学出版社，2004：16

城乡医疗卫生服务水平的差距还表现在城乡婴幼儿死亡率、孕产妇死亡率差异等指标上。以城乡婴幼儿死亡率为例，从表 7-11 和图 7-3 可以看出，尽管 1991~2001 年城市和农村地区的新生儿死亡率、婴儿死亡率、5 岁以下儿童死亡率均不断下降，但在观察期内农村婴幼儿死亡率始终是城市的两倍以上，这表明城乡医疗卫生服务水平存在明显差距。

表 7-11　1991~2001 年城乡婴幼儿死亡率差异

年份	新生儿死亡率			婴儿死亡率			5 岁以下儿童死亡率		
	城市‰	农村‰	城/乡	城市‰	农村‰	城/乡	城市‰	农村‰	城/乡
1991	12.5	37.9	0.33	17.3	58.0	0.30	20.9	71.1	0.29
1992	13.9	36.8	0.38	18.4	53.2	0.35	20.7	65.6	0.32
1993	12.9	35.4	0.36	15.9	50.0	0.32	18.3	61.6	0.30
1994	12.2	32.3	0.38	15.5	45.6	0.34	18.0	56.9	0.32
1995	10.6	31.1	0.34	14.2	41.6	0.34	16.4	51.1	0.32
1996	12.2	26.7	0.46	14.8	40.9	0.36	16.9	51.4	0.33
1997	10.3	27.5	0.37	13.1	37.7	0.35	15.5	48.5	0.32
1998	10.0	25.1	0.40	13.5	37.7	0.36	16.2	47.9	0.34
1999	9.5	25.1	0.38	11.9	38.2	0.31	14.3	47.7	0.30
2000	9.5	25.8	0.37	11.8	37.0	0.32	13.8	45.7	0.30
2001	10.6	23.9	0.44	13.6	33.8	0.40	16.3	40.4	0.40

资料来源：根据《中国卫生统计年鉴（2012）》整理

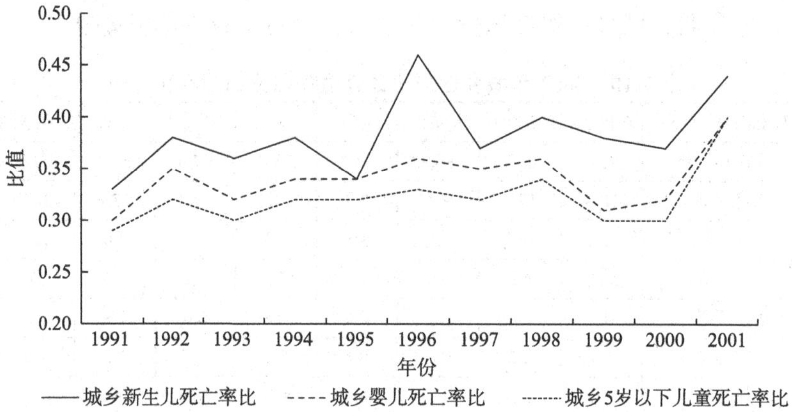

图 7-3　1991~2001 年城乡婴幼儿死亡率差异变动情况

7.2.3　社会保障供给的城市偏向

社会保障是国家通过立法强制实施的，通过国民收入再分配，对社会成员的基本生活权利提供安全保障的社会行为（王谦，2009）。社会保障是政府为公民提供的一张“安全网”，一般包括社会保险、社会救济、社会福利和社会优抚等内容，可以在公民遭受疾病、失业或年老等问题时提供保护。为全体公民提供均等的社会保障是政府的基本职能。中华人民共和国成立之后，社会保障管理体制存在较为严重的城市偏向问题，城乡之间的社会保障范围和水平存在显著差异。

计划经济时期，政府先后颁布实施了《中华人民共和国劳动保险条例》（1952 年）、《中华人民共和国女工保护条例》（1956 年）、《职业病范围和职业病患者处理办法的规定》（1957 年）、《国务院关于现役军官退休处理的暂行办法》（1958 年）、《抚恤、救济事业费管理使用办法》（1962 年）等法规，为城市居民建立了一整套“从摇篮到坟墓”的社会保障制度。随着人民公社的成立，人民公社依托集体经济组织在农村逐步构建了社会保障制度，对老、弱、孤、寡、残疾的社员在生产生活方面给予适当照顾，但社会保障范围和水平远低于城市。在计划经济时期，城市居民的社会保障由政府负责，农村居民的社会保障则由集体经济组织承担，城乡社会保障水平存在较大差距。改革开放之后，在建立和完善市场经济体制的过程之中，政府对城镇社会保障制度进行了相应改革（石宏伟，2007）。在城镇职工养老保险方面，由“企业包揽”转变为国家、企业、职工三方合理分担费用，实行社会统筹与个人账户相结合。在失业保障方面，《失业保险条例》于1999年1月颁布实施，失业保险制度在保障范围、缴费方法、监督管理等方面走上了法制轨道，覆盖面逐步扩大。在社会救济方面，《城市居民最低生活保障条例》于 1999 年 10 月颁布实施，把低于最低生活标准的城市居民全部纳入保障范围。在这一时期，农村社会保障制度随着集体经济的解体而逐步衰落，城乡居民享受社会保障的差距在 20 世纪八九十年代有扩大之势。21 世纪以来，随着新型农村社会保障制度的建立，城乡居民享受社会保障的差距逐步缩小。

受社会保障管理体制的影响，20 世纪 90 年代的社会保障资源配置存在较为严重的城市偏向，农村社会保障与城市相比存在资金来源不稳定、项目不全、覆盖面窄、标准较低、社会化程度不高等问题，城乡社会保障水平差别很大。从社会保障项目来看，通过表 7-12 可知，20 世纪 90 年代城市社会保障项目相当健全，但农村社会保障项目残缺不全。从社会保障社会化程度来看，与城市社会保障主要由政府组织实施不同，农村社会保障主要依托村委会实施，1998 年建立社会保障网络的乡镇仅占全国乡镇总数的 41%（石宏伟，2007）。

表 7-12　20 世纪 90 年代中国城乡社会保障项目比较

社会保障项目		城市	农村
社会保险	养老保险	普遍建立	有条件地区建立
	医疗保险	普遍建立	个别地区开展
	失业保险	普遍建立	无
	工伤保险	普遍建立	无
	生育保险	普遍建立	个别地区开展
社会福利	职工福利	福利设施、福利补贴、休假与补贴	无
	公办福利	社区服务、福利院、敬老院、干休所等	五保户供养、养老院
社会救助	最低生活保障制度	普遍建立	个别地区建立
	救灾扶贫	普遍建立	基本建立，但标准低
优抚安置	优待、抚恤、安置	普遍建立	基本建立，但标准低

资料来源：石宏伟. 我国城乡二元化社会保障制度的改革和创新. 江苏大学博士学位论文，2007：58

表 7-13 反映了 1991~2001 年中国城乡社会保障水平和人均社会保障支出的差异。在 1991 年，城市社会保障水平是农村的 49.3 倍，2001 年这一比值上升到 101.8 倍；城乡人均社会保障支出比的变动也表现出同样趋势，由 1991 年的 49.0 倍波动上升到 2001 年的 100.3 倍。城乡社会保障水平和人均社会保障支出的差异，直接体现了社会保障资源配置的城市偏向，这使得农民生产生活条件极为脆弱，严重制约了农村现代化转型和农民生活质量的提高。

表 7-13　1991~2001 年中国城乡社会保障水平和人均社会保障支出比较

年份	城市社会保障水平	农村社会保障水平	城市/农村	城市人均社会保障支出/元	农村人均社会保障支出/元	城市/农村
1991	13.30%	0.27%	49.3	250	5.1	49.0
1992	14.25%	0.21%	67.9	332	4.7	70.6

续表

年份	城市社会保障水平	农村社会保障水平	城市/农村	城市人均社会保障支出/元	农村人均社会保障支出/元	城市/农村
1993	14.87%	0.17%	87.5	437	4.9	89.2
1994	14.78%	0.15%	98.5	580	5.7	101.8
1995	14.63%	0.15%	97.5	710	7.4	95.9
1996	14.38%	0.17%	84.6	802	9.5	84.4
1997	14.64%	0.16%	91.5	890	9.8	90.8
1998	15.44%	0.18%	85.8	987	11.2	88.1
1999	17.42%	0.16%	108.9	1 141	10.5	108.7
2000	17.39%	0.16%	108.7	1 230	11.4	107.9
2001	17.30%	0.17%	101.8	1 324	13.2	100.3

资料来源：石宏伟．我国城乡二元化社会保障制度的改革和创新．江苏大学博士学位论文，2007：65

7.3　城乡基本公共服务均等化状态判定

城乡基本公共服务均等化是指城乡居民能够均衡享受基本公共服务，它是破除城乡二元结构、促进经济社会协调发展的必由之路，同时也是全面建成小康社会的题中应有之义。2005 年 10 月，党的十六届五中全会在《中共中央关于制定国民经济和社会发展第十一个五年规划的建议》中，首次提出了“公共服务均等化”改革命题，强调大力发展农村公共事业。2008 年 10 月，党的十七届三中全会提出“把国家基础设施建设和社会事业发展重点放在农村，推进城乡基本公共服务均等化”。2015 年 10 月，《中共中央关于制定国民经济和社会发展第十三个五年规划的建议》要求“健全城乡发展一体化体制机制，推进城乡要素平等交换、合理配置和基本公共服务均等化”。2018 年 1 月，《中共中央 国务院关于实施乡村振兴战略的意见》指出，到 2020 年“城乡基本公共服务均等化水平进一步提高”，到 2035 年“城乡基本公共服务均等化基本实现”，这为城乡基本公共服务均等化明确了“时间节点”。

在中央精神的指导下，随着农村税费改革和农村基本公共服务供给制度改革的广泛开展，公共财政对农村基础教育、医疗卫生、社会保障等基本公共服务供给的扶持力度不断加大，农村公共服务供给水平日益提升，有力推动了城乡基本公共服务均等化。在基础教育供给方面，2006 年 10 月，党的十六届六中全会提出逐步缩小城乡教育发展差距，落实农村义务教育经费保障机制；2007 年 10 月，党的十七大报告提出重点提高农村教师素质；2008 年 10 月，党的十七届三中全会提出促进城乡义务教育均衡发展；2012 年 11 月，党的十八大报告提出合理配置教育资源，重点向农村地区倾斜。党的一系列重要会议精神，为推动城乡基础教育均等化提供了宏观指导。在医疗卫生供给方面，2006 年 10 月，党的十六届六中全会提出坚持公共医疗卫生的公益性质，重点加强农村三级卫生服务网络建设，构建覆盖城乡居民的基本卫生保健制度。2007 年 10 月，党的十七大报告提出建设覆盖城乡居民的公共卫生服务、医疗服务、医疗保障、药品供应保障体系。2008 年 10 月，党的十七届三中全会提出巩固和发展新型农村合作医疗制度，完善农村医疗救助制度。党的上述会议精神，推动了农村医疗卫生条件改善。在社会保障供给方面，2007 年 10 月，党的十七大报告提出加快建立覆盖城乡居民的社会保障体系，探索建立农村养老保险制度，完善城乡居民最低生活保障制度。2008 年 10 月，党的十七届三中全会提出创造条件探索城乡养老保险制度有效衔接办法，全面落实农村五保供养制度。2012 年 11 月，党的十八大报告提出全面建成覆盖城乡居民的社会保障体系，整合城乡居民基本养老保险和基本医疗保险制度。在中央方针的指导下，农村社会保障水平不断提高。2014 年 7 月 24 日，国务院印发了《国务院关于进一步推进户籍制度改革的意见》，提出取消农业户口与非农业户口的性质区分，有序推进农业转移人口市民化，进一步实现城乡基本公共服务均等化，这对加快城乡基本公共服务均等化发挥了积极作用。2017 年 10 月，党的十九大报告要求全面建成城乡统筹的多层次社会保障体系。2018 年 1 月，《中共中央 国务院关于实施乡村振兴战略的意见》，把“城乡基本公共服务均等化”作为“城乡融合发展”的关键衡量标准。为准确把握中国城乡尤其是农村基本公共服务供给状态，我们接下来对 2002~2016 年城乡基本公共服务均等化水平的变动情况进行测度。

7.3.1　指标体系构建与评价方法选择

我们以基础教育、医疗卫生、社会保障作为城乡基本公共服务，构建了包括目标指标、方面指标、基础指标等三级指标在内的城乡基本公共服务均等化水平评价指标体系（表 7-14）。其中，城乡基本公共服务均等化为目标指标，包括城乡基础教育均等化、城乡医疗卫生均等化、城乡社会保障均等化 3 个方面指标。受数据可得性的限制，城乡基础教育均等化方面指标包括城乡普通小学生均教育经费比、城乡普通初中生均教育经费比 2 个基础指标；城乡医疗卫生均等化方面指标包括城乡每千人口医疗卫生机构床位数比、城乡每千人口卫生技术人员数比、城乡居民人均医疗保健支出比、城乡新生儿死亡率比、城乡孕产妇死亡率比 5 个基础指标；城乡社会保障均等化方面指标包括城乡最低生活保障平均标准比、城乡每千人口社会服务机构床位数比 2 个基础指标。也就是说，城乡基本公共共服务均等化包括 3 个方面指标、9 个基础指标。

表 7-14　城乡基本公共服务均等化水平评价指标体系

目标指标	方面指标	基础指标	指标属性
城乡基本公共服务均等化	城乡基础教育均等化	城乡普通小学生均教育经费比	适度
		城乡普通初中生均教育经费比	适度
	城乡医疗卫生均等化	城乡每千人口医疗卫生机构床位数比	适度
		城乡每千人口卫生技术人员数比	适度
		城乡居民人均医疗保健支出比	适度
		城乡新生儿死亡率比	适度
		城乡孕产妇死亡率比	适度
	城乡社会保障均等化	城乡最低生活保障平均标准比	适度
		城乡每千人口社会服务机构床位数比	适度

在城乡基本公共服务均等化水平评价指标体系中，9 个基础指标的计算方法均为城镇数据与乡村数据的比值。指标属性为基础指标对方面指标的作用方向，城乡基本公共服务均等化水平评价指标体系的基础指标属性包括适度、逆向和正向三类，基础指标属性的设置与指标的实际数值有关。其中，适度指标是指该基础指标存在一个特定的适度值，基础指标取值越接近适度值，方面指标水平越高。在本章中，适度值为 1。

城乡基本公共服务均等化水平评价指标体系涉及三级指标、9 个基础指标，需采用多指标综合评价方法。多指标综合评价方法的关键在于对各级指标赋权，指标权重不仅要体现研究者对各指标重要程度的认识，而且要能够反映各指标在评价指标体系中的作用强度。赋权方法可分为主观赋权和客观赋权两大类，主观赋权方法主要包括层次分析法、综合评分法和模糊评价法等方法，客观赋权方法主要包括熵值法、灰色关联分析法和主成分分析法等方法。其中，主成分分析法是根据各个指标数据的相关程度，通过线性变换以选出较少个数重要变量的一种多元统计分析方法。为避免权重确定的主观性和机械性，我们采用主成分分析法对基础指标进行赋权。

7.3.2　数据来源、指标处理与权重生成

1. 数据来源与处理

城乡基本公共服务均等化水平评价指标体系的原始数据来自相关年份的《中国统计年鉴》《中国农村统计年鉴》《中国教育统计年鉴》《中国教育经费统计

年鉴》《中国卫生统计年鉴》（2013 年更名为《中国卫生和计划生育统计年鉴》）和《中国民政统计年鉴》，9 个基础指标均在相关统计数据的基础上计算而得。需要说明的是，2012 年和 2014 年的城乡普通初中和普通小学教育经费数值缺失，2004 年城市每千人口医疗卫生机构床位数为异常值，2002 年城市和农村每千人口卫生技术人员数缺失，我们通过构建回归方程予以替换和填充。

指标体系中各基础指标的属性和量纲有所不同，无法直接对城乡基本公共服务均等化水平进行评价，因此需要对基础指标数值做预处理。一方面，城乡基本公共服务均等化水平评价指标体系的各基础指标属性不一致，需要对指标属性做趋同化处理。我们通过对逆向指标取倒数使之正向化，对适度指标采用"$X_{ij}=1/\left(\left|X_{ij}-1\right|+1\right)$"的公式进行计算使之正向化（陈军才，2005），从而使所有基础指标对城乡基本公共服务均等化水平的作用方向趋同。基础指标趋同化公式为

$$X_{ij}=\begin{cases} x_{ij}，x_{ij}\text{为正向指标} \\ \dfrac{1}{\left|x_{ij}-1\right|+1}，x_{ij}\text{为适度指标} \\ \dfrac{1}{x_{ij}}，x_{ij}\text{为逆向指标} \end{cases}$$

另一方面，城乡基本公共服务均等化水平评价指标体系中各个基础指标具有不同的量纲和量级，需要进行无量纲化处理。对此，我们采用均值化方法对基础指标作无量纲化处理，计算公式为

$$y_{ij}=x_{ij}/\overline{x}_j\text{，其中 }\overline{x}_j=\frac{1}{p}\sum_{i=1}^{p}x_{ij}$$

2. 各级指标权重生成

城乡基本公共服务均等化水平评价指标体系的各个指标之间可能存在较强的相关性，如城乡普通小学生均教育经费比与城乡普通初中生均教育经费比可能存在较强的相关性，城乡每千人口医疗卫生机构床位数比与城乡每千人口社会服务机构床位数比可能存在较强的相关性，直接应用这些指标进行综合评价必然会造成信息的重叠，影响评价结果的客观性。因此，考虑用主成分分析法进行降维处理，通过较少的变量去解释数据中的大部分变异，将多个相关程度较高的指标转化成彼此相互独立或者不相关的变量。

利用 Matlab 软件对指标体系中的 9 个评价指标进行主成分分析，求得相关系

数矩阵的特征根及其贡献率，如表 7-15 所示。

表 7-15　主成分分析结果

序号	特征根	贡献率	累计贡献率	序号	特征根	贡献率	累计贡献率
1	7.307	81.188%	81.188%	6	0.047	0.519%	99.581%
2	1.155	12.832%	94.020%	7	0.028	0.313%	99.894%
3	0.322	3.580%	97.600%	8	0.007	0.082%	99.976%
4	0.080	0.891%	98.490%	9	0.002	0.024%	100%
5	0.051	0.572%	99.062%				

由表 7-15 可以看出，前两个特征根的累计贡献率达到了 90%以上，主成分分析的效果很好。为了可以进行更加客观全面的评价，选取前三个特征根（累计贡献率达到 97.6%）进行综合评价，前三个特征根对应的特征向量如表 7-16 所示。

表 7-16　标准化变量的前三个主成分对应的特征向量

基础指标	第 1 特征变量	第 2 特征变量	第 3 特征变量
X_1	0.365	−0.040	−0.100
X_2	0.365	0.031	0.076
X_3	0.352	0.031	0.461
X_4	−0.347	−0.048	0.525
X_5	0.359	−0.064	−0.167
X_6	−0.087	0.897	−0.168
X_7	−0.355	−0.102	0.363
X_8	0.357	−0.208	0.085
X_9	0.315	0.363	0.549

可以得到三个主成分为

$$y_1 = 0.365x_1 + 0.365x_2 + \cdots + 0.315x_9$$

$$y_2 = -0.040x_1 + 0.031x_2 + \cdots + 0.363x_9$$

$$y_3 = -0.100x_1 + 0.076x_2 + \cdots + 0.549x_9$$

从上述三个主成分的系数可以看出，第一主成分主要反映了除第 6 个以外的其他基础指标的信息，第二个主成分主要反映了城乡新生儿死亡率比和城乡每千人口社会服务机构床位数比，第三个主成分主要反映了城乡每千人口卫生技术人员数比和城乡每千人口医疗卫生机构床位数比等 4 个基础指标。基于主成分分析的方法，以三个主成分的贡献率作为权重，构建得到 2002~2016 年全国城乡基本公共服务差距的综合评分模型：

$$Z = 0.812y_1 + 0.128y_2 + 0.036y_3$$

模型所得评分代表该年度的城乡基本公共服务差异化水平，评分越高，表示城乡差异越大；评分越低，表示城乡差异越小，也就是均等化水平越高。

将差距模型转化成为均等化模型，假设总评分为 5 分，那么“总评分”减去“城乡基本公共服务差距的评分”，即城乡基本公共服务均等化评分。

7.3.3　测度结果分析

将经过预处理的基础指标值代入综合评分模型，可以得到 2002~2016 年中国城乡基本公共服务均等化水平得分，以及各方面指标的城乡供给均等化水平得分，测度结果见表 7-17。

表 7-17　2002~2016 年中国城乡基本公共服务均等化水平得分

年份	基础教育均等化	医疗卫生均等化	社会保障均等化	城乡基本公共服务均等化得分
2002	0.254	0.483	0.516	1.253
2003	0.306	0.559	0.556	1.421
2004	0.355	0.665	0.615	1.634
2005	0.516	0.769	0.814	2.099
2006	0.661	0.861	0.906	2.428
2007	0.727	0.912	0.941	2.580
2008	0.799	0.893	1.052	2.742
2009	0.903	0.899	1.109	2.911
2010	1.061	0.814	1.229	3.104
2011	1.194	0.700	1.359	3.253
2012	1.216	0.681	1.422	3.319
2013	1.168	0.809	1.304	3.281
2014	1.179	0.731	1.322	3.234
2015	1.165	0.673	1.428	3.263
2016	1.212	0.663	1.427	3.302

城乡基本公共服务均等化得分和各方面指标得分越大，说明城乡均等化水平

越高。从表 7-17 和图 7-4 可以看出，城乡基本公共服务均等化得分在考察期内呈上升趋势，由 2002 年的 1.253 波动提升到 2016 年的 3.302。由此可以判定，随着 21 世纪以来农村税费改革的推进和公共财政覆盖农村范围的不断扩大，城乡基本公共服务均等化水平逐步提升。

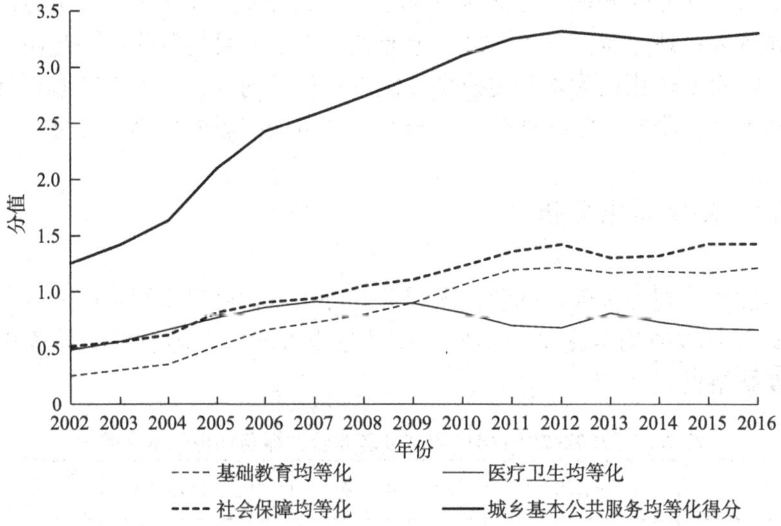

图 7-4　2002~2016 年中国城乡基本公共服务均等化水平变动趋势

从城乡基本公共服务均等化的三个方面指标来看，城乡基础教育均等化水平在考察期内呈上升趋势，由 2002 年的 0.254 波动上升到 2016 年的 1.212；城乡医疗卫生均等化水平在考察期内变动趋势不明显，由 2002 年的 0.483 波动到 2016 年的 0.663；城乡社会保障均等化水平在考察期内呈上升趋势，由 2002 年的 0.516 波动增加到 2016 年的 1.427，其原因在于农村的社会保障条件近年来不断改善，提高了城乡社会保障均等化水平。

在农村基本公共服务供给水平不断提高的同时，我们应该认识到城乡二元社会结构转化是一个较为长期的过程。农村税费改革之后，乡村基层组织提供公共服务的能力有所弱化，公共财政覆盖农村的体制机制尚不完善，城乡一体化的基本公共服务供给制度仍在构建过程之中。加之农村公共服务欠账过多，这使得城乡居民所能享受的公共服务项目和水平仍存在较大差距，城乡二元社会结构转化任重而道远。我们认为，现阶段要进一步加强农村基本公共服务供给，应从以下三方面着力。

第一，提高公共财政覆盖农村的范围和水平，推进城乡基本公共服务均等化。农村税费改革以来，随着“城乡基本公共服务均等化”命题的提出，公共财政开始向农村延伸，农村基础教育、医疗卫生、社会保障等基本公共服务供给水平有了明显提高。但相对于城市而言，基本公共服务供给仍是农村发展的一大短板。因此，应通过深化户籍制度改革消除农村居民与城市居民享受基本公共服务的差距，不断提高公共财政覆盖农村的范围和水平，尤其是注重提升农村医疗卫生质量和社会保障标准，推进城乡基本公共服务均等化。在提高农村医疗卫生水平方面，中央和省级财政应尤其关注县医院和乡镇卫生院建设，完善农村三级卫生服务网络，提高农村医护人员的业务水平，使农村居民就近获得优质的医疗卫生服务；同时要进一步健全新型农村合作医疗制度，逐步提升农村居民医疗卫生费用的报销比例和水平，积极推进城乡医疗保障制度一体化。在提高农村社会保障水平方面，要明确中央和地方财政在农村社会保障建设中的责任，加大各级财政对农村社会保障体系建设的支持力度，重点加强新型农村社会养老保险制度建设，尽快实现城乡养老保险制度有效衔接，使农村居民“老有所养”；同时要统筹城乡最低生活保障制度，逐步提高农村最低生活保障标准，在 2020 年解决农村绝对贫困问题的基础上，进一步缓解农村的相对贫困问题，稳步实现“农业强、农村美、农民富”的乡村振兴目标。

第二，构建多元化筹资机制，加强农业农村发展相关的公共服务供给。在提升城乡共需型基本公共服务（基础教育、医疗卫生、社会保障等）供给的同时，政府还应通过构建多元化筹资机制，加强与农业农村发展相关的公共服务供给，加快推进乡村全面振兴。农业基础设施、农村公益事业属于“城乡差异型公共服务”，它们对于农业和农村发展具有重要作用。在这类公共服务供给过程中，政府应积极引入社会资本，提升农业龙头企业的带动作用，鼓励公益性的非政府组织在其中发挥作用，构建“政府积极引导、民间广泛参与”的多元化公共服务供给格局。在农业发展相关的公共服务供给方面，政府应注重加强农田基础设施建设，完善农业科技推广服务体系，培育一批有知识、懂技术、会经营的现代农民，尽快把传统小农经济改造为适度规模经营的现代农业。在农村公益事业发展方面，除完善村民“一事一议”筹资筹劳机制之外，政府还应不断加大财政投入力度，在农村道路维护、农村改水改厕、农村社区建设等公益事业发展过程中发挥主导作用，改善农民生活条件，使城乡居民共享现代化成果，逐步实现乡村全面振兴。

第三，深化户籍制度改革，使农业转移人口享受与市民均等的公共服务。改革开放以来，随着家庭联产承包责任制的实施和农业现代化水平的提高，大量农村剩余劳动力转移到城镇非农部门就业，以农民工为主体的农业转移人口不断增加。目前，尽管农业转移人口已成为制造业、建筑业和城镇服务业的主力军，并且上亿在城镇居住半年以上的农业转移人口已纳入城镇人口统计范围[①]，但由于

① 数据来源：国务院发展研究中心课题组，2010. 农民工市民化对扩大内需和经济增长的影响. 经济研究，6：6.

户籍制度等的限制，很大一部分农业转移人口及其家属难以平等享受到附着在城市户籍之上的相关公共服务，这在城镇内部形成了“新二元社会结构”。为此，应通过深化户籍制度改革，着力实施“以人为核心”的新型城镇化，加快推进农业转移人口市民化，使农业转移人口与城市居民享受均等的公共服务。对于在中小城市有稳定工作和住所的农业转移人口，应准予无条件落户；对于在大城市工作达到一定年限的农业转移人口，应创造条件准予落户。农业转移人口在城镇落户之后，应享受与城镇居民均等的基本公共服务，在城镇内部实现公共服务均等化。具体而言，一是要使农业转移人口的子女享受与市民子女均等的基础教育权利，各级财政按实际情况拨付教育经费；二是要让农业转移人口参加居民医疗保险，解决他们“看病难，看病贵”的问题；三是建立覆盖农业转移人口的社会保障体系，为他们提供基本生活保障和养老保险；四是把农业转移人口纳入住房保障体系，使他们“住有所居”。

第8章　大城市的户籍制度改革与农民工市民化

针对大城市的农民工市民化进展缓慢的问题，本章从中央—地方政府分权治理的视角寻找答案。研究发现，在基于经济增长的晋升锦标赛下，地方政府利用户籍制度获得流动人口带来的红利，却拒绝为其提供保障性支出，没有开展农民工市民化改革的激励。我们认为，农民工市民化本质上是中央对地方政府的激励问题，要加快大城市的户籍制度改革和农民工市民化进程，必须改变以经济增长为核心的官员晋升激励机制，走向“为高质量发展而竞争”。

8.1　问题提出

城镇化快速推进是改革开放以来中国经济社会发展的重要特征，2017 年中国城市人口达到 81 347 万，常住人口城市化率为 58.52%，城市建设取得巨大成就。然而，2017 年中国户籍人口城镇化率仅为 42.35%，数以亿计的农民工尚未完成市民化进程。一般而言，居住在城镇六个月以上的人口均被视作城市人口，这就使 2.87 亿农民工中的大部分人在统计意义上被作为“城市人口”，但他们却无法享有同城市户籍人口均等的教育、医疗等公共产品，因此只能算作“半城市化人口”，农民工市民化是中国推进新型城镇化和实现城乡融合发展的重要任务。

农民工的“半城市化”现象与户籍制度密切相关。一些研究指出，农民工为经济发展做出了巨大贡献，却没有完全分享到经济发展的成果，其中很重要的一个原因就在于户籍制度对农民工享受城市公共产品的限制（周小刚和陈东有，2009；杨晓军，2012；王春超和荆琛，2012）。中华人民共和国成立之初，为配合重工业优先发展战略的实施，政府逐步构建起严格的户籍制度，这对农村经济社会发展造成了严重的消极影响（林毅夫等，1994；陆益龙，2002）。改革开放以来，户籍制度对农村人口进入城市就业的限制逐渐松动，大量农业劳动力进入城市务工经商。然而，户籍与公共产品供给始终密切挂钩，进入城市就业的农民工及其家属难以享受到附着在城市户籍之上的保障性公共产品，大城市的农民工市民化举步维艰。

在政策操作层面，大城市的农民工市民化改革在很大程度上陷入了政策悖论。若降低户籍门槛势必会造成户口“含金量”越高的城市面临更大的人口流入压力，为提高经济发展活力就必须降低户口“含金量”，这又引发了城市原住人口的反对（郭秀云，2010）。因此，政策悖论的结果是户口越具有吸引力的地区，其改革越艰难（张国胜和陈瑛，2015）。Wildasin 和 Wilson（1996）、Wellisch（2000）等研究指出，为了控制人口流入所带来的拥挤效应，政府往往会通过设定流动障碍来限制人口流入，但是人口流入又能带来新的税基，因此政府面临双重的目标选择。中国的户籍制度改革就是如此，不改革会抑制经济增长，改革又会给政府带来财政负担。

学术界大多从成本方面对农民工市民化的困境进行分析，由于关注角度的不同，不同学者有不同的看法。关于农民工市民化的成本核算方法，学术界一般通过子女义务教育、公共卫生、就业培训、社会保障、住房条件等五个指标进行衡量。国务院发展研究中心课题组（2011）通过对重庆、郑州、武汉、嘉兴四个城市进行估算发现，按照 2010 年不变价格，每个农民工市民化的政府公共支出成本约在 8 万元左右。申兵（2012）以宁波市为例，认为实现农民工市民化人均需投入 13 507.4~25 507.4 元。冯俏彬（2013）以 2011 年不变价格计算，认为农民工市民化的成本为 18 091.58 亿元，建议不同层级政府之间设计合理的分担机制。杜宇（2013）通过对 10 个城市的农民工个人生活支出和公共服务支出的核算发现，中央和地方各级政府应在其中承担更多的成本支出。胡桂兰等（2013）、丁萌萌和徐滇庆（2014）则认为，农民工市民化公共成本的增加不会加重财政负担。此外，农民工市民化的潜在收益同样不容忽略。国务院发展研究中心课题组（2010）通过 DRC-CGE 进行数值模拟，发现每年多城市化 1 000 万人口，可以使经济增长速度提高约 1 个百分点。陈斌开等（2010）利用微观家庭调查数据库，发现放松户籍限制可以使外来人口 2002 年的人均消费水平提高 20.8%，居民总体消费水平提高 2.2%。胡桂兰等（2013）认为农民工市民化会带来非财务效益和财务效益。

2014 年《国务院关于进一步推进户籍制度改革的意见》提出降低中小城市和小城镇的落户门槛，这显示出政府推进户籍制度改革的决心。2018 年初，西安、南京、武汉等大城市针对高学历人才展开了“人才落户”争夺战，但农民工落户大城市的门槛却依然很高。大城市针对农民工的户籍制度改革为何如此艰难？学术界普遍认为是公共产品供给政策长期与户籍直接挂钩，使得户籍制度改革的成本超过收益。但陆铭（2016）认为现有研究高估了农民工市民化的成本，并且低估了大城市推进农民工市民化的潜在收益。一般而言，为居民提供均等可及的基本公共服务，是政府的基本职能。我们认为，在中国特色的政府治理模式下，大城市的户籍制度改革和农民工市民化不仅是一个成本分担问题，更是一个中央对地方政府的激励问题。基于此，我们从中央—地方政府分权的视角研究农民工市民化进展缓慢的问题，深入探究大城市的户籍制度改革和农民工市民化之道。

8.2　理 论 分 析

大城市的户籍制度改革和农民工市民化涉及政府的行为策略选择。周黎安（2007）认为改革开放以来，中国地方官员遵循以经济增长为核心的晋升锦标赛制度，在这一制度框架下，中央政府基于经济增长绩效考核并任免地方官员，地方官员有管理辖区经济社会事务的权利，同一层级的地方官员为晋升而开展以经济增长为核心的锦标赛。这实质上是一个中央—地方政府的斯塔克尔伯格模型：先由中央政府制定考核指标，地方政府据此采取行动，然后中央政府根据考核结果决定地方官员能否升迁。

在市场经济下，政府主要通过经济手段参与经济活动，其中更是以财政支出形式支配了大量资金。财政支出根据项目性质的不同可划分为保障性公共产品支出和生产性公共产品支出。保障性公共产品包括基础教育、医疗保障、社会保障、就业及住房保障等。由于人口的流动，通常认为此类公共产品具有很强的外溢性。而生产性公共产品，如基础设施建设，通常被认为本地区投资本地区受益，外溢性较低。地方政府的财政支出来自地方本级收入、中央税收返还和转移支付，这是财政分权的产物。在晋升锦标赛制度下，傅勇（2010）认为由于晋升激励和财政分权，地方政府的公共支出结构存在“重基础设施建设，轻人力资本投资和公共服务”的倾向。其他一些研究也持类似观点（张牧扬，2013；张宇，2013；郭广珍和张平，2014）。

农民工市民化的核心是使农民工与市民享受基本均等的保障性公共产品。农民工市民化不仅是户籍制度改革问题，更是政治晋升、财政分权、公共产品供给三方面共同作用下的产物。我们借鉴郭广珍和张平（2014）的模型，将三者纳入同一框架，分析农民工市民化进展缓慢的内在逻辑。

8.2.1　行为假设

模型中存在两个行为主体，分别是中央政府和地方政府。诸多文献证实，地方政府官员晋升遵循基于经济增长的锦标赛机制，地方政府的财政支出分为生产性财政支出和保障性财政支出。假设存在两个地区，每个地区都有一个地方政府。为了集中分析户籍制度下政府的公共财政支出，我们认为两个地区彼此间存在外部性。我们假设中央政府获得总税收$T=T_1+T_2=t\left(Q_1+Q_2\right)$，其中 t 为税率，Q_i 为地区 i 的产量。根据分税制，中央政府获得的税收为$(1-\delta)t\left(Q_1+Q_2\right)$，地方政府获得的税收为$\delta tQ_i$。

我们认为影响地方政府官员晋升的因素有两个：该地区创造的生产总值以及为本地区提供的公共产品，前者直接作为晋升锦标赛机制中的重要指标，后者则作为本地区居民满意度的标准。我们认为，在地方政府的财政支出中，生产性公共支出为$g_i=\left(1-\chi_i\right)\delta tQ_i$，保障性公共支出为$c_i=\chi_i\delta tQ_i$。我们认为公共设施（由$\chi$决定）对成本的影响是不确定的，存在随机扰动项$\varepsilon_i\varepsilon_j$独立同分布，并且（$\varepsilon_j-\varepsilon_i$）服从$[-\frac{1}{2\theta}$，$\frac{1}{2\theta}]$（$\theta>0$）内的均匀分布。

基于政治晋升锦标赛机制，我们认为地方官员的效用函数为$\Pr\left(\lambda Y_i+C_i\geqslant\lambda Y_j+C_j\right)V$，用产出和民生建设代表一个地区的总产出，当一个地区（i）的产出大于另一个地区（j）的产出时，官员就会得到升迁并且得到 V 的效用。其中$\lambda>0$，衡量中央政府对产出的重视程度。当$\lambda>1$ 时，表明相比于民生投入，中央政府更看重地方政府创造GDP的能力。$C_i=g_i+c_i$，表明生产性公共支出和保障性公共支出共同构成民生支出。Y_i代表该地总产出，$Y_i=P_i\times Q_i$，并且将价格标准化为 1。我们认为，地方政府投资于生产性公共产品的项目可在短期内获益，以利率为 r 进行贴现，但地方政府投资于保障性公共产品的项目只能在长期内获益，为简化分析，以同样的利率贴现。

8.2.2　模型设立

1. 短期严格户籍制度下

根据上文所述建立效用函数，当地区 i 的产出大于另一个地区 j 的产出时，官员就会得到升迁并且得到V的效用。由于短期严格户籍制度下，各地区各自承担生产性公共支出和保障性公共支出，并且短期内只会获得生产性公共支出带来的收益，并不会获得保障性公共支出的收益。因此解概率效用函数有

$$\Pr\left(\lambda Y_i + C_i \geqslant \lambda Y_j + C_j\right) = \Pr\left[\lambda Q_i - g_i - c_i + \frac{g_i}{(1+r)^n} + \varepsilon_i \geqslant \lambda Q_j - g_j - c_j + \frac{g_i}{(1+r)^n} + \varepsilon_j\right]$$

$$= \Pr\left\{\varepsilon_j - \varepsilon_i \leqslant (\lambda - \delta t)\left(Q_i - Q_j\right) + \frac{\delta t}{(1+r)^n}\left[(1-\chi_i)Q_i - (1-\chi_j)Q_j\right]\right\}$$

$$= \int_{-\frac{1}{2\theta}}^{(\lambda-\delta t)(Q_i - Q_j) + \frac{\delta t}{(1+r)^n}\left[(1-\chi_i)Q_i - (1-\chi_j)Q_j\right]} \theta \mathrm{d}x$$

$$= \theta\left\{(\lambda - \delta t)\left(Q_i - Q_j\right) + \frac{\delta t}{(1+r)^n}\left[(1-\chi_i)Q_i - (1-\chi_j)Q_j\right] + \frac{1}{2\theta}\right\}$$

$$\therefore U_i = \theta V\left\{(\lambda - \delta t)\left(Q_i - Q_j\right) + \frac{\delta t}{(1+r)^n}\left[(1-\chi_i)Q_i - (1-\chi_j)Q_j\right]\right\} + \frac{V}{2} \quad (8\text{-}1)$$

得到式（8-1）为短期严格户籍制度下的效用函数。

2. 长期严格户籍制度下

同理可以计算长期严格户籍制度下的效用函数，$U_i = \Pr\left(\lambda Y_i + C_i \geqslant \lambda Y_j + C_j\right)V$。由于长期严格户籍制度下，各地区各自承担生产性公共支出和保障性公共支出，并且长期内可以获得生产性公共支出和保障性公共支出带来的收益，故解概率效用函数有

$$\Pr\left(\lambda Y_i + C_i \geqslant \lambda Y_j + C_j\right) = \Pr\left[\lambda Q_I - g_i - c_i + \frac{g_i + c_i}{(1+r)^n} + \varepsilon_i \geqslant \lambda Q_j - g_j - c_j + \frac{g_j + c_j}{(1+r)^n} + \varepsilon_j\right]$$

$$= \Pr\left\{\varepsilon_j - \varepsilon_i \leqslant \left[\lambda - \delta t + \frac{\delta t}{(1+r)^n}\right]\left(Q_i - Q_j\right)\right\}$$

$$= \int_{-\frac{1}{2\theta}}^{\left(\lambda - \delta t + \frac{\delta t}{(1+r)^n}\right)(Q_i - Q_j)} \theta \mathrm{d}x$$

$$= \theta\left\{\left[\lambda - \delta t + \frac{\delta t}{(1+r)^n}\right]\left(Q_i - Q_j\right) + \frac{1}{2\theta}\right\}$$

$$\therefore U_i = \theta V\left\{\left[\lambda - \delta t + \frac{\delta t}{(1+r)^n}\right]\left(Q_i - Q_j\right) + \frac{1}{2\theta}\right\} \quad (8\text{-}2)$$

得到式（8-2）为长期严格户籍制度下的效用函数。

3. 短期放松管制，i 为人口流入地

由于短期放松户籍管制，各地区依旧各自承担生产性公共支出和保障性公共支出，但是人口流入地不仅可以获得生产性公共支出带来的收益，还可以获得人口流出地带来的保障性公共支出带来的收益；人口流入地在短期内只获得生产性公共支出带来的收益。因此解概率效用函数有

$$U_i = \Pr\left(\lambda Y_i + C_i \geqslant \lambda Y_j + C_j\right)V$$

$$\Pr\left(\lambda Y_i + C_i \geqslant \lambda Y_j + C_j\right) = \Pr\left[\lambda Q_i - g_i - c_i + \frac{g_i}{(1+r)^n} + \frac{c_j}{(1+r)^n} + \varepsilon_i \geqslant \lambda Q_j - g_j - c_j + \frac{g_i}{(1+r)^n} + \varepsilon_j\right]$$

$$= \Pr\left\{\varepsilon_j - \varepsilon_i \leqslant (\lambda - \delta t)\left(Q_i - Q_j\right) + \frac{\delta t}{(1+r)^n}\left[(1-\chi_i)Q_i + \left(2\chi_j - 1\right)Q_j\right]\right\}$$

$$= \int_{-\frac{1}{2\theta}}^{(\lambda-\delta t)(Q_i - Q_j) + \frac{\delta t}{(1+r)^n}\left[(1-\chi_i)Q_i - (2\chi_j - 1)Q_j\right]} \theta \mathrm{d}x$$

$$= \theta\left\{(\lambda - \delta t)\left(Q_i - Q_j\right) + \frac{\delta t}{(1+r)^n}\left[(1-\chi_i)Q_i - \left(2\chi_j - 1\right)Q_j\right] + \frac{1}{2\theta}\right\}$$

$$\therefore U_i = \theta V\left\{(\lambda - \delta t)\left(Q_i - Q_j\right) + \frac{\delta t}{(1+r)^n}\left[(1-\chi_i)Q_i - \left(2\chi_j - 1\right)Q_j\right]\right\} + \frac{V}{2} \quad (8\text{-}3)$$

得到式（8-3）为短期放松管制下的效用函数。

4. 长期放松管制，i 为人口流入地

由于长期放松户籍管制，各地区依旧各自承担生产性公共支出和保障性公共支出，但是人口流入地不仅可以获得本地区生产性公共支出和保障性公共支出带来的收益，还可以获得人口流出地的保障性公共支出带来的收益；人口流入地在长期内只获得生产性公共支出带来的收益。因此，解概率效用函数有

$$U_i = \Pr\left(\lambda Y_i + C_i \geqslant \lambda Y_j + C_j\right)V$$

$$\Pr\left(\lambda Y_i + C_i \geqslant \lambda Y_j + C_j\right) = \Pr\left[\lambda Q_i - g_i - c_i + \frac{g_i + c_i}{(1+r)^n} + \frac{c_j}{(1+r)^n} + \varepsilon_i \geqslant \lambda Q_j - g_j - c_j + \frac{g_i}{(1+r)^n} + \varepsilon_j\right]$$

$$= \Pr\left[\varepsilon_j - \varepsilon_i \leqslant (\lambda - \delta t)\left(Q_i - Q_j\right) + \frac{\delta t}{(1+r)^n}\left(Q_i + \chi_j Q_j\right)\right]$$

$$= \int_{-\frac{1}{2\theta}}^{(\lambda-\delta t)(Q_i - Q_j) + \frac{\delta t}{(1+r)^n}\left[Q_i + \chi_j Q_j\right]} \theta \mathrm{d}x$$

$$= \theta\left[(\lambda - \delta t)\left(Q_i - Q_j\right) + \frac{\delta t}{(1+r)^n}\left(Q_i + \chi_j Q_j\right) + \frac{1}{2\theta}\right]$$

$$\therefore U_i = \theta V\left[(\lambda - \delta t)(Q_i - Q_j) + \frac{\delta t}{(1+r)^n}(Q_i + \chi_j Q_j)\right] + \frac{V}{2} \tag{8-4}$$

得到式（8-4）为长期放松管制下的效用函数。

8.2.3　模型分析

命题 8-1：在短期严格户籍制度下，严格控制人口流动，为了获得晋升，地方政府更加偏好投资于生产性公共产品。

该命题可以通过对式（8-1）中 χ_i 的求导得出：

$$\frac{\partial U_i}{\partial \chi_i} < 0 \quad \frac{\partial U_i}{\partial (1-\chi_i)} > 0$$

命题 8-2：在长期严格户籍制度下，严格控制人口流动，为了获得晋升，地方政府对保障性公共支出和生产性公共支出并不存在偏好。

该命题可以通过对式（8-2）中 χ 的求导得出，U_i 与 χ 无关。

命题 8-3：在短期允许人口流动，为了获得晋升，人口流入地的地方政府更加偏好生产性公共支出，同时对其他地区的保障性公共支出持支持态度，并且人口流出地的保障性支出对人口流入地政府的效用存在 2 倍的乘数关系。

该命题可以通过对式（8-3）中 χ 的求导得出：

$$\frac{\partial U_i}{\partial \chi_i} < 0 \quad \frac{\partial U_i}{\partial \chi_j} = 2\frac{2\delta t}{(1+r)^n} Q_j$$

命题 8-4：在长期允许人口流动，为了获得晋升，人口流入地的地方政府对生产性公共支出和保障性公共支出不存在偏好，但是对其他地区的保障性公共支出持支持态度，并且人口流出地的保障性公共支出对人口流入地政府的效用存在 2 倍的乘数关系。

该命题可以通过对式（8-4）中 χ 的求导得出：

$$\frac{\partial U_i}{\partial \chi_i} = 0 \quad \frac{\partial U_i}{\partial \chi_j} = 2\frac{2\delta t}{(1+r)^n} Q_j$$

以上均将中央政府作为外生变量，现在进一步考虑中央政府的行为选择。面对地方政府不愿提供保障性公共支出的现状，中央政府又该如何制定晋升机制。本章遵循“中性政府”的前提假设（贺大兴和姚洋，2011），中央政府的目标是在长期内提升全国居民的福利。中央政府先制定晋升规则，地方政府根据中央发出的信号进一步行动。这实质是一个斯塔克尔伯格模型，可使用逆向归纳求解。

中央政府的目标在于长期实现全国范围内的福利提升，不存在贴现问题，故

选用长期放松管制下的效用函数式（8-4）。对于地方政府而言，有

$$U_i=\theta V\left\{(\lambda-\delta t)\left(Q_i-Q_j\right)+\frac{\delta t}{(1+r)^n}\left[\left(1-\chi_i\right)Q_i-\left(1-\chi_j\right)Q_j\right]\right\}+\frac{V}{2}$$

对本地区（i 地区）产量求导，得到均衡状态下生产性公共支出和保障性公共支出所占的比例，求得生产性公共支出和保障性公共支出的产量表达式。

$$\frac{\partial U_i}{\partial Q_I}=\lambda-\delta t+\frac{\delta t-\delta t\chi_i}{(1+r)^n}$$

令上式等于 0，得

$$\chi_i=1-\frac{(1+r)^n(\delta t-\lambda)}{\delta t}$$

$$1-\chi_i=\frac{(1+r)^n(\delta t-\lambda)}{\delta t}$$

$$\therefore g_i=\left(1-\chi_i\right)\delta tQ_i=(1+r)^n(\delta t-\lambda)Q_i$$

$$c_i=\chi_i\delta tQ_I=\left[\delta t-(\delta t-\lambda)(1+r)^n\right]Q_i$$

中央政府的目标是使全国福利最大，为简单化，将效用进行加总，再进一步对产量求导，得出均衡解：

$$U=\sum U_i=\sum\left\{\lambda Q_i-(1+r)^n(\delta t-\lambda)Q_i-\left[\delta t-(1+r)^n(\delta t-\lambda)\right]Q_i\right\}$$

$$=\sum\left[Q_i(\lambda-\delta t)\right]=nQ(\lambda-\delta t)$$

则 $\frac{\partial U}{\partial Q}=n(\lambda-\delta t)$

可知 $\frac{\partial U}{\partial Q}>0$，$0<\delta<1$，$0<t<1$。

则 $\lambda\gg1$。

根据上式可以得到新的命题。

命题 8-5：中央政府更加看重地方政府贡献 GDP 的能力。

命题 8-5 符合基于经济增长的晋升锦标赛假设。通过推导中央—地方政府的斯塔克尔伯格模型发现：在基于经济增长的晋升锦标赛制度下，地方政府更偏好提供生产性公共产品而非保障性公共产品，人口流入地政府不愿承担额外人口带来的保障性支出成本，却想占有额外人口带来的双倍收益；同样地，人口流出地政府预期会损失流出人口创造的收益，同时不会有新的人口流入为其创造收益，维持现状成为首选之策。因此，各地方政府更偏好维持现状，不愿意采取更为彻底的户籍制度改革，从而陷入困境。

8.3 解决路径

解决大城市的户籍制度改革和农民工市民化滞后问题，关键在于中央调整同地方政府之间的治理模式。党的十八大以来，中国特色社会主义进入新时代，中国经济由高速度增长转向高质量发展阶段。在新的发展阶段，农民工市民化是满足农业转移人口的美好生活需要，进而实现城乡融合发展和高质量发展的题中应有之义，因此需要积极稳妥地推进农民工市民化进程。要加快大城市的户籍制度改革和农民工市民化，必须改变地方政府治理模式，即激励地方政府由“为经济增长而竞争”转向“为高质量发展而竞争”。

保持其他假设不变，这里认为地方官员的效用函数为

$\Pr\left(\lambda Y_i + C_i \geqslant \lambda Y_j + C_j\right)V$，其中 $\lambda>0$。

同理可得

$$U_i = \theta V\left\{\left(\lambda - \delta t\right)\left(Q_i - Q_j\right) + \frac{\delta t}{\left(1+r\right)^n}\left[\left(1-\chi_i\right)Q_i - \left(1-\chi_j\right)Q_j\right]\right\} + \frac{V}{2}$$

$$\begin{aligned} U &= \sum U_i = \sum\left[Q_i\left(1-\lambda\delta t\right)\right] \\ &= nQ\left(1-\lambda\delta t\right) \end{aligned}$$

可知

$\frac{\partial U}{\partial Q} = n\left(1-\lambda\delta t\right)$，其中 $0<\delta<1$，$0<t<1$。

则 $\lambda < \frac{1}{\delta t}$。

又 $0<\delta t<1$，所以 $\frac{1}{\delta t}>0$。

由上式可知，在保持全国获得福利最大化的时候，λ 的取值存在大于 1 的可能。换言之，调整地方政府官员的晋升激励机制，更加看重地方政府对当地公共产品的投入也可以使全国福利最大化。

在基于经济增长的晋升锦标赛制度下，地方政府特别是人口净流入地的地方政府缺乏推进农民工市民化改革的激励。人口流入地政府只想获得人口流动带来的红利，却忽视这些流动人口本应享受的公共产品。这样发展的结果，损害的是全国总体的福利，同时也损害了农民工平等享受城市发展成果的权利。要想避免陷入此种恶性循环，中央政府必须调整对地方政府的政绩考核指标，把农民工市民化纳入地方政府尤其是大城市政府的政绩考核指标体系，激励地方政府把农民

工市民化作为城市高质量发展的重要内容。从研究结论出发，我们认为大城市应从以下三个方面加快推进农民工市民化进程。

第一，从战略高度提升对农民工市民化的认识。改革开放以来，数以亿计的农民工进城就业是推进中国工业化城镇化进程、创造中国经济奇迹的重要动力。为居民提供均等的公共服务是各级政府的基本职能之一，城市对农民工公共服务供给的缺失已成为阻碍中国经济可持续发展、损害社会公平正义的重大问题。中央提出“十三五”期间完成 1 亿农业转移人员的市民化任务。基于此，加快推进大城市的农民工市民化，是贯彻中央决策、落实“以人民为中心”的发展思想、推进以人为本的新型城镇化的题中之意，地方政府应从战略高度提升对农民工市民化问题的认识，下大力气加快大城市的农民工市民化进程。

第二，中央政府加强对地方政府推进农民工市民化的激励。改革开放以来，中央政府激励地方政府为经济增长而竞争，形成了一套有效的官员晋升激励机制。农民工市民化的核心是加强对农民工家庭的保障性公共产品供给，这在短期内难以进入地方政府的经济增长函数，因此同基于经济增长的官员晋升激励机制相矛盾。推进农民工市民化是经济高质量发展的内在要求，在新时代背景下，中央政府在肯定基于经济增长的官员晋升激励机制有效性的同时，也应充分认识到这一机制难以有效激励地方官员为高质量发展而竞争。为此，中央政府应从官员晋升激励机制设计层面进程改革，加大对地方官员推进农民工市民化的激励，引导地方政府由“为经济增长而竞争”转向“为高质量发展而竞争”，尤其是使大城市的地方政府有压力和动力加快推进农民工市民化。

第三，从均等化财政转移支付维度加强对人口流入地和人口流出地政府之间的协调。地方政府推进农民工市民化的财政支出，在一定程度上依赖中央政府的转移支付。大城市的农民工很大一部分是外来人口，因此推进这部分农民工的市民化，就需要中央政府在财政转移支付过程中加强对人口流入地和人口流出地政府之间的协调。从一般意义上讲，中央应按照流动人口的实际就业及居住所在地，决定拨付给各地的保障性公共产品转移支付额度，从而使人口流入地的地方政府在推进农民工市民化过程中“有钱可用”。

参考文献

白永秀，王颂吉. 2011. 由“被动城市化”到“主动城市化”——兼论城乡经济社会一体化的演进. 江西社会科学，（2）：81-86.

白永秀，王颂吉. 2014. 马克思主义城乡关系理论与中国城乡发展一体化探索. 当代经济研究，（2）：22-23.

蔡昉. 2007. 中国劳动力市场发育与就业变化. 经济研究，（7）：4-14.

蔡昉，都阳，王美艳. 2003. 劳动力流动的政治经济学. 上海：上海三联书店，上海人民出版社.

曹吉云. 2007. 我国总量生产函数与技术进步贡献率. 数量经济技术经济研究，（11）：37-46.

曹军新，唐天伟，谢元态. 2018. 省联社改革模式研究：次优的丧失与更优的选择——基于机制设计理论的扩展框架. 经济社会体制比较，（3）：82-90.

曹玉书，楼东玮. 2012. 资源错配、结构变迁与中国经济转型. 中国工业经济，（10）：5-18.

陈斌开，陆铭，钟宁桦. 2010. 户籍制约下的居民消费. 经济研究，（S1）：62-71.

陈军才. 2005. 主成分与因子分析中指标同趋势化方法探讨. 统计与信息论坛，（2）：19-23.

陈敏鹏，陈吉宁，赖斯芸. 2006. 中国农业和农村污染的清单分析与空间特征识别. 中国环境科学，（6）：751-755.

陈钊，陆铭. 2008. 从分割到融合：城乡经济增长与社会和谐的政治经济学. 经济研究，（1）：21-32.

褚保金，张兰，王娟. 2007. 中国农村信用社运行效率及其影响因素分析——以苏北地区为例. 中国农村观察，（1）：11-23.

崔晓，张屹山. 2014. 中国农业环境效率与环境全要素生产率分析. 中国农村经济，（8）：4-16.

丁萌萌，徐滇庆. 2014. 城镇化进程中农民工市民化的成本测算. 经济学动态，（2）：36-43.

都阳，蔡昉，屈小博，等. 2014. 延续中国奇迹：从户籍制度改革中收获红利. 经济研究，（8）：4-13.

杜江. 2014. 中国农业增长的环境绩效研究. 数量经济技术经济研究，（11）：53-69.

杜江，王锐，王新华. 2016. 环境全要素生产率与农业增长：基于 DEA-GML 指数与面板 Tobit

模型的两阶段分析. 中国农村经济，（3）：65-81.
杜宇. 2013. 城镇化进程与农民工市民化成本核算. 中国劳动关系学院学报，（6）：46-50.
段晋苑. 2010. 移民限制、人口城乡迁移与城市化模式. 暨南大学博士学位论文.
樊纲. 1995. 论公共收支的新规范——我国乡镇“非规范收入”若干个案的研究与思考. 经济研究，（6）：34-43.
方浩. 2013. 劳动力市场就业保护制度研究——基于权利视角的分析. 浙江大学博士学位论文.
冯俏彬. 2013. 构建农民工市民化成本的合理分担机制. 经济纵横，（12）：63-64.
傅勇，张晏. 2007. 中国式分权与财政支出结构偏向：为增长而竞争的代价. 管理世界，（3）：4-12.
傅勇. 2010. 财政分权、政府治理与非经济性公共物品供给. 经济研究，（8）：4-15.
高帆. 2015. 我国区域农业全要素生产率的演变趋势与影响因素——基于省际面板数据的实证分析. 数量经济技术经济研究，（5）：3-19.
高鸣，宋洪远. 2014. 粮食生产技术效率的空间收敛及功能区差异——兼论技术扩散的空间涟漪效应. 管理世界，（7）：83-92.
高芸，蒋和平. 2016. 我国农业现代化发展水平评价研究综述. 农业现代化研究，（3）：409-415.
葛鹏飞，王颂吉，黄秀路. 2018. 中国农业绿色全要素生产率测算. 中国人口·资源与环境，（5）：66-74.
郭冰阳. 2006. 中国农业现代化水平的 DEA 评价. 统计与信息论坛，（2）：30-32.
郭广珍，张平. 2014. 政治晋升、财政分权与地方政府消费性支出：理论和实证分析. 世界经济文汇，（4）：75-87.
郭瑞萍. 2008. 我国农村公共产品供给制度研究. 北京：中国社会科学出版社.
郭书田，刘纯彬. 1990. 失衡的中国. 石家庄：河北人民出版社.
郭秀云. 2010. 大城市户籍改革的困境及未来政策走向——以上海为例. 人口与发展，（6）：45-51.
国务院发展研究中心，世界银行. 2014. 推进高效、包容、可持续的城镇化. 北京：中国发展出版社.
国务院发展研究中心和世界银行联合课题组. 2014. 中国：推进高效、包容、可持续的城镇化. 管理世界，（4）：5-41.
国务院发展研究中心课题组. 2010. 农民工市民化对扩大内需和经济增长的影响. 经济研究，（6）：4-16.
国务院发展研究中心课题组. 2011. 农民工市民化进程的总体态势与战略取向. 改革，（5）：5-29.
韩海彬，张莉. 2015. 农业信息化对农业全要素生产率增长的门槛效应分析. 中国农村经济，（8）：11-21.

韩海彬，赵丽芬. 2013. 环境约束下中国农业全要素生产率增长及收敛分析. 中国人口·资源与环境，（3）：70-76.
韩雨程，冯鑫明. 2016. 基于 WSR 视角的农业现代化评价研究——以江苏省为例. 湖北农业科学，（14）：3800-3804.
何广文. 2009. 农村信用社制度变迁：困境与路径选择. 经济与管理研究，（1）：50-54.
贺大兴，姚洋. 2011. 社会平等、中性政府与中国经济增长. 经济研究，（1）：4-17.
贺雪峰. 2015-07-20. 中国农村社会转型及其困境. 学习时报.
胡桂兰，邓朝晖，蒋雪清. 2013. 农民工市民化成本效益分析. 农业经济管理，（5）：83-87.
胡雪萍，董红涛. 2015. 构建绿色农业投融资机制须破解的难题及路径选择. 中国人口·资源与环境，（6）：152-158.
黄群慧. 2013. 中国的工业化进程：阶段、特征与前景. 经济与管理，（7）：5-11.
黄祖辉，邵峰，朋文欢. 2013. 推进工业化、城镇化和农业现代化协调发展. 中国农村经济，（1）：8-14.
蒋和平，黄德林. 2006. 中国农业现代化发展水平的定量综合评价. 农业现代化研究，（2）：87-91.
赖斯芸，杜鹏飞，陈吉宁. 2004. 基于单元分析的非点源污染调查评估方法. 清华大学学报（自然科学版），（9）：1184-1187.
蓝虹，穆争社. 2014. 中国农村信用社改革后的绩效评价及提升方向——基于三阶段 DEA 模型 BCC 分析法的实证研究. 金融研究，（4）：63-82.
蓝虹，穆争社. 2016. 我国农村信用社改革绩效评价——基于三阶段 DEA 模型 Malmquist 指数分析法. 金融研究，（6）：159-175.
李波，张俊飚，李海鹏. 2011. 中国农业碳排放时空特征及影响因素分解. 中国人口·资源与环境，（8）：80-86.
李谷成. 2014. 中国农业的绿色生产率革命：1978—2008 年. 经济学（季刊），（2）：537-558.
李谷成，陈宁陆，闵锐. 2011. 环境规制条件下中国农业全要素生产率增长与分解. 中国人口·资源与环境，（11）：153-160.
李敬，陈澍. 2012. 农村信用社运行绩效与影响因素：西部地区 311 个样本. 改革，（8）：47-52.
李刘艳. 2019. 改革开放 40 年我国农民市民化的演进机理研究. 经济体制改革，（1）：16-24.
李锐，朱喜. 2007. 农户金融抑制及其福利损失的计量分析. 经济研究，（2）：146-155.
李伟克，刘桂才. 1998. 亚洲金融危机对我国农产品贸易的影响. 中国农村经济，（4）：26-28.
李小胜，张焕明. 2016. 中国碳排放效率与全要素生产率研究. 数量经济技术经济研究，（8）：64-79.
李颖. 2011. 中国二元经济结构：特征、演进及其调整. 农村经济，（9）：83-87.
林万龙. 2002. 乡村社区公共产品的制度外筹资：历史、现状及改革. 中国农村经济，（7）：

27-35.
林万龙. 2003. 中国农村社区公共产品供给制度变迁研究. 北京：中国财政经济出版社.
林万龙. 2018. 从城乡分割到城乡一体：中国农村基本公共服务政策变迁 40 年. 中国农业大学学报（社会科学版），（6）：24-33.
林毅夫，蔡昉，李周. 1994. 中国的奇迹：发展战略与经济改革. 上海：上海三联书店，上海人民出版社.
刘爱梅. 2011. 我国城市规模两极分化的现状与原因. 城市问题，（4）：2-7.
刘彦随，龙花楼，陈玉福，等. 2011. 中国乡村发展研究报告——农村空心化及其整治策略. 北京：科学出版社.
龙冬平，李同昇，苗园园，等. 2014. 中国农业现代化发展水平空间分异及类型. 地理学报，（2）：213-226.
陆铭. 2016. 大国大城：当代中国的统一、发展与平衡. 上海：上海人民出版社.
陆铭，李鹏飞，钟辉勇. 2019. 发展与平衡的新时代——新中国 70 年的空间政治经济学. 管理世界，（10）：11-23.
陆益龙. 2002. 1949 年后的中国户籍制度：结构与变迁. 北京大学学报（哲学社会科学版），（2）：123-130.
马晓强，丁沛文，王颂吉. 2013. 中国城乡二元经济结构的转化趋势及其解释. 开发研究，（3）：1-4.
牛宝俊，李大胜，赖作卿. 2000. 亚洲金融危机对农产品贸易的影响. 国际贸易问题，（5）：22-26.
农业部《农民负担问题综合研究》课题组. 1993. 乡村集体经济组织的收益分配. 经济研究参考，（Z7）：34-41.
潘丹，应瑞瑶. 2013. 资源环境约束下的中国农业全要素生产率增长研究. 资源科学，（7）：1329-1338.
彭国华. 2005. 中国地区收入差距、全要素生产率及其收敛分析. 经济研究，（9）：19-29.
单豪杰. 2008. 中国资本存量 K 的再估算：1952—2006 年. 数量经济技术经济研究，（10）：17-31.
申兵. 2012. “十二五”时期农民工市民化成本测算及其分担机制构建——以跨省农民工集中流入地区宁波市为案例. 城市社会，（1）：86-92.
沈能，张斌. 2015. 农业增长能改善环境生产率吗？——有条件“环境库兹涅茨曲线”的实证检验. 中国农村经济，（7）：17-30.
师荣蓉. 2013. 中国农村信用社支农效率及其区域差异研究. 西北大学博士学位论文.
师荣蓉，徐璋勇. 2013. 农村信用社支农效率组合评价研究. 统计与决策，（5）：64-66.
石宏伟. 2007. 我国城乡二元化社会保障制度的改革和创新. 江苏大学博士学位论文.
舒尔茨 T.W. 2009. 改造传统农业. 梁小民译. 北京：商务印书馆.

宋建，王静. 2019. 区域城乡收入差距的动态收敛性与影响因素探究. 经济经纬，（1）：18-25.
孙琳琳，任若恩. 2005. 资本投入测量综述. 经济学（季刊），（4）：823-842.
孙潭镇. 1995. 现代中国农村财政问题研究. 北京：经济科学出版社.
孙潭镇，朱钢. 1993. 我国乡镇制度外财政分析. 经济研究，（9）：38-44.
田伟，杨璐嘉，姜静. 2014. 低碳视角下中国农业环境效率的测算与分析——基于非期望产出的 SBM 模型. 中国农村观察，（5）：59-71.
王兵，吴延瑞，颜鹏飞. 2010. 中国区域环境效率与环境全要素生产率增长. 经济研究，（5）：95-109.
王兵，杨华，朱宁. 2011. 中国各省份农业效率和全要素生产率增长——基于 SBM 方向性距离函数的实证分析. 南方经济，（10）：12-26.
王春超，荆琛. 2012. 中国城市化进程中农民工对经济产出的贡献与收益分享. 经济社会体制比较，（2）：144-153.
王丹，赵新力，郭翔宇，等. 2018. 国家农业科技创新理论框架与创新能力评价——基于二十国集团的实证分析. 中国软科学，（3）：18-35.
王国敏，赵波. 2011. 中国农业现代化道路的历史演进：1949—2010. 西南民族大学学报（人文社会科学版），（12）：207-212.
王国敏，周庆元. 2012. 我国农业现代化测评体系的构建与应用. 经济纵横，（2）：69-74.
王欢. 2017. 基于供给侧改革背景的我国现代化农业发展研究. 改革与战略，（7）：118-121.
王俊芹. 2010. 农村信用社改革的绩效评价及影响因素分析——以河北省为例. 农业技术经济，（6）：82-88.
王奇，王会，陈海丹. 2012. 中国农业绿色全要素生产率变化研究：1992—2010 年. 经济评论，（5）：24-33.
王谦. 2009. 城乡公共服务均等化问题研究. 济南：山东人民出版社.
王颂吉. 2016. 中国城乡双重二元结构研究. 北京：人民出版社.
王颂吉，白永秀. 2013a. 城乡要素错配与中国二元经济结构转化滞后：理论与实证研究. 中国工业经济，（7）：31-43.
王颂吉，白永秀. 2013b. 城市偏向理论研究述评. 经济学家，（7）：95-102.
王颂吉，白永秀. 2014a. 分权竞争与地方政府城市偏向. 天津社会科学，（1）：93-96.
王颂吉，白永秀. 2014b. 国外城乡发展一体化模式评述与借鉴//中国社会科学院农村发展研究所，国家统计局农村社会经济调查司. 农村绿皮书：中国农村经济形势分析与预测（2013-2014）. 北京：社会科学文献出版社：277-294.
王颂吉，黎思灏. 2018. 改革开放以来的中国城镇化：由“规模扩张”到“质量提升”. 江西社会科学，（8）：55-65.
王颂吉，李豫，庹梦瑶. 2018. 改革 40 年背景下的农村信用社“支农”效率评价——基于关联型网络 DEA 方法的测算与分析. 金融发展研究，（12）：69-76.
王颂吉，魏后凯. 2019. 城乡融合发展视角下的乡村振兴战略：提出背景与内在逻辑. 农村经济，（1）：1-7.
王颂吉，张芯悦. 2020. 大城市的农民工为何难以“市民化”——兼论新时代地方政府治理模式转型. 湖北社会科学，（1）：52-60.
魏后凯，王颂吉. 2019. 中国“过度去工业化”现象剖析与理论反思. 中国工业经济，（1）：5-22.
魏后凯. 2014a. 走中国特色的新型城镇化道路. 北京：社会科学文献出版社.
魏后凯. 2014b. 中国城镇化进程中两极化倾向与规模格局重构. 中国工业经济，（3）：18-30.
魏后凯. 2016. 新常态下中国城乡一体化格局及推进战略. 中国农村经济，（1）：8-9.
魏万青. 2012. 户籍制度改革对流动人口收入的影响研究. 社会学研究，（1）：152-173.
温涛，董文杰，何茜. 2018. 财政支农政策促进城乡经济一体化发展的效率评价与路径探析. 当代经济研究，（2）：63-72.
吴立雪. 2015. 省联社体制有助于“三农”金融服务吗？ 金融理论与实践，（1）：25-31.
吴愈晓. 2011. 劳动力市场分割、职业流动与城市劳动者经济地位获得的二元路径模式. 中国社会科学，（1）：119-137.
解垩. 2009. 城乡卫生医疗服务均等化研究. 山东大学博士学位论文.
谢平，徐忠，沈明高. 2006. 农村信用社改革绩效评价. 金融研究，（1）：23-39.
谢志忠，刘海明，赵莹，等. 2011. 福建省农村信用社经营效率变动的测度评价分析. 农业技术经济，（6）：62-69.
辛岭，蒋和平，刘学瑜. 2014. 中国县域农业现代化评价. 中国农学通报，（20）：87-94.
辛逸. 2001. 试论人民公社的历史地位. 当代中国史研究，（3）：27-40.
薛建良，李秉龙. 2011. 基于环境修正的中国农业全要素生产率度量. 中国人口 · 资源与环境，（5）：113-118.
杨俊，陈怡. 2011. 基于环境因素的中国农业生产率增长研究. 中国人口 · 资源与环境，（6）：153-157.
杨璐嘉. 2013. 低碳视角下粮食主产区农业全要素生产率比较——基于中国 13 省 2002—2011 年数据的分析. 湖南农业大学学报（社会科学版），（6）：27-32.
杨卫安. 2010. 我国城乡教育关系制度的变迁研究. 东北师范大学博士学位论文.
杨晓军. 2017. 中国户籍制度改革对大城市人口迁入的影响——基于 2000—2014 年城市面板数据的实证分析. 人口研究，（1）：98-112.
叶初升，惠利. 2016. 农业生产污染对经济增长绩效的影响程度研究——基于环境全要素生产率的分析. 中国人口 · 资源与环境，（4）：116-125.
叶兴庆. 1997. 论农村公共产品供给体制的改革. 经济研究，（6）：57-62.
叶兴庆. 2018. 新时代中国乡村振兴战略论纲. 改革，（1）：65-73.

袁志刚，解栋栋. 2011. 中国劳动力错配对 TFP 的影响分析. 经济研究，（7）：4-17.
原新，邬沧萍，李建民，等. 2009. 新中国人口 60 年. 人口研究，（5）：42-67.
曾先峰，李国平. 2008. 我国各地区的农业生产率与收敛：1980—2005. 数量经济技术经济研究，（5）：81-92.
张国胜，陈瑛. 2015. 我国户籍制度改革的利益分配与重组研究——新时期全面深化改革的政治经济学思考. 中南财经政法大学学报，（4）：3-11.
张航，李标. 2016. 中国省域农业现代化水平的综合评价研究. 农村经济，（12）：53-57.
张杰，周晓艳，李勇. 2011. 要素市场扭曲抑制了中国企业 R&D. 经济研究，（8）：78-91.
张军，蒋维. 1998. 改革后中国农村公共产品的供给：理论与经验研究. 社会科学战线，（1）：36-44.
张林，冉光和，蓝震森. 2015. 碳排放约束与农业全要素生产率增长及分解. 华南农业大学学报（社会科学版），（3）：22-32.
张牧扬. 2013. 晋升锦标赛下的地方官员与财政支出结构. 世界经济文汇，（1）：86-103.
张宇. 2013. 财政分权与政府财政支出结构偏异——中国政府为何偏好生产性支出. 南开经济研究，（3）：35-50.
张治会，李全新. 2016. 基于人本发展视角的农业现代化评价指标体系研究. 安徽农业科学，（6）：254-258.
周飞舟. 2007. 生财有道：土地开发和转让中的政府和农民. 社会学研究，（1）：49-82.
周飞舟，王绍琛. 2015. 农民上楼与资本下乡：城镇化的社会学研究. 中国社会科学，（1）：66-83.
周黎安. 2007. 中国地方官员的晋升锦标赛模式研究. 经济研究，（7）：36-50.
周小刚，陈东有. 2009. 中国人口城市化的理论阐释与政策选择：农民工市民化. 江西社会科学，（12）：142-148
周振，伍振军，孔祥智. 2015. 中国农村资金净流出的机理、规模与趋势：1978—2012 年. 管理世界，（1）：63-74.
朱玲. 2000. 政府与农村基本医疗保健保障制度选择. 中国社会科学，（4）：89-99.
邹一南. 2015. 户籍制度改革的内生逻辑与政策选择. 经济学家，（4）：48-53.
Barro R，Martin X. 1992. Convergence. Journal of Political Economy，100（2）：223-251.
Boussemart J P，Briec W，Kerstens K. 2003. Luenberger and malmquist productivity indices：theoretical comparisons and empirical illustration. Bulletin of Economic Research，55（4）：391-405.
Chambers R G，Chung Y，Fare R. 1996. Benefit and distance functions. Journal of Economic Theory，70（2）：407-419.
Coelli T J，Rao D S. 2005. Total factor productivity growth in agriculture：amalmquist index analysis of 93 countries，1980-2000. Agricultural Economics，32（s1）：115-134.

Cooper W W, Seiford L M, Tone K. 2001. Data envelopment analysis: a comprehensive text with models, applications, references and DEA-solver software. Informs, (53): 116-118.

Färe R, Grosskopf S. 1996. Productivity and intermediate products: a frontier approach. Economics Letters, (1): 65-70.

Fukuyama H, Weber W L A. 2009. Directional slacks based measure of technical inefficiency. Socio-Economic Planning Sciences, 43 (4): 274-287.

Grosskopf S. 2003. Some remarks on productivity and its decompositions. Journal of Productivity Analysis, 20 (3): 459-474.

Hailu A, Veeman T S. 2000. Environmentally sensitive productivity analysis of the Canadian pulp and paper industry, 1959-1994: an input distance function approach. Journal of Environmental Economics and Management, 40 (3): 251-274.

Hall R E, Jones C I. 1999. Why do some countries produce so much more output per worker than others. The Quarterly Journal of Economics, 114 (1): 83-116.

IPCC. 2007. Climate Change 2007: Mitigation of Climate Change. Cambridge: Cambridge University Press.

Kao C. 2007. Efficiency decomposition in network data envelopment analysis: a relational model. European Journal of Operational Research, 192 (3): 949-962.

Kao C, Hwang S N. 2008. Efficiency decomposition in two-stage data envelopment analysis: an application to non-life insurance companies in Taiwan. European Journal of Operational Research, (1): 418-429.

Lagakos D, Waugh M E. 2013. Selection, agriculture and cross-country productivity differences. American Economic Review, 103 (2): 948-980.

Wellisch D. 2000. Theory of Public Finance in a Federal State. New York: Cambridge University Press.

Wildasin D E, Wilson J D. 1996. Imperfect mobility and local government behavior in an overlapping-generations model. Journal of Public Economics, 60 (2): 177-198.

World Bank. 1997. Financing Health Care: Issues and Options for China. Washington: World Bank.

后　记

不经一番寒彻骨，怎得梅花扑鼻香。这本著作，既凝结着我个人对中国城镇化进程中农业农村发展问题的深入思考，又是我带领的年轻科研团队合作研究的结晶。

2016 年初夏，满怀研究中国发展问题、培养青年学生的热忱，我从西北大学经济管理学院、西北大学数学学院的几个专业（包括金融数学、国际经济与贸易、金融工程、数理经济学、经济学基地班）遴选出十多名优秀学生，发起并成立了“中国城乡发展讨论组”。从 2016 年秋季开始，我组织讨论组每周定期学习城乡发展领域的经典文献。通过对经典文献的学习与讨论，同学们深入学习经济学研究的基本方法，逐步理解中国城乡发展问题的来龙去脉，彼此交流心得体会，日渐培养起研究中国城乡发展问题的兴趣和能力。在讨论交流、社会调查过程中，我和同学们对中国城乡发展问题的认识都不断深入，思考的一些问题转化成了合作论文，学生之间、师生之间结下了深厚友谊。此后，陆续有新年级的同学加入讨论组，而第一届讨论组的同学已随着毕业而奔赴祖国乃至世界各地。2019 年毕业季，我对第一届讨论组的同学有几句寄语，录此存念：“人生最美是相逢，四载光阴如梦。忽闻蝉唱，与君共伤别离。曾忆长安明月，夜话发展论题；不忘田野调查，撰文论证时弊。师生同窗结厚谊。诸君前程似锦，山河无恙，天涯定有归期”。

本书各章，既有我独立创作的成果，又有我与青年学生及合作伙伴共同完成的作品。各章既独立成篇，又在城乡融合发展的框架下逻辑自洽。具体而言，导论脱胎于我跟魏后凯老师发表在《农村经济》2019 年第 1 期的文章；第 1 章由我、黎思灏（现为上海财经大学硕士研究生）、王特（现为山东大学硕士研究生）合作完成；第 2 章由叶蔚然（即将就读厦门大学硕士研究生）与我合作完成；第 3 章由我、李豫（现为中国社会科学院硕士研究生）、庹梦瑶（现为西南财经大学硕上研究生）合作完成；第 4 章由我、李亦然（即将就读山东大学硕士研究生）、宿海越（即将赴美留学）合作完成；第 5 章由葛鹏飞博士（现为西北大学经济管理学院教师）与我合作完成；第 6 章由王特与我合作完成；第 7 章，脱胎于我博士期间的研究成果，李亦然、苏小庆协助更新了数据资料；第 8 章由张芯悦（现为北京大学博士研究生）与我合作完成。

学术研究需要安静的环境，这就必然牺牲很多本该同家人相处的快乐时光，使自己变成科研“宅男”。感谢妻子的理解与支持，为了让我全身心投入教学科研工作，妻子默默承担着料理家务、教养女儿的重任，同时还要锲而不舍地向着最高学位冲刺，其中的辛苦与坚韧，最是难能可贵。乖巧的女儿一天天成长，她现在已经知道爸爸工作的重要组成部分是“读书”“写论文”，并且在我需要安静的时候能够给予理解和配合，或许假以时日，小朋友更能体会到读书与思考的乐趣。

本书的系列成果在研究过程中，得到国家自然科学基金青年项目（批准号：71603204）、教育部人文社会科学研究青年基金项目（批准号：16YJC790101）的资助。本书的一些章节，发表在《中国人口·资源与环境》《农村经济》《江西社会科学》《金融发展研究》《湖北社会科学》等期刊，感谢审稿人、期刊编辑老师在论文发表过程中提出的宝贵建议。

本书选题，得益于我的导师——西北大学白永秀教授领衔的“城乡发展一体化”科研团队的讨论。本书研究工作的开展，得到我的博士后合作导师——中国社会科学院农村发展研究所魏后凯研究员的大力支持，本书同时也是我博士后研究工作的重要成果。本书的出版，得到西北大学学术著作出版基金、西北大学理论经济学重点学科的资助。本书稿件修订期间，我正在英国格拉斯哥大学开展为期一年的学术访问，感谢国家留学基金的资助，感谢格拉斯哥大学王亚平教授协助提供的良好科研环境。本书在编辑出版过程中，科学出版社的杭玫老师付出了巨大辛劳，在此一并表示感谢。因作者水平有限，书中不足之处在所难免，恳请读者批评指正。

王颂吉

2019 年 8 月 15 日记于长安

2020 年 2 月 27 日修订于英国格拉斯哥